本书得到哈尔滨商业大学"工商管理"黑龙江省国内

NEW RETAILING SUPPLY CHAIN MANAGEMENT

新零售供应链管理

白世贞 徐玲玲 主编

经济管理出版社
ECONOMY & MANAGEMENT PUBLISHING HOUSE

图书在版编目（CIP）数据

新零售供应链管理／白世贞，徐玲玲主编. —北京：经济管理出版社，2019.9（2023.2重印）
ISBN 978-7-5096-6295-3

Ⅰ.①新…　Ⅱ.①白…　②徐…　Ⅲ.①零售业—供应链管理　Ⅳ.①F713.32

中国版本图书馆 CIP 数据核字（2019）第 248084 号

组稿编辑：杨　雪
责任编辑：杨　雪　王莉莉
责任印制：黄章平
责任校对：陈晓霞

出版发行：经济管理出版社
　　　　　（北京市海淀区北蜂窝 8 号中雅大厦 A 座 11 层　100038）
网　　址：www. E-mp. com. cn
电　　话：（010）51915602
印　　刷：唐山昊达印刷有限公司
经　　销：新华书店
开　　本：720mm×1000mm /16
印　　张：18.75
字　　数：298 千字
版　　次：2019 年 12 月第 1 版　2023 年 2 月第 2 次印刷
书　　号：ISBN 978-7-5096-6295-3
定　　价：59.00 元

本书得到哈尔滨商业大学"工商管理"黑龙江省国内一流学科资助。

随着互联网、人工智能、大数据、物联网等技术的快速发展，传统零售产生了巨大变革，"新零售"应运而生。随着"新零售"模式的不断创新，为了能够更好地提升消费者体验，供应商、零售商、物流服务商、金融服务商等需要进行重组、优化，这必然给供应链的发展带来新的挑战。同时，为了落实国务院办公厅《关于积极推进供应链创新与应用的指导意见》要求，对新零售供应链的基础知识、基础理论进行介绍，为学习者解读新零售供应链、剖析新零售供应链应用，适应企业供应链发展的需求。

本书包括新零售供应链基础、新零售供应链流程、新零售供应链应用三大部分，主要包括新零售的起因、新零售的内涵、新零售供应链的内涵、新零售供应链理论的基础、新零售供应链采购、新零售供应链智能制造、新零售供应链智慧物流、新零售供应链智能客户服务、新零售供应链金融、生鲜品新零售供应链、奢侈品新零售供应链、农业新零售供应链、大健康新零售供应链和旅游新零售供应链。

本书共十二章，全书由白世贞统筹。其中：第一章第一、第二节由白世贞、张静、姜曼编写；第二章第一节由魏胜编写；第二章第二节由张茹编写；第一章第三、第四节，第二章第三、第四、第五节，第三、第四、第六章由徐玲玲编写；第七章由杨大恒编写；第五章由李腾编写；第八章由侯永编写；第九章由吴绒编写；第十章由张鹤冰编写；第十一章由任宗伟编写；第十二章由鄢章华编写；全书由郑胜华、黄佩华、郑雅兰负责收集相关资料。本书可作为研究生、本科生教材，也可供新零售供应链领域研究人员和企业从业人员参考。

本书在编写过程中，参考和借鉴了大量相关文献和资料，在此向这些文献的作者表示衷心的感谢。

由于编者水平有限，书中难免存在疏漏和不足之处，恳请广大读者批评指正。

目录
Contents

第 一 章

新零售供应链导论

第一节　新零售概述

一、新零售动因及概念

1. 新零售动因

（1）技术的发展。基于互联网而产生的电子商务，经过近年来的全速发展逐渐成熟。掀起新零售革命的第一个原因就是技术的发展，技术发展是新零售革命产生的沃土。电子商务高速发展的十余年中，外部技术环境快速升级，含云计算、互联网金融、智能物流在内的数字化商业平台基础设施已经初步建成。从移动支付和信用体系的建设，到大数据平台的发展，都推动着零售和商业出现新发展。

互联网不再是渠道，而是推动零售发展的生产力和驱动力。然而，传统电商出现发展"瓶颈"，原因在于目前互联网及移动互联网普遍存在，用户增长及流量利润增速减缓并趋向平稳，中国传统零售业发展存在不足。

（2）消费者需求的驱动。除了技术，人的需求也是零售业发展的驱动力，这是新零售产生的第二个重要原因。市场主导权发生了转移，消费者开始处于商业活动的中心。

传统电子商务在消费体验方面不及线下实体店，传统电子商务交易使消费者与所购商品存在空间上的分离，消费者无法准确衡量线上企业提供信息的真实性。而线下实体店在向消费者提供产品及服务时，能使整个消费过程可视化、可听化、可感化。从前，传统电子商务蓬勃发展的原因在于消费者聚焦在线上产品价格低廉上，可是随着人们可支配收入的增多，消费者消费升级，越来越注意对高品质、体验式产品的关注，这成为传统电子商务继续发展的"短板"。

在"技术+消费需求"的双重动机驱动下，新零售将改变零售业的旧格局，迎来购物方式和体验式营销的全面升级和革新。马云在云栖大会上提出了"新零售"，也点燃了零售领域对这个话题的讨论和推进的热情。

2. 新零售的概念

"新零售"这种商业理念和模式根植于现代市场营销学理论，从 4P 市场营销组合到美国国际市场营销学教授菲利普·科特勒的全面营销理论，再到与互联网时代相伴出现的关注顾客感受的 4C 整合营销理论。"新零售"就是为解决当前电商和实体零售业面临的严峻问题而做的进一步的营销理论探讨，是一种"以消费者体验为中心的数据驱动的泛零售形态"，将加速零售行业的运行效能作为核心。

在政策、技术的支持和消费者需求亟待满足的背景下，参考国家统计局在《新产业新业态新商业模式统计分类（2018）》中对现代零售服务的相关定义，本书将新零售概括为：利用物联网、大数据、人工智能等技术整合现代物流、重构供应链，推动线上线下等多方的跨界融合，强化用户体验，促进零售业态转型升级。

新零售通过数据流动串联各个消费场景，数据流动也叫作辅助型支持，例如移动端、PC 端、M 站等。为了给消费者带来全渠道、无间断的消费体验，将新科技作为载体，把虚拟和实体的供应链、服务链等相融合，最终形成以物流配送部分替代实体交付形式为特点的高效、普惠型泛零售业态。

中国零售行业革新的契机在于新型服务商的涌现，很多电商企业抓住这一契机开始探索，打造新的运营系统，在各种零售业态探索优化线上线下的路径（见图 1-1）。其中阿里就布局了涵盖"衣食住行"的、与生活息息相关的多行业线上线下一体化新零售运营团队，包括：与苏宁合作的从城市到农村的数码电器；与银泰、百联共同打造的新购物体验和购物零售业态的百货；以盒马和大润发为代表的包括跟天猫超市结合在一起的食品快消商超；与家居生活企业居然之家等合作的家居家装领域；用技术、数据和整个经济体资源驱动的消费者独特体验的餐饮生活服务——"口碑"；建立能够打通城市和农村双向供应链和消费链路的农村淘宝以及最后一类，在阿里巴巴零售通的供应支持下，让线下小店变成用互联网技术来赋能的智慧小店，实现社区小店升级。

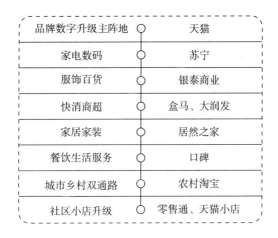

图 1-1　各种零售业态探索优化线上线下的路径

二、新零售要素

新零售是人工智能、大数据等技术发展到一定阶段后的必然产物，它是以新科技为依托，要求服务至上的零售。打通线上线下，解决传统零售线下管理落后、物流缺失，线上流量有限、体验差的问题。有三个关键要素：人、货、场。

1. 第一个要素：人

新零售的第一个核心要素是人，也就是消费群体。消费者本身已经发生了变化，以"90后""95后"为代表的年青一代成为零售商重点关注的群体。新零售体系中关注的消费者发生的变化是"千人千面"，消费者口味越来越多样化，他们重体验、重参与，强调品质感与个性化，同时消费者本身也变得更具备掌握、利用互联网的技能，于是他们要求零售商能提供细分化的服务和更多数字化体验。

2. 第二个要素：货

新零售的第二个核心要素是货。货是企业经营、交易的具体体现，概括地讲，企业经营过程都围绕"卖什么、卖多少、怎么卖、赚多少"这四个内容。

在新零售时代下，企业将通过"获取数据—分析数据—建立模型—预测需求—制定决策"的路径，将各场景中的价格、库存、销量等海量数据与业务目标相融合，并进行定性和定量分析，以达到对"货"这一要素控制的目标。同时，为了更好地满足供货需求，供应链上各环节要协同合作，实现低成本、快速地为消费者提供所需商品。例如2018年的云栖大会现场，菜鸟ET物流实验室发布了两款新零售物流无人车，无人车带着多种智能零售设施，在场地内自动巡游。观众在车前扫码或者刷脸，就能开启零售柜口（见图1-2）。

图1-2　新零售物流无人车和智能柜

3. 第三个要素：场

新零售的第三个核心要素是场。场是消费场景，场景是为人服务的。

技术的高速发展，将真正地使消费场景无处不在，所见即所得，提升消费体验，新零售的消费场景已经从单一模式走向全渠道模式。

以前消费者从一个门店中选购，再转移到另外的门店或线上场景选购。而未来，原来那些街边店、大卖场、电视等独立的零售场所，越来越难以吸引消费者的驻足，因此，零售商需要打破消费场景间的界限，让消费者随时随地处在消费场景中，激发全景消费体验。例如通过线上直播、VR试衣间、无人便利店等销售方式，使渠道多元化，让消费者随心随性、随时随地的购物，创造更加高效、更加有趣的新场景。

案例 1-1[①]

新零售战略应用于商品促销

在"6·18""双11"等电商促销的大节日期间，作为新零售的"检验田"，促销活动中能看到不少新零售战略的影子，也有很多带动消费者参与感的成功营销案例。

2017年，105岁的奥利奥面临着线下业务增长缓慢的困境，奥利奥公司开始尝试用创意营销活动进行品牌建设，带动线上的销量。在"6·18"促销节期间，卖饼干的奥利奥靠一只小小的音乐盒吸引了大量粉丝，上线一分钟内卖出了五千件，当日前五分钟的销量超过上一年一小时的成交量，两天内的销售量超过17000件。这是奥利奥和天猫联手打造的一次成功创意营销，速度和数量都远超往年。2018年，奥利奥继续创意营销之路，使用当下正热的"黑科技"AR识别技术，将饼干做成了一款"可以吃的游戏机"，一经推出便吸引众多好奇网友围观。消费者只要打开支付宝AR扫一扫，扫描不同形态的奥利奥饼干，即可解锁18款不同的小游戏，具体的解锁秘籍完全依靠消费者自己探索，并且每一款都可以重复地、多次地刷新纪录。无论是音乐盒还是"AR游戏"，现在的年轻消费

---

① 资料来源：http://news.jstv.com/a/20170629/1498708789947.shtml。

者，在消费上更容易受到情感的驱动，对于他们来说消费过程的体验比产品本身更重要。奥利奥的创意营销对体验进行了三方面的升级：第一，购买体验升级，消费者购买过程和线下完全不同。第二，产品体验升级，不再是"扭一扭，舔一舔，泡一泡"的饼干，它变成了一个值得收藏的东西。第三，消费体验的升级，在吃饼干的过程中体验 AR 技术。

因此，在新零售背景下，企业利用大数据、人工智能等先进技术手段，从视觉、嗅觉、触觉多维设计应用场景，提升消费者体验，更精准地生产和销售符合消费者需求的产品。

三、新零售特征

1. 经营数字化

企业在经营过程建立基于模块的、统一源代码的数字平台，使多个销售渠道共享数据，提升管理效率。借助人工智能和 IT 系统，实现经营的数字化，构筑多种零售场景，获取商品、顾客、营销、交易、服务、管理等所有场景和行为中的数据，利用这些海量、真实的数据分析，企业不仅可以从用户画像、消费者行为偏好、地理位置、设备等基础维度深入了解受众，了解消费者与垂直行业相关的特征和行为，还可以结合个性化推荐算法，全面、立体解读消费者的特征和需求。

2. 系统智能化

智能化既可以提升顾客互动体验和购物效率，也可以多维度地增加零售数据，还可以把大数据分析结果应用到实际零售场景中。系统的智能化，包括门店、平台、物流等多维系统的智能化。

在门店里，可以摆放智能触屏、智能货架、电子价签、智能收银系统等物联设备，让消费者体验自助结账、VR 逛街、拍照搜索等购物方式，提升购物的娱乐性和便捷性。

对于平台来说，需要对设备、消费者和商家进行精细化管理，为消费者、商家建立沟通渠道，实现用户与企业的高效对接；对设备实时监测运行情况，快速响应，促成资金、信息、技术、商品等的合理顺畅流动；在商品展示上，应用物联网嗅觉交互的新模式，实现商品与消费者之间隔空的多感虚拟现实交流。

在物流系统中，利用集成智能化技术，构建智能化仓储管理与调度系统，使企业不仅达到去库存的目的，还能缩短配送周期，全天候、全渠道、全时段地满足消费者的购物需求。

3. 渠道一体化

要打造多渠道的有机结合，以"全渠道"方式清除各零售渠道间的壁垒，形成协同统一高效的运营生态系统。具体来说，这种一体化的运营生态系统不仅要包含线上线下，还要将购物、娱乐、学习等模块融入其中，在信息捕捉、营销渠道、支付体系等环节的辅助下，满足消费者购物过程的便利性与舒适性要求，增加用户黏性。

4. 商品社会化

基于消费者需求，可以个性化、小批量地进行产品定制。同时，借助全渠道生态系统，企业需要组建商品共享联盟，模糊经营过程中各个主体的界限，高效整合有形与无形资源，可以将现货、预售货和库存的货源整合，保证产品充足供应的同时达到去库存的目的。

5. 营销社交化

从认知到理解、认可、信服、最终购买，是传统零售中消费者的购买过程，在移动互联网技术重塑场景以及信息获取方式碎片化的背景下，这种过程正在被折叠、重构。

社交营销是以微信、微博、论坛、QQ 群，甚至线下的社区等多种社交媒体作为载体，聚集人气并形成粉丝的传播效应，用产品或服务满足群体需求而产生的商业形态。因社交媒体而聚集的粉丝群体，是围绕一个价值共同点而凝聚起来的组织，强调的是能让大家连接到一起的价值共同点。这个价值共同点既可以是某个偶像明星、行业大咖，也可以是某个产品、某个场所，或者兴趣爱好。因此，借助社交媒体的社交互动等辅助手段，加强对品牌、商品的推送，使消费者对产品产生兴趣。例如，早上在星巴克喝咖啡随手更新一条朋友圈状态，下午微信朋友圈的广告一下子勾起你的兴致：附近星巴克店持星享卡有机会兑换新年随行杯，于是欣然前往，这就是利用社交软件准确地将对的信息传递给对的人，投其所好，体现的是新零售的营销社交化。

四、新零售关键问题分析

新零售并没有改变零售的本质，只是借助技术的支持与模式的创新，为提升消费者体验和供应链效率提供了沃土，但是新零售也将面临以下五点关键问题。

1. 重塑体验

在消费升级大环境下，高质量商品和线下优质服务体验成为消费者的第一需求。体验的重塑主要源于新技术的出现，比如智能导购技术、智能物流、虚拟试衣间、VR、AR 等，从市场营销到医疗服务，人工智能等新技术正在理解、连接消费者，并为他们创造更好的消费体验。

在新零售营销趋势下，各行各业如何借助人工智能等新技术将动态的消费者的需求、偏好、行为、社交等预测挖掘出来，并设计具有针对性的营销计划，为消费者搭建一个具备便捷、舒适、娱乐等全新消费体验的新生态消费形式，是企业能够长久立足于新零售竞争市场中的重要支撑。

2. 重新定义制造

随着技术的变革和新零售的崛起，企业要建立新的生产关系，去适应新的生产力的发展，重新定义制造是新零售趋势下尤为重要的问题。

重新定义制造，首先引入新技术实现智能化。让传统的由制造产生转变，关键在于要真正实现智能化，准确获取数据、利用数据是制造转型的核心。其次借助数据改变供应模式。新制造将是制造业和服务业的结合，是实体经济和虚拟经济的结合，借助互联网，围绕市场和消费者需求，个性化、小批量地进行产品定制，让传统的制造企业主导的 B2C 模式转向按消费者需求定制的 C2B 模式。

3. 重塑品牌和营销

在新零售环境中，消费者更关注营销活动带来的互动参与感或营销活动提供的信息反馈交流感。技术和数据恰恰赋予了企业营销前所未有的能力和效率，使营销变得更智能化、人性化，通过精准洞察实现打动人心、驱动业务的目的。所以无论是企业还是各大电商平台的营销模式都急需创新，融合多方面资源，深化技术精细化运营流量，重塑企业营销新生态。

4. 渠道变革

实体店面临经营成本高、客流量低的困境，线上电商不能实现用户体验的需求，所以新零售强调两者的融合。线上线下需要相互融合、取长补短，打通线上线下数据传递，依靠支付、物流、仓储、售后等管理系统和大数据服务的支持，高效地整合渠道成为企业的核心。

在进行渠道变革时可以从两方面做出突破：一方面是基于大数据技术进行数据化管理，实现线上线下全域数据融合；另一方面是设计智能的仓储系统及分销网络，完成选址、存货、补货、销售、配送等全链路柔性决策过程。

5. 重构供应链

供应链的成熟与否决定着社会生产制造的运营成本，是实现制造及流通产业增效降本的一个重点。进入新零售时代，对供应链进行升级重构，重构后的新零售供应链连接消费者、供给、物流和场景，形成一个多场景的、端到端的完整的网链，提升供应链效能。

重构后的供应链应该具备以下六个方面的能力：

第一，能够提前预测消费者未来的需求，并制订前瞻性的生产计划；

第二，能够安排合理的货品结构，精准匹配消费者的需求，并满足消费者的购物体验；

第三，能够制订精准的销售计划，实现销售目标，解决卖什么、卖多少、怎么卖的问题；

第四，具有高效的库存周转和商品流通能力，对商品的发货、配送、追踪进行智能优化；

第五，具有柔性快速的履约能力，对订单履约进行智能决策；

第六，具有成本优势。

五、新零售对供应链影响

1. 模块化的供应链集成

对于传统供应链来说，想要将有竞争力的合作企业和有效资源整合到一起是十分困难的，可是现今借助互联网的帮助，企业可以将供应链集成模块化，快速实现自身与第三方企业的连通，提高整条供应链的综合实力。在新零售时代，依托互联网技术，可以通过云平台将生产厂家、原料供应商、组装厂、接单集成者、销售商和消费者全部集合在一个平台上，形成一个大的生态系统。

2. 促进企业完成数字化改造

实现数字化要从两方面入手，一是零售业本身，二是新零售供应链。过去的零售业从源头到终端不能有效衔接，在新零售的驱使下，需要企业各环节融入数字化，如商超中的生鲜，从选择实现数字化的供应商开始，做到运输、仓储、销售全过程的数字化管理。

对新零售供应链来说，虽然实现整个链条的数字化不是新举措，但是也需要将人工智能、物联网、大数据、云计算等数字化新技术不断加以革新，实现新型供应链重组和更新。

3. 快速地响应消费者的真实需求

互联网和物联网的出现，使企业能够更准确地对需求方的需求进行满足和预测，供应链从 B2B 或 B2C 变成了 C2B，这意味着供应链参与者可以依托互联网和物联网技术及时获得消费者的真实需求，并快速地做出响应，由此提升消费者的消费体验。比如，服装电商韩都衣舍与共创物联网科技有限公司合作，当消费者将韩都衣舍的衣服放入购物车时，衣服的材质、颜色等属性信息会迅速交与生产商，并借助数据进行甄选及发货，进行小批量生产，大大缩短了前置周期。这意味着消费者可以更早地拿到他们所需的商品，从而在一定程度上提升了顾客的满意度。

4. 企业将成为快时尚化成员

企业的成长与衰亡取决于能否对需求进行快速响应和准确预测，在过去缺乏技术的支持，很难做到这点，销售的商品往往存在过时、同质化等问题，导致库存危机，在新零售的驱动下，供应链也要将快时尚作为目标。随着消费升级，产品和服务也需要跟上脚步，快时尚凝集了新零售的全方位需求，如个性化、时尚化、上架快、性价比高等优点。快时尚的存在也是依托数字化，各领域实现个性化定制、精准预测、柔性生产等目标。目前，服装行业中的 H&M、优衣库等借助其高效的管理机制已实现快时尚化，在今后快时尚化还要多行业并行，如生鲜、杂货等多领域全面开花。

5. 全程供应链预警

企业的生死与能否提前预警有必然的联系，在面对突发状况或自然灾害，预警机制是否准确以及能否实现柔性改变格外重要。如养蚕户遭受天灾，产量降低，纺织业能否提前预知货源不足，向其他产地寻求帮助，免遭停产的命运。因此，由于新零售供应链全程可视化的特征，使参与者可以更及时地掌握信息，同时供应链各成员企业具备有效的预警体系，能够实现供应链活动的稳定运行和商品的质量稳定，做到在快速响应和优质服务的前提下，实现总成本降低。

第二节　新零售供应链概述

一、新零售供应链的概念

早期的观点将供应链局限在上下游业务流程上，将供应链作为制造企业的内部过程，即企业从外部获取货源，再经过生产制造、运输批发到零售等活动，最终传到用户。

之后的发展关注到了供应链的完整性和成员企业的操作一致性，将企业间的内部联系和外部环境相结合定义供应链，即"通过链中不同企业的制造、组装、分销、零售等过程将原材料转换成产品，再到最终用户的转换过程"，这较早期的供应链概念更全面和系统。

随即供应链的概念越发关注以核心企业为主的网链关系，例如核心企业和供应商、供应商的供应商甚至一切前向的关系，核心企业和用户、用户的用户甚至一切后向的关系。哈里森（Harrison）将供应链定义为，"供应链是执行采购原材料，将它们转换成为中间产品和成品，并将成品销售到用户的功能网链"。马士华将供应链定义为，"供应链是围绕核心企业，通过对信息流、物流、资金流的控制，从采购原材料开始，制成中间产品以及最终产品，最后由销售网络把产品送到消费者手中，整个过程将供应商、制造商、分销商、零售商，直到最终用户连成一个整体的功能网链结构"。这些定义的提出也指明了一个新方向，即建立供应链战略合作伙伴，这个方向能优中选优，强强联合，提高整个供应链活性和效率。

在新零售的背景下，供应链的本质并没有更改，依旧要做到各节点企业协同合作，以最快的速度、最准确的数量、最可靠的质量把商品交到消费者手中，保证服务质量的同时实现整个系统的成本最优。但供应链的形式需要结合新时代的特征，通过运用新技术和管理理念进行升级改造。

本书界定的新零售供应链的定义为，以客户需求为导向，以降本提效、服务创新为目标，整合先进产业链资源，以大数据、人工智能、流程再造、供应链金融等为技术方法，实现生产、制造和物流的智能化、全渠道销售、全场景体验、可追溯售后等全过程高效协同的网络组织形态。

新零售供应链是一个复杂的供应链系统，它需要与互联网、物联网深度融合，借助新技术及金融手段，协同各个供应链主体，创新发展新理念、新模式、新技术，进而重塑新零售供应链的体系结构。

二、新零售供应链的结构模型

在传统的商业模式下，产品的需求相对确定、信息量较少，所以传统的供应链结构相对单一，主要以线性的、链式的结构为主。而在新零售时代下，个性化需求的大量涌现，如对产品的种类、花色、尺寸等的需求各异或是对服务质量、时间、方式等的需求不同，由此所产生的数据特别大，形成海量数据。且其数据结构是非线性化的，进而推动了复杂供应链网状结构的形成。

如图1-3所示，新零售时代，在互联网、大数据、人工智能、云计算等新技术的推动下，根据新人群的需要形成新的品牌形式，随之形成新的业态。伴随这些过程所产生的海量信息会通过互联网汇集到新零售供应链云平台上，云平台对供应链参与者开放，他们可以从云平台上获取其所需要的信息，从而支持供应链各环节的运作与决策。

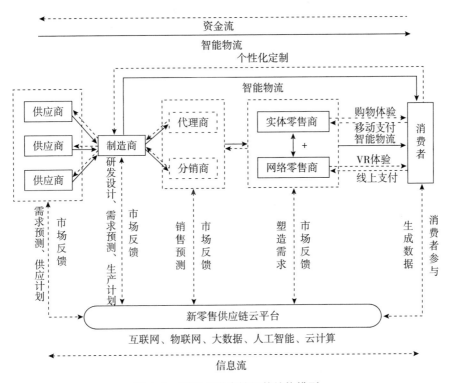

图1-3　新零售供应链网状结构模型

与传统供应链不同，新零售供应链更加注重消费者的需求、注重消费者体验的提升。供应链的参与者，比如一些品牌的设计、生产、仓储和配送的环节，可以在云平台的支持下直接服务客户，听取客户的反馈，而不是像传统供应链一样一级一级地传递。这使信息更"真"也更全面。

新零售注重线上线下的融合，这种深度的融合创造了更多的消费场景，迎合了消费升级的趋势，进一步塑造了消费者体验习惯。消费者可以通过多种方式进行购物，甚至可以参与产品最初的研发与设计。如第一种方式，消费者到实体店直接选购，或在实体店下单后由零售商进行配送，这样的方式体验更直接；第二种方式，消费者可以在线上通过 AR 技术进行虚拟体验，选购好后下单，零售商通过智能物流系统将智能仓或者是实体店中的商品配送到消费者的手中；第三种方式，制造商直接为消费者提供定制化的服务（C2M）与商品，迅速服务到门或通过智能物流系统送货上门。因此，消费者可以根据自己的喜好以及便利程度选择合适的、舒适的服务和购物方式。

新零售供应链中的零售商，面临的竞争压力大，因此，创新的动力也大。新零售时代，零售商更善于进行数字化洞察、营销和交易，从消费者价值出发实现"货找人"，由此"塑造需求"，同时会将数据传递到云平台，实现信息共享。在此过程中零售商会根据其服务的消费者群体特性，决定服务水平特点，从而指导供应链运营策略。以每日优鲜为例，它首先通过精选 SKU 的方式，为消费者提供有限精选商品，减少消费者挑选产品过程中的信息过剩。其次在商品交付环节进行供应链配置和优化：通过采购源头来控制商品品质，通过"分选中心+前置仓+1 小时配送"的模式来降低冷链成本和提高客户交付快速的体验。

新零售供应链中的分销商或代理商，不确定性最大。分销商或代理商处于零售商与制造商之间，其价值由制造商和零售商共同定义。从新零售供应链响应度和成本要求出发，理论上供应链的中间环节都应被打通，因此分销商或代理商要凸显自己的价值，否则将会被取代。如果一个分销商或代理商熟悉本地市场与消费环境，在同类商品的竞争中抢占更多市场份额，有效地提供销售预测和市场反馈，指导零售商的进货与销售策略，进行主动的库存管理与补货服务，带来更多优良的商品，那么毫无疑问它是制造商和零售商的优秀合作伙伴，但是这样的分销商或代理商目前还不多见。

新零售供应链中的制造商，面临的供应链响应度和柔性挑战较大。新零售供应链下消费者体验的需求要求制造商能够提供不同以往的生产方式：

（1）定制化生产。

（2）小批量、多批次的柔性生产。

（3）新品的快速投产。

这与通过大规模生产的方式来降低成本的经营模式有很大的不同，这种需要制造商与零售商或分销商或代理商进行不同深度的协同，根据零售端所传输的消费者需求数据进行产品的设计以及需求的预测，制订合适的生产计划，并对终端进行主动补货。

在未来，生产商或许可通过工业4.0实现全数字化运营，以模块化的生产线和产品为载体，为新零售供应链在供应端提供更多柔性。位于制造商上游的供应商同样要适应生产柔性的变化，快速响应市场的需求，从而做好原材料的供应。新零售下供应链的发展和变化将是一个长期的过程，无论是支撑美好的未来，还是应对潜在的风险，它的结构都会根据变化不断地转变。

三、新零售供应链的特征

1. 协同化

传统供应链的发力点在采购、制造、运输等前端环节，对渠道和消费者体验的重视程度不够，致使供应链系统会受到"牛鞭效应"① 和"孤岛现象"② 等负面影响，供应链的运作会处于滞后的状态。

在新零售时代，供应链上所有的职能必须以消费者体验为中心，及时响应消费者的需求变化，在此过程中所产生的大量信息使供应链的参与者不能仅被动地等待信息的传递，要求各节点企业主动投身到服务消费者的

---

① "牛鞭效应"是经济学上的一个术语，指供应链上的一种需求变异放大现象，是信息流从最终客户端向原始供应商端传递时，无法有效地实现信息共享，使信息扭曲而逐级放大，导致了需求信息出现越来越大的波动，此信息扭曲的放大作用在图形上很像一个甩起的牛鞭，因此被形象地称为"牛鞭效应"。

② "孤岛现象"是指一个企业主过分的自负，脱离市场，完全不同客户接触，不管是新产品开发还是产品定价，或者是活动方案，都会以自我的感觉做出判断，这样长时间下去就会导致业绩下降，团队缺乏凝聚力，客户流失的现象频繁，企业的竞争力和效益都会不断地下降，渐渐地形成这种被外界孤立的现象。

行列中，强调"全位一体"。近几年，得益于互联网和大数据等技术的快速发展，信息传递性不断增强，这使供应链各参与企业之间信息公开，能及时准确地掌握合作企业的内外部信息，如果信息发生改变，能随机调整供应链管理的过程、环节和内容，加快了供应链的协同化进程。

2. 智慧化

随着新零售业态的出现和快速发展，对新零售供应链管理有了更高的要求。新零售供应链的智慧化主要来自新技术的支持，如物联网、大数据、人工智能等，这些技术的兴起能够使供应链各参与企业的需求得以更好地满足。

数据智慧化和决策智慧化是新零售供应链智慧化的主要表现形式。数据智慧化指的是利用智慧化设备，例如借助传感器、RFID标签、GPS等其他设备搭建出一个先进的系统，这个系统可以起到收集和反馈信息的作用。决策智慧化指的是决策者能够借助智能系统收集的信息和数据全面衡量约束和选择条件，并展开行动。在某些情境下，系统能够完全脱离人工干预，自行学习和决策。

3. 实时化

新零售供应链实现数据的实时化、计划与执行连接体系的实时化要依托大数据、物联网等新技术。

关于数据的实时化，应用范围较广，供应链参与者可以从供应链云平台上实时获取自己需要的、真实的信息。例如，以往的供应链无法对流动的商品进行实时追踪，但是由于物联网技术的出现，能够随时向参与企业传递数据信息，极大地减少了信息失真现象的出现。

计划与执行连接体系的实时化指的是供应链计划与执行体系的连接可以在数据和流程两个方面一起实现。计划层面和执行层面都要求信息是全面的，既包括以往的，也包括正在进行的和即将发生的。两个层面运作的有效性在于能否实现数据和信息的同步化，对于计划层面来讲，同步化指的是供应链在计划时能否获取全面的信息和数据，对供应链规划加以指导；对于执行层来讲，要对正在进行的活动和即将进行的活动进行合理估计，及时准确地配备所需资源和能力，以保证供应链在执行时平稳、有效。

盒马鲜生的出现是新零售的典范，它将商品统一归类，并配有电子标签，能够实现线上下单，线下有货，保证线上线下数据同步，并由后台统一规定价格及营销策略。

4. 全程可视化

可视化是利用信息技术将供应链信息以图形化的方式展示出来。全程可视化指的是在任意环节的任意时间段，都可以对整个供应链实时追踪，保证及时了解供应链运行的状况。全程可视化可以有效提高整条供应链的透明度和可控性，降低供应链风险。有研究表明需求可视化5%的改进能够带来订单执行10%的改善。

新零售供应链可视化以后会继续朝着顾客、SKU、店员延伸，同时将从传统网络逐步向云计算转化。借助可视化集成系统，实现战略计划和业务密切关联，需求和供应的平衡，订单交付策略的执行，库存和服务水平的调整等规划高效运作。

5. 柔性化

在消费者需求多样及变动快速的今天，为了提升消费者的体验，新零售供应链比传统供应链更具有柔性，或者说更具有弹性。新零售供应链柔性化指的是生产线和供应体系能够根据需求的变动在个性化、小批量、大批量之间自由切换，同时交货期、成本不会变化很大。柔性的主要目的是实现供应链随需而动，实现供需和谐。

6. 以消费者体验为中心

新零售业态和新零售供应链都要把消费者的体验作为核心，凡事要做"精"，精细地分析每一个消费者的需求，满足他们对个性化的追求；精准地预测时尚潮流趋势，向消费者提供符合时尚潮流的商品，让他们满意。这所有的一切都是以打造优秀的客户体验为始，并以打造更加优秀的客户体验为终。

第三节　新零售供应链战略

新零售供应链战略是基于供应链管理思想在各参与企业间的深刻了解而建立起来的，它能够显示企业内外部资源的集成化。随着国际市场竞争的日趋激烈，传统的"垂直一体化"经营方式及从前企业之间的单独斗争模式已经无法适应市场，现在需要的是协同合作、互惠共赢的竞合状态，企业与企业之间的竞争，已经转化成供应链与供应链的竞争，各参与企业要建立合作伙伴关系。鉴于供应链管理的不断深入，企业加入的供应链规模越大，运营效率越高，企业的竞争力及活力越强。新零售供应链战略的特点可以归纳为"上下渠道一体化+经营数字化+产业链条金融化+店铺智能化+仓配智能一体化"。

1. 上下渠道一体化

由于消费升级，消费者的购物渠道也十分不稳定，尤其是"80后""90后"，他们作为目前消费增长的主力军，不拘泥单一的购物渠道，既会受网络购物的吸引，也会享受实体店购物带来的乐趣。线上商品价格低廉、样式多样、送货速度快，而实体店可以现场体验、服务周到、质量有保证，两者各有优势，这使消费者能够在结合自身需求的情况下，随意选择线上或线下购物。

线上发挥渠道方便、快捷的优势，线下则发挥消费体验和信赖度的优势，相互借力，逐渐击垮线上线下界限、客群界限、时间界限、平台界限及地区界限，让消费者可以真正实现任意时间、任意地点、追崇心意的购物。

全渠道融合，既是零售业的战略选择，也是技术对零售基础设施的不断升级迭代。在线上和线下融合的背后，生物识别、物联网、人工智能、AR、VR、大数据、云计算、区块链等一系列技术都被融入到零售的每一个环节里，从而实现对线上线下各个零售环节在效率、成本和体验上的优化。

2. 经营数字化

商业变革的目标就是一切在线，通过数字化把各种行为和场景搬到线上，然后实现线上线下融合。致力打造全渠道零售场景，满足顾客多种购物体验，沉淀大数据。零售行业的数字化包括顾客数字化、商品数字化、营销数字化、交易数字化、管理数字化等。数字化是通过 IT 系统来实现的，所有数字化战略中，顾客数字化是基础和前提。

3. 产业链条金融化

对于新零售中的商品供应环节，核心企业会授权给一些经销商，供应链金融可以凭借核心企业授信及数据分析，为这些经销商提供资金支持，缓解其资金周转压力。对于新零售中的物流环节，一些运输公司、快递公司总是希望更快拿到应收账款，开展其他业务从而扩大经营规模。那么，通过供应链金融的接入就可以满足其需求。在仓储这个环节，我们可以综合考虑上下游企业的交易、库存、位置等数据，通过大数据分析可以进行风险定价和风险评估，从而核算风险贷款金额。在新零售这一业态中，随着流通链条的缩短，数据的低成本流动，产业链的金融化成为必然。

4. 店铺智能化

大数据时代，一切皆智能是必然。门店智能化可以提升顾客互动体验、购物效率和购物的便捷性，可以增加多维度的零售数据，可以很好地把大数据分析结果应用到实际零售场景中，如可以引入智能触屏、智能货架、电子价签等物联设备。在零售行业，商家数字化改造之后，门店的智能化进程会逐步加快，但脱离数字化的基础去追求智能化，可能只会打造出"花瓶工程"。

5. 仓配智能一体化

智能仓储系统和企业各项功能完全匹配，能够改善订单实施、智能调节货架适宜温度、准确监管库存等增值服务。商品出库后，还可以通过智能管理系统联结人、货、车，实现随时追踪、指挥调度等功能。传统零售只能到店消费，现取现卖，新零售要求顾客可以全天候、全渠道、全时段都能买到商品，并能实现到店自提、同城配送、快递配送等，这就需要对接第三方智能仓储、物流体系，以此缩短配送周期。

第四节　新零售供应链绩效

一、新零售供应链绩效内涵

1. 绩效的概念

学术界对绩效暂时没有统一的定义，对它有以下三个方面的理解：

（1）绩效是结果。1995 年，Bernadin 等指出，"绩效应该定义为工作的结果，因为这些工作结果与组织的战略目标、顾客满意感及所投资金的关系最为密切"。1996 年，Kane 认为，绩效是"一个人留下的东西，这种东西与目的相对独立存在"。他们觉得"绩效就是结果"，可是在实际操作中，结果的好坏不是人为能够把控的，并且对结果的过度关切，很容易忽略组织成员的切实感受和更为重要的环节。于是，有些学者从行为的视角来对绩效加以理解。

（2）绩效是行为。因为人们对绩效是工作成绩、目标实现、结果、生产量的看法产生疑虑，于是广泛采纳绩效的行为观点，即"绩效就是行为"。Campbell（1990）认为，"绩效是行为，应该与结果区分开，因为结果会受系统因素的影响"。Borman 和 Motowidlo（1993）研究出了绩效的二维模型，指出行为绩效涵盖两个方面，即任务绩效和关系绩效，其中，任务绩效指的是所规定的行为或与特定的工作熟练有关的行为；关系绩效指的是自发的行为或与非特定的工作熟练有关的行为。

（3）绩效是行为和结果的统一。在对绩效进行管理的操作中，选择较为宽泛的定义范畴是很多学者倾向的，即绩效是结果和行为的结合体，并且实现绩效结果的关键要素之一是行为。1998 年，Brumbrach 指出："绩效指行为和结果。行为由从事工作的人表现出来，将工作任务付诸实施。（行为）不仅仅是结果的工具，行为本身也是结果，是为完成工作任务所付出的脑力和体力的结果，并且能与结果分开进行判断。"从实践操作角度出发，这是一个宽泛且全面的理解，它要求在具体的绩效考核中要考虑投入（行为），也要考虑产出（结果）。

2. 供应链绩效的概念

供应链绩效是供应链竞争中一个十分关键的组成部分，可是目前还未对其有清晰统一的界定。Beamon（1999）指出，供应链绩效是对供应链运作柔性、投入资源和产品产出等方面做出的一个系统的衡量。Ezutah 等（2009）指出，供应链绩效是供应链运作整体的效率，包括企业自身的内部绩效及节点企业间的协调合作绩效。霍佳震等（2001）指出，供应链绩效是围绕供应链的目标，对供应链管理日常经营状况做出事前、事中以及事后的一个总体评价及衡量。马士华等（2002）指出，供应链绩效更关注未来的发展，除了对企业内部运作的评价外，还要从供应链整体的视角去分析问题，关注供应链的长久发展。

3. 新零售供应链绩效的概念

对于新零售供应链来说，在普通供应链的基础上，融合了大数据、物联网、云计算等技术，使整个供应链链条信息化、智能化、可视化。结合本书之前给出的新零售供应链的概念和各位学者对绩效、供应链绩效的概念，试着提出新零售供应链绩效的概念为：从新零售供应链整体出发，为实现对需求的精准预测和顾客需求的快速满足，运用各种先进的技术和方法，对计划、采购、生产、数据处理、信息共享等活动增加和创造的价值总和，以及为实现目标供应链各成员采取的各种行动和过程。

二、新零售供应链绩效评价指标

1. 指标选取原则

（1）科学性。评价指标是用来评价新零售供应链绩效水平的，所以在选取的过程中一定要具备一定的科学性，为了能代表我国新零售供应链的绩效水平，必须选择科学有效的评价指标。

（2）可操作性。为了对指标展开收集和统计，一定要选择可操作性的指标。

（3）系统性。为了充分科学地解释我国新零售供应链绩效的水平，一定要形成较为完整的评价指标体系，所以指标的选取一定要遵循系统性原则。

（4）可解释性。为了基于绩效评价结果对造成新零售供应链绩效水平或高或低的内在原因加以解释，在指标的选取上要遵循可解释性原则。

2. 指标确定

供应链绩效评价反映整条供应链的运营情况，新零售供应链绩效评价也是如此，具备整体性，所以要选择能全面反映供应链运营情况的评价指标。新零售供应链和传统供应链在技术方面有很大的不同，如前者的可视化及智能化更为显著，信息分析整合能力及成员协同能力更强，鉴于此，根据新零售供应链的特点，共选取了七个一级指标，分别为客户管理、供应链精敏化、供应链运营可视化、供应链预警、信息共享能力、技术支撑能力、数据处理能力，具体如表1-1所示。

表1-1 新零售供应链绩效评价指标

一级指标	二级指标	含义
客户管理	客户满意度	客户对所提供服务或产品的满意程度
	客户忠诚度	客户对某一产品或服务产生好感后重复购买的趋向
	新客户争取率	企业争取新客户的能力
供应链精敏化	智能敏捷化	供应链能快速响应和服务顾客，强调服务和速度
	高效精益化	供应链绩效能够实现总成本最优，强调效率和成本
	柔性化	供应链柔性化是由客户需求个性化所造成
供应链运营可视化	流程处理可视化	能够对订单处理、查收、实现、到账等实现全程监控
	仓库可视化	对存储、流通的物品进行可视化监控管理
	物流可视化	对产品物流过程涉及的所有信息实现即时追踪
供应链预警	风险管理	企业通过有效方式将风险减到最低的管理过程
	成本可控	企业根据预期目标将成本控制在一定范围内的管理能力
	质量管理	为了实现质量目标所进行的指挥和控制等管理活动
信息共享能力	信息共享程度	企业间信息共享的完整性和易得性
	信息共享强度	企业间信息共享的丰富性和相关性
	信息共享品质	企业间信息共享的及时性和准确性

续表

一级指标	二级指标	含义
技术支撑能力	信息系统	企业间信息系统的覆盖率、运行效率和集成率
	信息技术	企业的信息技术覆盖范围和信息技术的熟练程度
	信息安全	企业信息的安全性和信息人员的专业性
数据处理能力	数据采集	企业采集到的数据的完整性、准确性和及时性
	数据分析	企业数据分析能力和展现形式（如图形、视频等）
	数据决策	企业根据数据分析结果进行企业战略辅助决策

三、新零售供应链绩效评价方法

建立供应链绩效评价体系的重点不仅仅是建立一个绩效评价指标体系，更重要的是建立一个能使绩效评价体系得以运作的平台，让绩效评价体系变成一个切实可用的管理工具。在新零售时代，供应链的本质没有发生变化，供应链绩效评价方法也与传统的供应链绩效评价方法没有差异。新零售供应链绩效评价方式大致可以分为两种：一种是评价指标侧重于供应链核心企业，对供应链的局部和全局分别进行绩效评价分析；另一种是基于供应链的整个业务流程方式，对供应链系统进行优化，这种方法关注到了供应链的整体性及系统性，体现了整条供应链的增值能力，也是供应链绩效评价的主要指导观念。

1. 平衡计分卡法

美国哈佛大学教授授 Robert Kaplan 和诺顿研究所最高行政长官 David Norton 在 1992 年提出平衡计分卡法（Balance Score Card，BSC），并由此逐渐完善和发展。平衡计分卡法应用一套财务和非财务指标来评估整个组织的绩效水平，该方法关注于组织战略业务单元，并且这些战略业务单元将获取顾客满意度及体现股东价值作为目标。

平衡计分卡法在企业绩效评价领域的应用和研究已经十分广泛，它从财务、客户、内部业务流程和学习与成长四个维度来评价组织的绩效水平。平衡计分卡既提供了反映过去成果的财务性指标，而且包含以客户角度、内部业务流程角度、学习与成长角度为基础的非财务性绩效指标。

（1）财务角度。财务指标是企业绩效评价中常用的传统指标。它们可以显示企业的战略、实施和执行是否有助于改善最终经营成果（如利润）。然而，并非全部的长期策略都能迅速产生短期财务利润，改善和增强非财务绩效指标（如质量、生产时间、生产率及新产品）是实现目标的手段。用来衡量财务指标的内容主要包括收入增长、收入结构、成本降低、生产率提高、资产利用及投资战略。

（2）客户角度。企业要将目标顾客及目标市场作为指导方向，尽全力满足核心顾客的需求，并不能企图满足所有顾客的喜好。企业要围绕顾客最关心的要素设立指标，即时间、质量、性能、服务和成本，将这些要素细化成具体的指标。用来衡量顾客指标的内容主要包括市场份额、老客户挽留率、新客户获得率、顾客满意度、从客户处获得的利润率。

（3）内部业务流程角度。为了让企业可以掌握关键点，并且专心衡量那些与股东和顾客目标息息相关的环节，平衡计分卡一般要求建立财务和顾客角度的指标之后，再建立企业内部运营的指标。内部运营绩效考核要将实现财务目标影响最大的业务流程和顾客满意度作为核心。用来衡量内部运营指标的内容主要包括短期的现有业务的改善、长远的产品和服务的革新、企业的改良和创新过程、经营过程及售后服务过程。

（4）学习与成长角度。企业在面临激烈的竞争时，现有的技术及能力已不能保证其未来的可持续经营，虽然降低企业学习和成长能力的投资可以在短期内增长财政收入，可是它将给企业的未来造成负面影响、带来沉重打击。

平衡计分卡法的实施，让管理者明晰组织战略远景和策略，沟通联结策略目标和衡量的标准，规划与设定绩效指标，并在目标展开时，借助绩效面谈、双向沟通随时调整行动策略，同时增强战略性反馈与持续的教育训练，进而实现组织绩效进步的目标。

2. 标杆法

标杆法又称竞标赶超、战略竞标，既是一种管理体系，也是一种有目的、有目标的学习过程，其实质是模仿和创新。标杆法具体做法有两种：一种是对比领先公司。在业绩对比过程中，将企业的业务、流程和环节进行分解细化，寻找企业的不足之处。并进行效仿学习，以改善企业管理。另一种是先对企业进行体检，找出企业的不足之处，再列举世界先进做法，企业从初级到高级分阶段进行效仿学习，循序渐进地改善企业管理。在树立标杆的过程中，这种比较既可以是行业内的不同企业间的比较，也可以是不同行业企业间的比较。通过这种比较找出自身不足及他人优势，并进行学习和改善。

依据选择的标杆对象和想要评价的作业流程对标杆法进行分类，具体有下面三种类别：

（1）内部流程标杆分析。内部流程标杆分析是最简单易行的标杆分析方式之一。其将企业内部操作作为基础，通过对企业内部不同部门和分支机构的相同作业流程进行比较，辨识企业内部最佳职能或流程，然后推广到企业的其他部门，以快速高效地提高企业绩效。

内部流程标杆分析的最大优点在于所需的资料和信息易于取得，不存在资料欠缺的问题，并且获得的资料和信息可以方便快捷地提供给部门内部使用，而不需要经历复杂的翻译过程。内部流程标杆分析的缺点是局限性太强，企业只能通过企业内部的部门和人员之间相互学习和进步，像"闭关锁国"一样，想要实现巨大突破十分困难。因此在实践中，通常将内部流程标杆分析和外部竞争性流程标杆分析结合起来使用。

（2）外部竞争性流程标杆分析。在市场竞争中，企业对竞争对手的分析是非常关键的，外部竞争性流程标杆分析把竞争者或行业领先者的产品、服务、作业流程等当成评量比较的标杆，借此寻找企业自身的优点和不足。在标杆选择过程中，企业通常关注竞争对手的市场面积、市场战略、资源水平及竞争优势等。尤其是对市场战略的分析有助于企业选择一个有价值的标杆对象。例如，不同的市场竞争战略会使竞争对手在成本措施方面有所区别。

此外，在分析重点方面，如果企业与竞争对手具有相同的基本竞争战略，且向目标市场提供相似产品或服务，则说明它们所处的市场环境基本相同，此时分析的重点应是企业内部因素。以商品店为例，以同性质、声誉卓著的同行业商品店为标杆，比较服务流程、资源水平的差异，进而采纳并效仿对方的优点，可为商品店带来20%~25%的改善机会。

不同企业间的比较使外部竞争性流程标杆分析突破了视野狭隘的障碍，同时，同行业企业间的比较将对手的流程转换到自身企业，但是由于是企业与竞争对手间的比较，因此，外部竞争性流程标杆分析对相关信息的搜索和收集比较艰难。

（3）功能性流程标杆分析。功能性流程标杆分析不限制同行业，而是要挑选特定功能或作业流程，针对在这个领域内卓越的企业进行标杆分析，不同于外部竞争性流程标杆分析，这种标杆分析注重于标杆企业的某一特定典范作业流程，例如一个企业想要提高它的人力资源管理能力，该企业便向在人力资源管理领域享有权威的企业学习，标杆企业的选择不必局限于同行业。

行业外标杆选择及比较，经常可以引导企业进行突破性思考，由于不同行业的同领域会迸发截然不同的理念和想法，很容易创造出富有新意的经营策略，有助于创新服务与作业流程的提出。功能性流程标杆分析的缺点表现在资料收集方面，由于距离遥远或行业的陌生性，为了搜索和收集资料，企业只能投入较多的资源，造成成本增加。可是功能性流程标杆分析能够提高企业的创新能力，所以尽管操作不易，它依旧被企业认可。

标杆法的实施是一个复杂的过程，可以大致分为四个阶段：

（1）标杆准备。标杆准备阶段的主要任务是成立标杆管理小组，形成标杆管理计划。标杆管理项目推动小组的组建是该阶段的首要环节，为了为标杆瞄准活动提供辅助，小组在许多大型企业中往往以一个独立的部门存在。

小组成立后，要确定企业的哪些职能部门最有必要实施标杆管理，以及该部门最需要改善哪些方面。在标杆管理主题的选择上，通常对企业的经营或获利成果产生重大影响的关键因素是选择重点，如企业业务流程、生产能力、产品生产与制造工艺、客户体验等。

在找到变革的方向后，企业需要制订最佳变革方案，并进一步明晰变革的具体实施步骤及评价改进效果的方法。一份完备的标杆管理计划应该包含标杆管理目的、专案计划书、专案管理、变革管理四个方面。其中，变革管理是标杆管理有效实施的重要保证，它既可以消除组织内部对变革的抵触力量，又可以推进相关人员对变革的理解和接受，从而为标杆的实施尽可能多地争取到需要的资源（如时间、资金、人员等），以保证变革目标的达成。

（2）标杆规划。标杆规划的第一步是确定标杆管理的范围。因为标杆管理的应用范围特别宽泛，比如探析市场和顾客、设计和推销产品和服务、制定企业远景及战略、开发和管理人力资源、管理各种信息和资源，可是企业不用在所有的领域都使用标杆管理，因此确定标杆管理的范围是标杆规划的第一步，接下来则是确定标杆对象。

标杆对象是企业的比较对象，该对象应具备卓越的绩效，应是行业中具有最佳实践的领先企业。对象可以选择企业内部相近部门，也可以是企业外部相近企业，将双方的相近地方进行对比，参照标杆对象的优秀经营方式进行模仿。

选定具有价值的标杆对象，资讯收集非常关键，因此，收集资讯的投入和十分细致的工作是非常必要的，这需要充分的人力、物力保证。企业在进行标杆学习对象的选取时，需要对企业改善程度做一个正确评估，以使企业在绩效改善程度及投入资源间进行平衡，因为绩效改善程度影响着企业在资讯收集方面的投入。

虽然在标杆管理中，临时性的资讯收集是一种常态，但是想要全方位地了解相关资讯以选择最佳标杆对象，则需要连续的资讯信息，企业建立竞争情报系统将有助于持续性的标杆管理资源的获取。

（3）标杆比较。标杆比较阶段的重点任务是收集数据并进行对比分析，以确定与标杆企业的差距。企业首先要对自己的作业方式、产品、服务等信息进行彻底的了解，进而再去了解标杆企业的相关信息，再将信息加以对比分析，找出自己业务作业需要增进的部分，只有这样企业才能准确地找到自己的不足之处，并加以改正。另外，在与标杆企业对比的过程中，数据不应是业绩对比的唯一结果，更为重要的应该是建立在数据之上的分析结果。

（4）标杆实施。标杆比较之后找出企业自身与领先行业的差距，通过不断努力，以追上甚至是超越标杆对象为目标。想要提升业务能力，就一定要建立企业关键绩效指标（Key Performance Indicator，KPI）体系。在标杆实施阶段，一个非常重要的任务就是构建企业关键绩效指标体系，数据的收集整理为标杆管理指标的确定打下了基础，将大量的数据信息转换为指标信息是标杆管理中最为关键也是最难的一个环节，KPI体系的优点在于其可操作性强，能够将标杆管理的目标细化、量化，并具有极强的针对性，企业可利用该体系找出自身的问题所在，并系统分析与标杆企业存在哪些领域的差距，究其原因后可为后续的变革做铺垫。

在具体实施变革行动时，制作一份报告或发表分析成果不是标杆管理的最终目标，针对分析成果制订和实施改革计划才是标杆管理实践的关键环节，改革计划应包含人事、预算、培训、所需资源、评估方法等基本要素。根据改革计划，标杆管理实施者能够判断应最先进行哪项活动及哪项活动最适于在本公司开展等。

当然标杆项目的绩效改进过程是永无止境的，它是一个长期的、循序渐进的持续过程，而非一次性过程，因此，具体变革活动的实施并不是标杆管理的终点，而是企业自觉的日常活动。在变革活动实施的过程中，企业需要对标杆管理活动进行审视、评估、检测与回顾，以及及时更新目标，并重新进入下一轮标杆管理循环。

3. 供应链运作参考模型

1996年底，美国供应链协会（Supply Chain Council，SCC）发布了供应链运作参考模型。SCOR（Supply-Chain Operations Reference）模型把业务流程重组、标杆比较和流程评测等概念集成到一个跨功能的框架之中，是一个为使供应链合作伙伴之间进行有效沟通而设计的流程参考模型，构建 SCOR 模型的目的是开发、维护、测试并验证跨行业的供应链过程标准。作为全球第一个标准的供应链流程评价参考模型，SCOR 模型提供了通用的供应链结构、标准的术语定义，以及与评价有关的通用标准和最佳实施分析，是可用于评价、定位和实施供应链应用软件的公共模型。

国际供应链协会将 SCOR 模型看作描述和改进运作过程效率的工业标准，并支持 SCOR 作为 SCM（Supply Chain Management）的标准模式。通过 SCOR 模型，企业可以更加方便地构造内部和外部的供应链，显示现有供应链的配置，找出理想的供应链管理流程。通过 SCOR 模型的通用语言和流程定义，企业可以更加有效地对内部职能部门、供应商和分销商进行评价。同时企业也可以利用 SCOR 模型评价自己的供应链过程绩效，并与行业内部其他企业的供应链进行比较。

SCOR 模型体现了从供应商的供应商到客户的客户的供应链管理思想，具体包括以下三点：

第一，所有客户之间的交互环节，从订单输入到支付发票；

第二，所有产品（实物和服务）的传送，从供应商的供应商到客户的客户，包括设备、原材料、配件、产品和软件等；

第三，所有市场之间的交互环节，从对总体需求的理解到每个订单的执行。

SCOR 模型不试图描述销售和市场流程、研究和技术开发流程、产品与工艺设计和开发流程以及交货后的客户支持流程。SCOR 模型把供应链运作流程界定为以下五个基本的管理流程。

第一，计划，是指需求和供应的计划和管理，包括平衡资源与需求，为配送中心建立计划，退货及采购、生产、交货等执行流程；管理业务规则、供应链绩效、数据收集、存货、资本资产、运输、计划配置、法规的要求和执行以及供应链风险；保持供应链各部门计划与财务计划的一致。

第二，采购，包括安排交货，产品的接受、核查和转运，向供应商付款；对按订单定制的产品进行确定和选择供应商；管理业务规划，评估供应商绩效并维护数据；管理库存、资本资产、购入的产品、供应商网络、进出口需求、供应商协议和供应链采购风险。

第三，生产，包括安排生产活动，产品制造和测试，出货等（随着 SCOR 模型的绿色化，在生产阶段也包括了废物处理流程）；按订单定制的产品的最终制造；管理规则、绩效、数据、在制品、设备和设施、运输、生产网络、生产法规的执行和供应链生产风险。

第四，交货，是指产品的订单、仓库、运输和安装管理，包括从处理客户询价与报价到安排运输路线和选择运输工具的所有订单管理过程；从产品的接受和拣选到装载和发运的仓库管理；在客户现场进行收货、核查并安装；开立发票；管理交货业务规则、绩效、信息、产成品库存、资本资产、运输、产品生命周期、进出口需求和供应链交货风险。

第五，退货，是指原材料的退回和产品退货。原材料退回包括识别产品状况，处置产品，申请产品退货的许可，安排产品发运等。产品退货包括产品退货的授权、安排退货接受、收货和转运等。此外，还包括管理退货业务规则、绩效、数据收集、退货库存、资本资产、运输、网络配置、法规的要求和执行以及供应链退货风险。

另外，新零售供应链绩效评价方法还有一些数学方法，如层次分析法、数据包络分析法、模糊综合评价法、BP 神经网络法和灰色关联法等。

案例 1-2[①]

雀巢与京东的合作

2012 年，雀巢与京东开始合作，2016 年 3 月，雀巢供应链和京东 Y 事业部及采销团队制订未来滚动 13 周的销售预测和补货计划，用于支持雀巢做未来备货策略、生产计划、材料采购。2016 年"双 11"期间，预测准确率从以前的 45% 提升到 85%。2016 年 9 月，实现雀巢食品饮料产品由

[①] 资料来源：http://www.xinhuanet.com/tech/2017-06/12/c_1121129171.htm。

全国大仓直送京东全国八大仓群，去除经销商仓储送货环节，大大缩短了供应时间，加快了供应响应速度。这使线上有货率从73%增加到95%，供应速度从过去的5~8天缩短到2~3天，线上销售提高5%。2017年4月，雀巢和京东开始测试应用带板运输。数据显示，使用带板运输后，卸货效率从两小时缩短到20分钟，大大减少了人力、物力成本，提高收送货效率。2017年6月5日，雀巢公司加入京东物流"青流计划"——京东物流供应链包装环保项目，共同发布"青流计划"倡议。

京东与雀巢双方进行了数据的共享，包括商品基础信息和销售数据共享，然后由双方供应链团队进行历史销售数据清理，剔除季节及活动的影响，并采用合理的预测模型实现未来至少3个月的滚动基线预测，再根据双方销售团队给出的未来12周促销计划计算各类活动产生的销售增量，与基线预测合并后，即为销售预测的总量。

获取未来的销量预测后，京东通过智能补货系统抓取雀巢库存量所设置的补货参数，包括备货周期、安全库存、供应商送货时长、采购频率、箱规等，选择适合的补货模型计算，为雀巢提供未来1~3个月内的补货计划。雀巢则依据此补货计划来平衡生产能力，进行原料的补给、生产节奏的安排、进行商品的备货计划，以及后续运输到京东仓库入库售卖。

通过双方深度合作，实现了雀巢全国大仓直送京东全国八大仓群，去除经销商送货环节，缩短供应时间，加快供应速度。不仅可以保证商品在京东的现货率，同时也能保证京东的订单满足率。由于有了较为准确的备货参考，降低了双方的库存周转天数、提升了现货率。

雀巢与京东的协同预测合作，是实体经济与数字化运营的结合。借助京东智慧供应链技术，在"6·18"大促与"双11"等电商大促期间避免了过去出现供货过多或过少、仓间不均匀补货等情况，最终达到京东平台现货率和订单的满足率提高30%。其中，仅考虑现货率这一项指标，就能够帮助雀巢每年提升超过3000万元的网站成交金额。

复习思考题：

1. 简答题

（1）简述新零售的要素。

（2）简述新零售供应链的定义。

（3）简述新零售供应链的特征。

2. 论述题

（1）论述新零售对传统供应链的影响。

（2）论述新零售供应链战略的内容。

第 二 章

新零售供应链基础

第一节　新消费基础

一、新消费特点

1. 新的推广方式：融合与引流

（1）融合。要想做到线上线下的融合，首先要做到线上的融合。和线下的物理屏障相比，线上的屏障更容易打破。目前的网络终端包括了移动手机、PC端、平板电脑等，不同的操作系统和不同的终端设备之间信息数据并不完全相通，打破这些屏障，是线上、线下融合的第一步。

仅仅是线上终端的融合就已经可以为企业提供多种好处。线上终端融合的第一个优点是降低成本，随着Uber和滴滴打车补贴大战的持续，使移动端支付成为消费者必不可少的工具，这是消费变革的转折点。目前，银行和移动厅排队人潮大幅度减少，生活中的水、电、煤、网络、有线电视、电话缴费等项目皆被支付宝和微信钱包大量取代，消费者不需要再花时间排队缴费，只要在App上面就可以解决去营业厅排队的困扰，也养成了消费者移动端支付的习惯。

同时线上终端可以相互作用、彼此增值，强化内容推送的相互关联，强化终端各场景的相互衔接。例如跨平台、跨应用间的内容推送和优惠活动，会员的互相认证和管理，积分的互通。在多终端间统一调配，在市场中统一口径和价格，避免复杂和矛盾的推广活动引起意想不到的问题。

线上终端的互通互推可以打破一直困扰零售业的"天花板效应"，以线下店为例，每个店的辐射范围有限，当附近区域的渗透率达到一定程度以后很难增长，线上终端同样面临这个问题。线上终端的渗透以群体为单位，当某个群体渗透率达到一定程度后很难再提升，最好的方法是更换群体，通过与其他终端的互通互推，可以快速扩散到其他群体，打破"天花板效应"。因此不同终端间的互推对双方有利。

（2）引流。与打破线上的隔阂相比，线上线下的融合更难，也更重要。O2O涉及新零售的各个方面，以推广为例，O2O的发展不会削减"传统零售终端"，而是为"零售终端赋能"，放大线下零售的优势，提供传统线下零售所没有的功能。

O2O一个最直接的好处就是引流，例如刚才提到实体店的覆盖范围有上限，当附近区域的渗透率达到一定程度以后很难增长，形成"销售天花板"，如果通过线上推广实体店，可以打破物理屏障，突破实体店的"销售天花板"，大大扩展再覆盖范围，同时又帮助电商优化物流，减少配送时间。

2. 新的销售方式：体验与配送

（1）体验。每个消费者都生活在线下，以消费者所在的生活圈，提供相关生活用品和服务进行线上线下融合（Location Based Services，LBS）是最恰当的，中文称作"本地化生活圈服务"。

目前许多消费者，每年在当地生活圈服务的平台所消费的金额，甚至比淘宝、天猫、京东全部加起来还多，这是一种消费习惯。和电商相比，本地化生活圈可以更快速获取产品和服务，而且有大量的品类和服务可选。

假设消费者固定时间的支出是稳定的，本地生活服务平台与电商平台在流量和使用频次、消费者可支出的金额等，都构成了竞争关系。在电商的热潮退却之后，消费者对很多产品的等待和不可控也感到厌倦。纯电商的模式在未来将会越来越难以为继，因为流量将会逐渐地被引导到更符合便利需求的本地生活服务的平台上，这将是新零售发展的关键一步。

由于市场经济体的容量足够庞大，直到现在各种本地化生活圈的服务项目以及线下零售店铺的覆盖密度，还远不足以改变整体零售生态。所以像社区物业、便利店、各种服务业态等，在未来还会不断地出现许多新增、合并、整合、创新模式等消息。

另外，未来的新零售还会变得相当多样化，很难用单一业态的角度来定义，因为有许多的企业已经发现"赋能"的意义——赋予提高销售的能力，比如一个线下场景，可以进行多元化的运用，带来更多可能的创收，由于线上应用的存在，可以开发很多从前线下实体店没有的功能。咖啡厅可以是办公室、超市也可以是餐厅，一个场合结合两种功能，这就是多元化创收的方式，这些变化给企业带来无限的可能。

另外，线上可以扩大拉拢消费者到访线下，线下促进消费者进行线上消费，两两加乘的作用，让新零售成为"复合式、多形态"的新业态。虽然已经可以预期未来新零售的蓬勃发展，但是着眼当下，改造往往最难的就是第一步，如何产生增长也是一个困难的问题，因为有许多执行层面的问题尚待解决。这些线上和线下的优势和限制在以往并不是那么显著，也许是消费习惯尚未养成，也许是企业在做法上出现了疏忽。

（2）配送。2017年3月全家便利店对外宣布在北京、上海、杭州、成都、深圳、广州、东莞、苏州、无锡共九个城市入驻饿了么平台，从盒饭到日用品只要消费满20元起，就可由饿了么旗下的蜂鸟进行配送。

传统思维认为消费者不会为了少走几分钟路支付5元的配送费，但是实际情况却是，消费者非常愿意订购在家附近的便利店商品。许多人表示终于可以在家吃到全家便利店的盒饭，最低消费20元的限制似乎也不算是什么门槛，而且消费者愿意负担额外的配送费。

付费配送的动力之一在于，如果消费者将时间成本计算在内，为了节省走路或搭车10~20分钟的往来时间，更愿意在线上的附近超市订购与配送，除了可以节省路程时间，还不用再花时间一件件的挑选，只要划动手机即可满足现今消费者所需要的"便利"效果。同时在家附近的实体店对消费者来说更具可靠性，商品品质的标准可预期，即使商品出了问题也知道去哪里申诉，这也是促成消费习惯改变的动力。

站在经营层面来看，正好验证：以往生鲜电商重金投入仓储、人员成本的模式，是一种投入产出效益不彰的路线。以实体店面为基础根据地，除了线下经营的收入，主要还是依靠线上订购的配货仓库，进行本地化生活圈服务是新零售模式的典型发展路线。通过数据化打通备货、捡货、配送等流程环节，可保证配送的及时性与品质控管，养成消费者更愿意去实体店进行采购的习惯，产生良性循环。

3. 新的管理方式：聚焦与挖掘

（1）聚焦。海量数据的积累更容易掌握用户行为，用户在新零售系统中的痕迹沉淀了海量交易数据、互动数据等，这些对于企业进行社群管理、粉丝维护等都是至关重要的，也是目前新零售推行中的重点难点，数据在很大程度上已经成为新零售运作的核心之一，也是"一大难关"。

新零售的到来，使会员互通成为可能，企业的会员运作有了更深入的理解，会员价值需要更多的挖掘；会员互通，就是打通会员交易的各种数据，连接会员交易的各种资讯，对接会员的各项服务，推动线上线下会员资讯的互通共用。线上数据依靠线下应用盈利，数据互通的实现需要多方面的共同推进，其不仅依赖于系统内数据中心、会员数据管理等技术模块的落地实现，更加依赖于线下实体店的场景对接、活动核销对接和用户数据同步等。前期不再凭感觉投入，而是可提前通过消费者的数据，通过数学模型进行更准确的预测。比如盒马鲜生的选址，是将商场会员的消费情况以及该区域的消费者在天猫淘宝线上的订购情况进行综合分析，再决定该区域是否适合开店。选址进化为智能，一切都是因为打通了线上线下的数据。新零售时代的进化过程，是因为移动端支付的普及而成就了O2O的可行性。

（2）挖掘。采用分布式的系统，针对不同区域的生活形态对客户画像进行数据记录，并且要有匹配的作业流程，达到灵活的批次配送、智能选货、较具弹性的采购。比如附近住户更多的是上班族，就以餐饮外送与预包装食材作为主力商品；如果附近新生儿较多，就以生活用品和副食品作为主力商品；如果明天下雨，就以热饮和盒饭作为主力商品推荐，根据对本地生活情况的观察，灵活进行采购或推销。当然，补货配送流程也需要配套，利用系统匹配最优配送路线是未来很重要的运营计算。另外，比如蜂巢、门店自提等手段，既能让消费者合理安排取货时间，零售企业也能实现配送成本降低与优化配送流程。

所以未来无论是超市或是便利店等任何零售企业，将会以更密集式的方式形成本地化生活圈，甚至在办公商业大楼进行布局，用以对应不同地区的消费需求。而理发、按摩、教育培训等服务类型经营的企业，会以小型营业点的开展方式，快速地聚集起来，形成一种商圈综合体，提供更有效率和灵活的服务。

4. 新的供应链管理：整合与优化

（1）整合。新零售的发展，在前端提供了企业强大的商品销售能力，在后端也提供了适时的产品库存同步、SKU 上架同步等，无论是传统零售的升级换代，还是新零售的快速发展，都需要强化商品的分销同步、活动同步、库存同步等，这样线上线下的商品销售才能并驾齐驱。

进行各品类的销售数据分析进行上下游整合，目标是确保新鲜送达、库存充足，产生更有效率的采购和库存控管。在供应链的采购环节上，每增加一个节点（比如大盘商、中盘商）就会增加很大的采购成本比例，再加上营销费用，有限的利润也就不足以支撑运营的成本。如果不明白终端消费数据的情况，就很难在这些采购节点中采取合理有效的整合办法。

借助线上销售积累的海量数据，新零售时代在供应链的整合会有质的变化，整合上下游，提前挑选出更优质的产地，进行更优化的品质掌控和最佳销售组合的预包装，大宗采购带来的优势是成本降低，并且能打造优质的自营品牌，这是新零售提高采购优势和提高利润率的展现之一。

（2）优化。销售预测数据与实际销售情况进行对比、针对线上线下全渠道的不同销售情况进行数据化分析。这样可以提供消费者丰富的选择，以及"随时都有、拿了就走"的服务质量，这样虽然会产生部分损耗，但是需要审视耗损的比例和销售的比例孰轻孰重。通过比较报废的耗损和销售的利润，找到能带来持续性更好的效益。一方面是需要提供新鲜充足的商品；另一方面又必须减少损耗，未来新零售会提供更好的数据平衡两者。通过更细致化的数据分析，检视每一种品类的消费周期，持续对比，从而形成未来最优化的策略。

二、线上线下营销

1. 线上营销

线上营销指的是在电子信息技术的辅助下，通过互联网进行的各种营销活动。线上营销日益丰富，有各种各样的形式，如网络广告、邮件列表、个性化推荐及论坛营销等。线上营销有以下三方面优势：

（1）网络是自由开放的，任何规模的企业都可以享用。互联网已经走进千家万户，变成人们生活的一部分，衣食住行都离不开互联网，人们也在享受着它带给生活的便利。企业也可以通过互联网建立属于自己的域名，从而进行线上销售商品，这不仅降低了企业的成本，而且还有可能与消费者建立长期互动的关系。

（2）产品、价格、渠道和服务方面更具优势。对产品来说，企业通过分析消费者购买产品的数据信息，准确分析消费者的产品需求；对价格来说，线上营销省去企业租赁房屋等费用，可以将省下的钱转在产品价格身上，形成良好的价格优势；对渠道来说，也减少了许多中间环节，不但降低费用，还能让企业和消费者之间拉近距离；对服务来说，因为企业和消费者之间距离拉近，企业可以快速准确地获取消费者的需求，进而提供个性化服务。

（3）线上营销具有交互性和时域性。互联网是实现产品测试和消费者满意度调查等活动的媒介，可实现供需互动和双向交流。营销的终极目标就是抢占市场占有率，线上营销可以做到一年365天，一天24小时不间断地提供全球化营销服务。可是，线上营销也有一定的劣势，如消费者体验感不强，缺少购物乐趣等。

2. 线下营销

线下营销是借助促销活动、终端销售团队管理、会议会展、试用品营销等形式为消费者提供"一对一"的品牌宣传、产品助销服务。线下营销有以下三方面优势。

（1）更加贴近消费者，进而提升品牌形象。企业采取线下营销能够与消费者近距离接触，实现面对面甚至是一对一的互动沟通，更容易了解消费者的各方面需求。同时，在交流过程中，企业营销人员要保持良好的个人形象和企业形象，可以让消费者提升对品牌的信任程度。

（2）见效快，有效拓宽消费群体。消费者通过线下体验，效果好的话会促使其直接消费，通过线下营销积攒口碑，也能拓展企业的消费群体。

（3）增强营销利润。线下营销能够使消费者直接接触商品，增强他们的感官认识，更加贴近企业和体验产品功效，这样的营销形式对于企业来说性价比很高。可是，线下营销也存在一些不足之处，如渠道周转导致成本增加，价格也随之升高等。

3. 线下、线上营销

（1）从线下到线上营销。线下企业不能再继续忽视或排斥网络带给人们生活的改变，在新零售的背景下，传统企业一定不要因为现有的市场占有率而沾沾自喜，如果不铺设线上营销模式，就会慢慢被市场淘汰。"爱慕"是国内有名的内衣品牌，它凭借线下实体店带来的企业和品牌形象，为了迎合互联网潮流，搭建了企业集团官网，实施 B2C 电子商务业务。同时与天猫、京东等电商平台合作，让消费者借助互联网了解商品促销信息等活动，加深消费者对品牌的了解，现时提升消费者对品牌的忠诚度。

（2）将线下吸引到线上。传统企业要将线下消费者吸引到线上，可以在实体店中对线上店铺进行宣传，如在店铺中张贴海报、发放宣传手册，向消费者传达线上网店的好处和各种促销优惠，让消费者从注册、了解、使用到成为习惯。企业也可以在人群集中的区域进行网站宣传，在制作宣传卡片方面要投入一定精力和金钱，要尽力让消费者对宣传卡片感兴趣，进而对宣传卡片上面的内容感兴趣，这样才是一次有效的线下推广活动。

（3）线上线下渠道有效互动。经营好线上渠道的前提是企业拥有合理规范的线下产品流通渠道，众所周知，如果线上和线下价格相同，在线销售将很困难，这也是其他传统企业在发展电子商务时必须面对和跨越的障碍之一。

李宁在经营网店时，线上的产品价格要比实体店的同种产品价格低，同时，为了营造良好的互联网零售环境，李宁清理了多家网店和线下渠道，消除线下经销商和厂家违规出货的现象，同时将线上渠道引入公司渠道管理中，实施线上和线下协同管理的策略。

（4）线上线下共赢。企业想实现产品销售在线上与线下的协调共赢，就一定要制定不同的营销策略和产品服务，要将线上和线下有效的区别开，比如线上和线下的产品价格、打折力度等。苏宁易购线下起家，后期增加线上营销，是目前把线上与线下关系处理得不错的一个企业。

成功的线下活动还取决于线上积攒的品牌和影响力，若线上网站在消费者心中有一定的影响力，为了有效策划和开展线下活动，企业就能够借助线上获得的优势，如品牌优势、与用户密切接触的优势及了解市场行情的优势等，辅助宣传线下活动。如果线上网店在短期内无法实现盈利也没有关系，线上带给企业的竞争力是无穷的，可以化为企业的无形资产，帮助企业提升知名度、增强消费者黏性，为线下带来可观的收益和长久发展的动力。

新零售的最终目标，就是线上线下一体，而这个目标的最终实现，需要大数据的支持。进行大数据分析，并根据数据将人群进行了划分，以亚马逊为例，比如说你浏览了两本畅销的科幻类作品，并最终做出了购买的行为，那么网站就会根据你的购买和浏览行为，结合大数据分析，看看你的同兴趣人群除了你购买的书之外，还会买哪些书，然后把这些书做个排行向你推荐。

三、消费者屏幕决策

在互联网时代，消费者的决策路径也与传统形式有所不同，消费者在网络上浏览商品，并且能快速在网页上获取到商品的相关属性信息，再结合自身需要，短时间就能促成购买。因此，对于消费者来说，决策过程变得更加简洁快速。可是随着互联网的不断发展，商品同质化严重，价格有高有低，消费者在选择商品时又变得犹豫。在面对无限的商品和信息时，消费者往往眼花缭乱，即使拥有需求，但也要经过较长的时间进行比对，所以消费者的工作量和难度都有所增加，决策过程变得复杂纠结。

企业营销的关注点聚焦在如何帮助消费者更加快速、准确地进行决策，也兴起许多新的工具，如个性化推荐系统和产品性能比较工具等。可是，企业要明确的是，在互联网时代，消费者的决策阶段并没有发生改变，依旧是兴趣、信息、需求、行动和反馈五个阶段，改变的是各环节之间的紧密度，变得更加跳跃和短接。

1. 消费者屏幕决策的特点

（1）第一印象冲动。进入多屏时代，面临着更芜杂的信息，更依赖于第一印象来进行判断，这就让决策失去了理性。屏幕上吸引消费者的第一要素并不是文字内容，而是舒服的颜色和简单的结构，做到了这一点，由于光环效应，即使内容一般也会给人专业、可信赖的好印象。

（2）中区偏见。中区像是最有价值的地产，即使在现实生活中，供货商也愿意把货品放在货架中间。在认知负荷比较大的时候，更容易关注中间的位置，而忽略四周的盲区，从而做出一些事与愿违的选择。

（3）反馈太多。屏幕上的信息也是一种反馈。有效地反馈需要具备两个要素，第一，有条理；第二，可以指导或者帮助做下一步的行动。

2. 消费者屏幕决策方法

1963 年，霍华德在营销领域提出"考虑集"这一概念，麻省理工学院教授约翰·豪泽指出在这个选择太多、时间太少的世界中，考虑集是一种理性反应。如何在屏幕上帮助消费者缩小选择范围，精简到最好的考虑集，做到挑选出的商品让消费者满意，这需要屏幕内容提供者掌握一些消费者屏幕决策方法。

（1）分类法。分类法让消费者能够花最少的力气排除大部分选项。分类法有效是因为它"增加了对类别的感知",让消费者更确定自己找到了最好的选项,他们没有因为不相关的选项而烦恼;相反,能有效地把注意力集中在理想的考虑集上。

(2)三次无效点击法。这是交互设计领域的基础理论之一,意思是:如果用户三次点击中无法找到信息和完成网站功能,就会停止使用这个网站。但对于设计者来说,目标不应该是减少点击次数,应该力图让每一次点击都有用。点击类别能帮助我们分解过多选项,得到便于管理的考虑集,然后找到最符合我们需求的产品。

(3)淘汰赛晋级法。很多体育赛事,如网球比赛、篮球比赛等,都采取了这种"连续淘汰赛制",根据名字就能知道这是一种淘汰竞争对手的理想机制,可以把一大群候选人渐渐缩减到一个最终赢家。这种决策办法虽然不会减少消费者的任何选项,但能帮助人们找到最优的一个,不过值得注意的是,淘汰赛晋级法不能解决所有和选项过载相关的问题,更多选项通常会带来更低的总体满意度。

(4)选择结束法。意思是做决定的人认为一个决定已经完成、问题得到解决的心理过程。内容提供者可以在屏幕上只需通过简单的视觉暗示,比如在放弃的选项上标记"已排除",或是在选中的选项和其他没有被选中的选项之间画一条线,就能触发相似的选择结束的感受。采用这样的视觉暗示,可以让人们对没有选到的选项就此释怀。

第二节　新技术基础

新零售发展,离不开三个重要的技术支持:物联网技术——物理世界数字化的重要手段;大数据技术——实施基础;人工智能技术——重要推动力。

一、物联网

物联网(Internet of Things,IOT)可以被拆分为两个部分,即物和联网。无处不在的末端设施、设备被称为物，它包括"内在智能"和"外在使能"两个方面，其中，"内在智能"指的是传感器、移动终端、工业系统、数控系统、家庭智能设施、视频监控系统等，"外在使能"指的是附有 RFID 的各种资产、携带无线终端的个人和交通工具等"智能化物件"。联网指的是连接起来，包含通过各种无线和（或）有线的长距离和（或）短距离通信网络实现互联互通（M2M）、应用大集成（Grand Integration）以及基于云计算的 SaaS 营运等模式，在内网（Intranet）、专网（Extranet）和（或）互联网（Internet）环境下，采用适宜的信息安全保障机制，实现对万物的"高效、节能、安全、环保"的"管、控、营"一体化。

通过对物和联网的理解，可以归结出物联网技术的定义，物联网技术指的是通过射频识别（RFID）、红外感应器、全球定位系统、激光扫描器等信息传感设备，按约定的协议，将任何物品和互联网相连接，进行信息交换及通信，以实现智能化识别、定位、追踪、监控和管理的一种网络技术。

物联网产业最初的推动力是工业信息化和自动化，在这种推动力的基础上，使设备的 RFID 技术、传感网感知技术和端对端技术发展起来，构成物联网产业的支持技术。其中 RFID 电子标签属于智能卡的一类；传感网指的是通过各种传感器，探测和集成包括温度、湿度、压力、速度等物质现象的网络；M2M 指的是侧重于末端设备的互联和集控管理；物联网是一种感知层的物理实现，可以使商品信息数据低成本化，进而将整个线下零售的所有商业行为都移动到互联网上，即使物理世界数字化，才能够利用大数据及人工智能展开处理和探析，形成一个线上线下商业行为的全图景。

为促进物联网技术的推广，很多企业推出了物联网设备管理套件，企业可以通过 IoT 套件连接和管理几百万台 IoT 设备和由此产生的海量信息，既能处理信息，又能将其安全准确地传输到终端环节及其余设备。具体的使用流程如图 2-1 所示。

（1）连接并管理你的设备。你可以借助 AWS IoT 轻松将设备连接至云

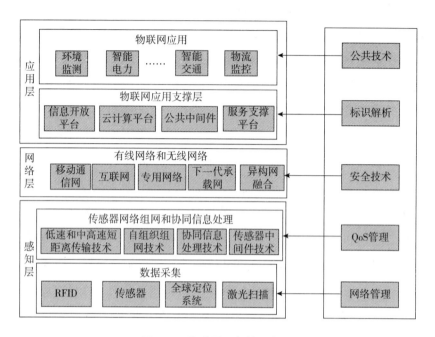

图 2-1　物联网设备管理套件

和其他设备。AWS IoT 支持 HTTP、WebSockets 和 MQTT，可使设备上代码占用的空间最小化。

（2）保护设备连接和数据。AWS IoT 能在全部连接点范围内提供身份验证及端到端加密服务，因此绝不会在没有可靠标识的情况下，在设备和 AWS IoT 之间交换数据。此外，你可以通过应用具有详细权限的政策来保护对设备和应用程序的访问权限。

（3）处理设备数据并对其执行操作。借助 AWS IoT，能够遵照定义的业务规则迅速挑选、更换和处理设备数据，也能任意时间更新规则以实施新设备及应用程序功能。

（4）随时读取和设置设备状态。AWS IoT 会保存设备的最新状态，以便能够随时进行读取或设置，使设备对应用程序来说，似乎始终处于在线状态。这表示你的应用程序可以读取设备的状态（即使它已断开连接），并且允许你设置设备状态，并在设备重新连接后实施该状态。

随着这些 IoT 托管平台的出现，极大地推动了物联网技术向各行业的扩张。前期物联网技术在医疗健康和汽车行业运用比较广泛，随着技术渐渐成熟，全球的物联网芯片市场都在蓬勃发展，于是众多零售商为了业务的发展引入智能设备和传感器等技术和设施，并且物联网技术也能为供应链各个环节带来极大改善，具体包括以下三点。

（1）库存大改观。美国 Zebra 在《零售业前瞻性研究》（2017）一书中的研究证明，物联网系统的 RFID 能够将零售业的库存精确度提升到95%上下，为了降低零售库存缺货情况的概率可以使用物品级 RFID。机器视觉、RFID 及数据分析等范畴的先进技术使零售业的员工及消费者可以远程监控零售库存，同时可以对产品的运输和流通环节进行监控，提高业务可视化程度，也保障反馈数据的精准度。据斑马技术的证实，到2021年，87%的零售业主可以获取到系统自动发送的库存缺货提醒；78%零售业主能够安装产品定位设施；76%的零售业主将对库存进行视频监视。

（2）数字化商店。目前，全渠道零售的发展趋势是"物理数字化"，即从目前的实体店向数字化商店发展。现今，虽然电子商务模式繁荣发展，实体店仍占各平台零售总额的91%，充分体现了实体零售在商业发展中的重要位置。为了创造更直观、更无缝的店内消费体验，零售商正在积极应用更多智能化技术，将实体店作为一个整体转化为智能实体店，可以自动感知和记录全部商品、店员、消费者和店内资产的位置和移动，并将数据转换成容易获取和处理的智能信息，真正提高零售商的竞争能力。"物理数字化"零售空间的实现凝结了物理世界及数字世界的双重优点，即物理零售的现实感和数字世界的智能化。鉴于此，81%的零售商将使用安全传感器；75%的零售商将安装库存状态跟踪传感器；71%的零售商将安装传感器，为了跟踪消费者在商店中的活动轨迹。物联网设备和网络监控也越来越受到零售商的欢迎，73%的零售商认为部署这两个技术设备很有必要。[①]

（3）数据就是知识。数字化零售的关键是数据分析。这个过程由两部分组成：第一，传感器收集大量由 RFID 标签、视频和移动设备生成的原始数据；第二，复杂的软件将这些数据转换为可操作的见解，允许零售商

---

① 资料来源：龙源期刊网。

在各个方面改善其日常门店运营，而不用零售商消耗人力借助查对数据来评判从前的业绩水平，以及明晰以后业务运营的改进方向等。譬如，依靠服装零售商的反馈，借助将商品计数方式从人工计数模式升级为 RFID 自动计数模式，可以减少75%的工作量。这也使门店可以更有效地分配员工的工作时间，并使他们能够承担更重要的任务。物联网引领零售变革体现在，借助物联网和人工智能，更精准地定位顾客和服务顾客。同样在新零售时代：物联网给顾客带来更多的新体验，其中最为突出的便是从有人服务到无人商店。

二、大数据

2008 年 9 月，世界顶级学术期刊 *Nature* 发表了 *Big Data：Science in the Petabyte Era* 这样一篇文章，自此人们开始关注大数据。2011 年 6 月，美国著名咨询公司麦肯锡发布了一份有关"大数据"的研究报告，对大数据的内涵进行了界定，即不能用现有软件工具提取、存储、搜索、共享、分析和处理的、海量的、复杂的数据集合，其特征为数据量大、输入处理速度快、数据多样性、价值密度低等，此研究报告引发了社会各界对大数据的关注。尤其是最近几年，对于大数据处理和分析技术，各行各业从以往的高性能计算、并行计算和网络计算，到目前最具代表性的分布式云计算，都展开了深入的探究及创新，其中谷歌公司成为典范。大数据涉及的关键技术如图 2-2 所示。

中国科学院院士徐宗本先生认为：数据是指以编码形式存在的信息载体，是资料的数字化形式，数据一定要放在机器上，要有空间，真正的大数据是指大而复杂的资料集。对于大数据中的"大"来说，凡是对一些问题积攒的数据量超过一定量，就叫作大数据，大数据有两个特征：第一，大和小是相对概念；第二，相对特点问题，不同的决策问题要求的数据不一样。大数据是最基本的生产资料，大数据是基本的生产力，因此，大数据是经济社会的基本生产资源。

新零售的一个重要特征就是以数据为驱动。传统数据分析的作用是探

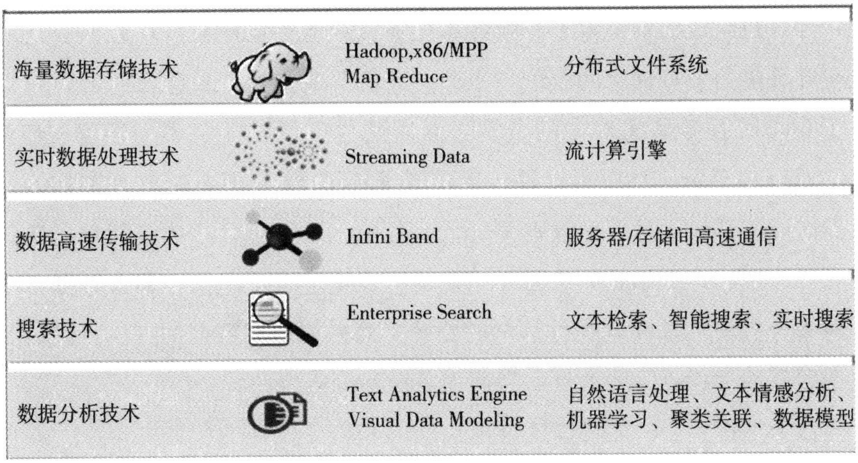

海量数据存储技术		Hadoop,x86/MPP Map Reduce	分布式文件系统
实时数据处理技术		Streaming Data	流计算引擎
数据高速传输技术		Infini Band	服务器/存储间高速通信
搜索技术		Enterprise Search	文本检索、智能搜索、实时搜索
数据分析技术		Text Analytics Engine Visual Data Modeling	自然语言处理、文本情感分析、机器学习、聚类关联、数据模型

图 2-2　大数据涉及的关键技术

究历史的，而新零售数据分析是预测未来的。在互联网逐步释放经济和社会价值的当下，消费者的数字化程度已经越来越高，谁能够收集客户的支付偏好、消费路径、消费习惯、会员信息、存储信息等所有数据，并借助大数据集成整合能力对数据进行进一步分析和整理，谁就能实现运营、营销、服务体验等的优化升级。

著名的未来学家阿尔文·托夫勒于 1980 年在他的《第三次浪潮》一书中就曾经热忱地称赞大数据是"第三次浪潮的华彩乐章"。然而，自 2009 年以来，"大数据"才渐渐变为互联网信息技术行业的一个热门词汇。美国互联网数据中心表明，互联网上的数据每年将增长 50%，每两年翻一番，可是当前全世界 90% 以上的数据都是近几年才生成的。除此之外，数据并不只是指互联网上发布的信息，世界各地的工业设备、汽车、电度表上都有大量的数字传感器，任何时间和地点都可以监测和传输有关位置、运动、震动、温度、湿度甚至空气中化学物质的变化，并产生大量的数据信息。从技术角度来看，大数据和云计算之间的关系好似硬币的正反两面一样不可分割。大数据不能由一台计算机处理，必须采用分布式计算建构。它可对海量数据进行挖掘，但必须依靠云计算分布式处理、分布式数据库、云存储和（或）虚拟化技术。云计算是一种商业计算模型，它在由大量计算机组成的资源池上分配计算任务，使各种应用系统可以依靠需求获得计算能力、存储空间及信息服务。人们普遍认为，云计算"云"是存在于互联网服务器集群中的资源，涵盖硬件资源（服务器、内存、CPU等）及软件资源（如应用软件、集成开发环境等），所有的处理都在云计算提供商所提供的计算机群中完成。维克托·迈尔·舍恩伯格和肯尼斯·库克耶编撰的《大数据时代》一书中对大数据进行了定义，即大数据指不用随机分析法（抽样调查）这样的捷径，而采用所有数据的方法，同时大数据拥有四个特点，即大量、高速、多样和价值。

作为零售企业，需要高度重视自己的和跨界伙伴的大数据资产，并加以充分利用，包含 CRM 顾客数据、社交媒体粉丝数据、供应商数据、企业运营数据、行业数据、天气数据等。企业需要逐步整合、不断扩大、有效积累并结构化大数据资产，通过数据分析不断挖掘大数据资产的价值，最终转化为用户价值、企业价值和社会价值。大数据的应用有以下四个方面。

1. 大数据预测

对大数据进行分析的核心目的是预测顾客的下一步需求。在海量数据结构化分析的基础上，通过各种算法包括人工智能、机器学习等前沿技术和数学建模来进行预测并做出相应决策，进而创造更优的顾客体验、更多的交易、更多的业务创新，释放储存于数据之中的能量。

大数据预测的目的是更加精准地服务消费者，而这种精准的服务其实是建立在和消费者大量持续的互动基础之上的，一方面是让消费者产生更多更好的数据；另一方面是令产品和服务可被持续优化和迭代，这也是让消费者在海量信息选择中享受到和自己更加匹配适合的产品和服务的基础，同时也成为零售商提升利润、降低成本的重要方法。

2. 大数据营销

新时代下，零售商应该充分挖掘大数据的商业力量来提高商品的转化率。亚马逊等公司的发展和成功，并非因为他们向消费者提供信息，而是他们向用户提供快速决策和进行下一步行为的捷径。消费者是全渠道购物者，他们的购买旅程普遍是从一个渠道开始，最后在另一个渠道结束，例如在网店上浏览查看商品属性、价格、库存等信息，在线购买，线下提货。

用户的每一步行为都会留下大量的信息，通常各种类型的数据会混杂在一起。针对这些数据，公司需要充分将数据结构化并进行大数据挖掘，从而提供"千人千面"的个性化购买建议和促销信息，提供全渠道的客户购买体验，激发他们的情感连接。

同样，不仅是电子商务和互联网公司可以根据大数据进行产品研发和服务开发，任何行业的任何公司都可以。每一个零售企业，每天都掌握着每个供应商以及顾客海量、真实的交易数据。零售企业可以根据这些大数据分析了解消费者购买的关注点，开发很多创新业务，进行商业模式、产品和服务的创新，打开消费新市场。

3. 商业仿真辅助智能决策

大数据智能时代为我们带来决策和管理的新方式，零售企业的决策者需要习惯数据驱动的实验和测试，对任何重要项目进行小规模但系统的验证实验，使制定出的决策更加可靠。

这其实就是要依据企业经营决策的基本原理和方法，借助计算机特有的功能，运用仿真技术，针对供应链流程中的随机因素，引入各种约束条件，构建出若干个相互关联的供应链场景模型，根据随机因素的特定概率分布，以真实供应链管理的情景为参照物，进行模拟、比较、优化，并通过反复的计算，全息模拟各种动态经营决策，给企业经营者再现真实的业务场景并进行管理决策、模拟和演练，为经营者最终的管理决策提供重要支撑。

比如运用大数据仿真实验室，通过仿真模型来研究不同地区、不同消费社群的不同促销方案，比较哪种最有效，哪种投入回报最高。通过全真模拟供应链中的真实情景，事先预知各种决策可能的结果，提高决策准确性。具体的大数据智能分析架构如图2-3所示。

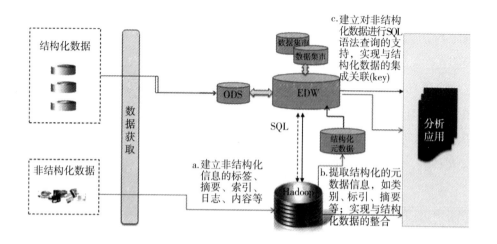

图 2-3　大数据下的数据智能分析架构

4. 数据服务

零售企业通过持续不断地推动数据开放和共享，建立与各种社交媒体、跨界合作伙伴联盟，与自己现有的和潜在的供应商、第三方软件开发商、第三方卖家平台、银行等形成数据合作，确立科学的数据标准和应用程序调用接口，以保证数据质量和可用性。零售商和互联网公司掌握着大量消费者数据、品牌商渠道商的销售数据、库存数据等，可以充分将大数据成果向各渠道商、品牌商进行定期分享。

比如"智能补货"的应用，这不仅极大地减少门店断货的现象，更关键的是可以大规模减少整体供应链的总库存水平，提高整个供应链条和零售生态系统的投资回报率，创造非常好的商业价值。还有挖掘消费者数据价值，与广告商进行合作，精准广告投放与营销等，这些都是数据服务的缩影。

在今天的大数据和人工智能的时代，虽然每个公司都会得益于数据使用所带来的好处，但这并不意味着每家公司都要自己养着数据科学或者机器智能方面的专家，未来更加普遍的是付费使用第三方的服务。在未来，我们会看到，大数据和人工智能方面的工具就如同水和电这样的资源，由专门的公司提供给全社会使用。

三、人工智能

1. 人工智能概念

1956 年达特茅斯会议上麦肯锡等四位学者首次提出"人工智能"这一术语，这标志着人工智能学科的诞生，图灵因其著名的"图灵测试"而被行业尊称为"人工智能之父"。

智能（Intelligence）是人类所特有的，区别于一般生物的主要特征，智能解释为"感知、学习、理解、知道的能力，思维的能力"。智能一般可以理解成"人认识客观事物并运用知识解决实际问题的能力，往往通过观察、记忆、想象、思维、判断等表现出来"。

人工智能（Artificial Intelligence，AI），是研究和开发用于模拟、扩展人类智能的理论、方法、技术和应用，是一门新兴的技术科学。它的关键职能是搭建智能信息处理理论，然后设计一些能够显示出某些近似人类智能行为的计算系统。

智能机器是能够在各类环境中自主地或交互地执行各种拟人任务的机器。人工智能能力是智能机器所表现的通常与人类智能有关的行为能力，如判断、推理、证明、识别、感知、理解、通信、设计、思考、规划、学习和问题求解等思维能力。

2. 人工智能核心技术

（1）机器学习。最早的机器学习定义是 Arthur Samuel，在 20 世纪 50 年代，他编写了一个西洋棋程序，但 Samuel 却并不是下西洋棋的高手，当然开始时这个计算机程序的棋力很差，但这个计算机勤学苦练，从不偷懒，善于学习。于是计算机一次次地练习，不断地积累经验和吸取教训，最后棋艺竟然超过了 Samuel。Arthur Samuel 认为，不要使用具体的代码，使用一定的训练数据和泛型编程，机器从训练数据中可以学到赢棋的经验，这就是一个机器学习的最初定义。比较严谨一点的机器学习是由卡内基梅隆大学的 Tom Mitchell 提出的，一个计算机程序从经验 E 中学习，解决任务 T，达到性能 P。那个下棋的例子中下很多盘棋就是经验 E，下棋就是任务 T，P 就是这个程序能够赢棋的概率。

Herbert Simon 对学习的定义：能够让系统在执行统一任务或相同数量的另外一个任务时比前一次执行更好的任何改变。Simon 的定义把学习描述为让系统执行得更好，不仅是重复统一任务，而且是相似的任务都能够执行得更好，其中系统可以是动物、人或机器。这显然包括了学习者的改变，但是，这些变化的本质和表示它们的最佳方法就不是那么明显的事情了。

T. Mitchell 在《机器学习》中对学习的定义：假如一个计算机程序想完成某类任务 T，其完成任务的性能 P 衡量，这个程序依据经验 E 改进 P，就称这个程序针对任务 T 以性能 P 衡量从经验 E 中学习。

美国航空航天局 JPL 实验室的科学家在 *Science*（2001 年 9 月）上发表文章表明：机器学习对科学研究的全过程起着强大的支撑效用，从现在开始这个领域将持续多年呈稳定快速的发展势头，成为人工智能中最活跃、应用潜力最明显的领域之一。

机器学习按照学习模式能够分为三类，即监督学习、无监督学习及强化学习。

1）监督学习指的是利用标记的有限训练数据集，通过一些学习策略或方法构建模型，实现新数据或实例的分类或映射，回归和分类是具有代表性的监督学习算法。监督学习需要明确训练样本的分类标签，分类标签的准确度越高，样本代表性越强，学习模型的精准度也就越高。监督学习已经广泛运用于自然语言处理、信息检索、文本挖掘、手写识别、垃圾邮件检测等范畴。

2）无监督学习指的是借助无标记的有限数据刻画无标记数据中隐藏的结构或规则，单类密度估计、单类数据估计、聚类等是最有代表性的无监督学习算法。无监督学习不用训练样本和手动标记数据，它易于压缩数据存储、降低计算复杂度、提高算法速度，同时规避了正负样本便宜造成的分类误差。经济预测、异常检测、数据挖掘、图像处理、模式识别等领域是无监督学习的应用范畴，比如构造大型计算机集群、社会网络分析、市场细分、天文数据分析等。

3）强化学习指的是智能系统由环境至行为映射的学习，用来提高信号函数的最大值。因为外部环境提供了少量的信息，强化学习系统必须依赖自己的学习经验。强化学习的目的是学习从环境状态到行为的映射，使智能体遴选的行为从环境中得到最大的回报，并使外部环境在某种意义上对学习系统进行最佳评判。现已顺利运用于机器人控制、无人驾驶、国际象棋、工业控制等范畴。

（2）知识图谱。知识图谱实质是一个结构化的语义知识库。它是由节点和边组成的图形数据结构，并以符号的形式刻画物理世界中的概念及其联结关系，其基本构成单位是"实体—关系—实体"三元组，以及实体及其相关"属性—值"对。借助不同实体之间的关系进行联系，形成知识结构网络。在知识图谱中，每个节点代表现实世界的"实体"，每条边是实体和实体之间的"关系"。知识图集是一个关系网络，它将各种信息联系在一起，并提供基于"关系"的视角去剖析问题的能力。

构建知识图谱这个过程的本质，就是让机器形成认知能力，理解这个世界。事实上，现在机器的感知能力已经越来越接近于人类了，语音识别准确率达到97%甚至更高，图像识别某些领域如人脸识别，比人类个体更加准确和迅速。所以，未来人工智能的重点进步方向将是认知层，机器理解这个世界，才能更好地与世界交互，为人类服务。

（3）自然语言处理。计算机科学领域和人工智能领域一个关键支撑点就是自然语言处理，它是研究可以实现人和计算机之间运用自然语言进行有效通信的各种理论和方法，应用领域广泛，主要包含机器翻译、语义理解和问答系统三种。

1）机器翻译技术指的是借助计算机技术实现从一种自然语言到另一种自然语言的翻译过程。过往的机器翻译技术是建构在规则和实例之上的，但是应用具有一定的局限性，随着技术的更新，出现了建构在统计之上的机器翻译技术，打破了应用的局限性，大大提高了翻译性能。建构在深度神经网络之上的机器翻译在日常口语等场景中的顺利运用已彰显出巨大的潜能。随着上下文语境表征及知识逻辑推理的发展，自然语言知识图谱逐渐丰盈，机器翻译将在多轮对话翻译和文本翻译领域获得广阔的发展空间。

2）语义理解技术指的是借助计算机技术来理解文本和回答与文本有关的问题的过程，它的关注点聚焦在对上下文语境的理解和对答案准确性的控制。在数据收集方面，它能够借助自动构造数据及自动构造填充问题等方式来合理地扩展数据资源。

3）问答系统指的是计算机能够像人类似地利用自然语言和人类展开交流的技术。它可以被分成开放领域的对话系统和特定领域的问答系统，人类能够向问答系统递交用自然语言表达的问题，系统将返回强关联的答案。

（4）计算机视觉。计算机视觉是利用计算机模拟人的视觉系统的科学，它使计算机能够像人类一样提取、处理、理解和分析图像和图像序列。汽车自动驾驶、机器人、智能医疗等领域需要借助计算机视觉技术从视觉信号中提取和处理信息。最近几年，由于深度学习的蓬勃发展，预处理、特征提取和算法处理逐渐交叉融合，促成了一种端到端的人工智能算法技术。

（5）人机交互。人机交互是人工智能领域的关键性外围技术，主要用来研究人类和计算机之间的信息交换，包含人至计算机、计算机至人两类信息交换。人机交互是一门综合性学科，它和认知心理学、人机工程学、多媒体技术、虚拟现实技术等紧密联系。传统的人机信息交换大多借助键盘、鼠标、操纵杆、数据服装、眼动跟踪装置、位置跟踪器、数据手套等输入装置，以及打印机、绘图仪、显示器、头盔显示器、扬声器等输出装置。人机交互技术除了传统的基本交互和图形交互外，还包含语音交互、情感交互、体感交互和脑机交互。

3. 人工智能的应用

（1）在智能制造供应链管理方面的应用。制造企业运转的管理部门，基本可以分为供、销、管、产、研、人、财、物、资、策十大部门。其中，供和销既是企业独立的首尾两端部门，从更大的市场层面来看也是上下游两个企业直接对接的窗口。相较于其他部门，供销两块在人工智能的渗透程度上相对更深入。

借助人工智能技术，系统能够识别并理解出客户的图片需求、数字需求、文字需求，将其翻译成机器可以理解的语言；通过语义识别，机器能从海量的市场舆论数据中，挖掘出市场的产品需求；通过语义理解，人工智能可以分析出谁是可靠的供应商，谁是产品的采购者；除此之外，借助人工智能，我们还能了解到市场需求变化、产品迭代周期、前沿技术方向、挑战者的出现、竞争者的出局等。

在企业的人力资源板块，也有和采购、销售类似的应用场景。借助人工智能技术，系统能够识别简历，解析出相对应简历的工作经历、擅长领域、个人信誉、与需求单位的匹配程度，继而能分析得到该份简历对应的是否是一个合格的求职者。此外，人工智能还能为人力资源的薪酬待遇、绩效管理、培训管理、员工关系等做出决策参考。当然，人工智能在人力资源板块的应用，市场也已经有相应产品的推出。

在财会审投、融资等方面，人工智能也已成为帮助企业的一个好手，目前，应用领域有手写报销凭证文字识别、自动对账、财务风险识别、资金规划等。此外，人工智能还在企业资产管理、物流等领域提供帮助。

（2）在生产制造方面的应用。作为人工智能怎样为智能制造服务的话题，市场更加关注企业在生产制造环节能够提供的帮助。目前，已经有部分生产制造的核心环节部署了人工智能相关产品，如机器视觉。机器视觉在工业生产中广泛应用于识别、测量、对位、引导及产品外观质量检测等，机器视觉可以帮助产线识别异常产品，测量目标物体尺寸，辅助机器人等工业设备实施加工过程的引导、对位、操作等功能，革新生产方式，提高生产效率及产品品质。人工智能技术借助物联网实时收集生产过程、设备工况和工艺参数等数据信息，对产品品质和瑕疵展开监测及统计，当处于离线状态时，借助机器学习技术发掘产品瑕疵和物联网过往数据信息之间的联系，建构控制规则；当处于在线状态时，借助提高学习技术和实时反馈，对生产过程进行监控，保障产品品质，再汇总专家意见，逐渐提高学习效果。

（3）在机器视觉方面的应用。生产过程中，还存在大量的人工单据，它们有生产线上的管理报告，质量数据，出入库物料数据，盘点数据等。市场上已经有专门针对人工字体工单录入的 OCR 识别系统，通过对人工笔记的不断学习，能够高质量高效率地录入手工工单，出错率甚至低于人工录单。

工业机器人运动轨迹姿态控制，也已经引入了人工智能。对于多关节工业机器人，完成同一个操作，通常可以解出许多不同的运动轨迹方案，但到底什么样的轨迹才是工业机器人更快、更省、更好、更安全地完成工作的最优解，现场调试人员往往没有这么高的水平来完成这个最优解。通过比较不同运动轨迹和最终完成工作时的不同状态，机器人能记住这些状态，并相互间进行比较，以得出最优解。比如机器人组装，机器人能记住完成时间、耗能、组装质量等数据，通过比较，采用了一种产品质量最好、用时最短、使用最少运动的方案。

（4）在维护服务方面的应用。系统通过传感器对设备状态展开检测，借助机器学习构建设备故障分析模型，为了保证设备不间断地持续运行，在启动之前要检查并更换可能产生故障的工件。比如数控机床采用机器学习算法模型和智能传感器等技术，对机床、主轴和进给电机的功率、电流和电压进行监控，识别出刀具的受力、磨损、断裂和机床加工的稳定性，同时依据现时状态及时调整加工参数（主轴转速、进给速度）和加工指示。为了提升加工精准性，降低生产线的停工时间，增强设备运行的安全性，有必要预测什么时间应该更换刀具。

第三节　新零售供应链优化理论基础

新零售供应链问题与传统零售不同的即为需求实时化、门店仓储一体化。所有基本要素与传统零售相比更具有科学性，从采购到仓储，再到销售配送，线上与线下渠道的融合与信息的共享，均更能满足消费者要求的低价、快速与实时。说到优化，基本为信息技术的革新与管理方法的优化，下面着重介绍一些基本方法。

1. 网络图形法

通过计算机建立基于拓扑学的物流与配送网络路径图，再配合计算机强大的计算与分析能力，给出优化方法，但是该方法较为局限，一般只能应用在物流通道的建设与供应链定位。

2. 数学模型法

数学模型法是最原始，同时也是最好用的方法，它基于经济学模型，将供应链作为一个整体进行考虑。数学模型中要考虑实际供应链运行中的各种条件，也就是数量特征，基本的模型为系统动力学模型与经济控制论模型。系统动力学模型结构简单，且容易操作，是一般建模方法的首选，但是其结果不够准确是其被人诟病的缺点之一；经济控制论模型主要针对供应链的整体进行考虑，但是需要有较为完善的经济学知识，也比较复杂。

3. 计算机仿真分析法

计算机仿真是所有建模分析的基础，将实际的供应链模型，通过公式的形式输入如 Matlab 或一些其他对应的仿真软件中，通过运行中各种参数的调节，对比各种结果，最后给出最佳的解决方案。

4. 大数据分析法

在新零售时代，所有的交易都存在数据流，将数据流进行整理分析，就可以得出一些供应链流动信息，通过分析确定供应链的效率，从而更好地检测改进供应链。

5. CIMS-OSA 框架法

CIMS-OSA 是由联盟 Esprit 研制的 CIM 开放体系结构，基本分为功能视图、信息视图、资源视图和组织视图。标准委员会将企业的供应链流程分为管理过程、生产过程和支持过程。可以利用这个框架建立基于供应链管理的企业参考模型，特别是组织视图和信息视图，对供应链的设计和优化都很有帮助。

第四节　新零售供应链集成理论基础

无论是"新零售"还是"传统零售"，其本质都是围绕消费者。在新零售中，一切都围绕着客户的需要，产品、价格以及商业对手等信息瞬息万变，每一个功能都具有其特征，将所有功能相结合去满足客户的要求。在新零售时代，供应链集成的作用更加重大且必不可少。

一、供应链集成的内涵

集成作为一种普遍的活动，广泛存在于自然科学和社会科学的活动中。在《现代汉语词典》中"集成"定义为"同类事件的汇集"。从一般意义上被理解为聚集、集合、综合之意。在《韦氏大词典》中，集成是指"把部分组合成一个整体"，这意味着将一个个零散的单元进行整合形成一个系统。国内对集成的看法各式各样，最具有权威性的定义是这样的："集成是将两个或两个以上的集成单元（要素或系统）集合成一个有机整体系统的过程。集成的有机整体（集成体）不是集成要素之间的简单叠加，而是按一定的集成方法和模式进行构造和组合，其目的在于最大限度地提高集成体的整体功能，适应环境的要求，更加有效地显示集成体（系统）的目标。"因此，集成又被认为是一个过程、一项活动或是一种活动的结果。

美国国家研究委员会组织编写的 *Surviving Supply Chain Integration Strategies for Small Manufactures* 一书中对供应链集成给出如下定义：客户、供应商、配送中心（或仓库）和制造商通过技术手段共同工作从而使他们在创造、配送和支持最终产品过程中的总体绩效实现最优化。对供应链集成的内涵，国内学者从不同角度给出不同界定。吴先金认为，在某种特定的环境当中，包括经济、技术等各个方面，企业对资源、市场进行信息整合，从管理上对所有资源和信息进行集成，让企业上下游形成更加有效的供应链。霍佳震等有不同的看法：供应链集成是一个虚拟的网络组织，网络里面每个参与者为了同一个目的而努力，参与者相互之间通过信息共享来达成供应链的协调与合作。供应链集成是一个复杂的系统问题，它不仅涉及动态环境下众多利益主体、众多资源、众多业务流程的集成问题，而且涉及供应链各环节作业的计划、组织、协调和控制的集成问题。Chen F. 等认为，供应链集成是通过对供应链内各种资源的有效规划、协同控制，以实现单一行为所无法达到的综合效益的一种行为。Maloni M. 指出，供应链集成是供应链企业间为了提高企业竞争优势、为顾客提供更高价值的服务而进行的更高水平的合作行为。

二、供应链集成基本原理

1. 相容性原理

供应链系统内各集成要素能否相容或相关联，是供应链系统成功集成的前提条件。相容性表现为各成员要与整体具有相同的目标。相容性也可以从供应链商流要素、供应链信息流要素、供应链资金流要素等方面进行观察。由于供应链要素集成可以从横向和纵向两个方面分析，因此，供应链要素的相容性也包括横向的同类主体、资源的相容性。

2. 竞争互补原理

竞争互补原理是指各集成要素主体价值生成重点不同、优势领域和核心竞争力不同，各主体在功能和核心竞争力相互补充的条件下，相互融合为一个有机集成体以实现客户所需要的整体功能。供应链系统内各要素主体在核心竞争力、能力、资源占有等方面的优势互补是驱动供应链系统要素集成的基本原理。互补性主体的集成整合对满足客户群体的多样化需求，发挥强强整合优势有积极的意义。集成的竞争互补原理反映了集成过程中集成对象选择的基本规律。

3. 功能重组原理

功能重组在功能互补的前提下，通过一系列的重新排列组合形成新系统，来达成整体功能倍增或新功能涌现。它反映了供应链系统集成演化的动态变化和发展的基本规律。功能重组，既可以在供应链系统内部通过资源、结构、流程、关系制度重建等方式来实现，也可以在供应链外部通过竞争性的重新选择来实现，所产生的结果有：一种是通过内部重组实现整体功能倍增和非线性涌现；另一种是外部重组实现新功能的涌现。功能倍增和涌现反映的是集成体形成过程中，每个单元通过重组后形成的新功能倍增或涌现的基本规律。

4. 合作竞争原理

供应链的合作竞争体现在两个层次上，一个层次是供应链系统内部的各要素主体摒弃过去的竞争理念，寻求在合作的基础上开展良性的合作竞争的途径；另一个层次是供应链系统成员通过结成联盟共同体，发挥合作所带来的系统倍增效益，从而实现供应链系统竞争力的倍增。之后通过供应链制度和契约将倍增后的供应链系统竞争力分解为系统成员的竞争力，进而实现系统成员竞争力的倍增。

第五节　新零售供应链协同理论基础

一、战略合作伙伴关系

战略合作伙伴关系最初于 20 世纪后期起源于日本，相关调查显示日企发展赶超美国企业的主要原因在于，日本企业能够与其供应链上的其他合作企业保持高度密切合作的关系。由此，无论是出自国家层面还是企业层面都在提倡建立各种战略合作伙伴关系。目前关于战略合作伙伴关系的表达可以有不同的术语，常见的有供应商关系（Supplier Partnerships）、战略协作（Strategic Partnerships）、公司间合作（Inter-Firm Partnerships）等形式。

Ouchi 和 Price 研究指出，经济合作伙伴是一群文化、观念相似的企业进行跨企业的合作，他们朝着共同的目标努力从而实现利益最大化。Jarillo 指出，战略网络由多个不同但却又相互联系的企业为获得利益而组建了长期合作关系，通过这种战略合作获得超越外部企业的优势。许淑君和马士华认为，供应链的合作伙伴关系是指供应链中的节点企业在某一特定的时期为实现某种目的而建立的合作。Herzog 则进一步指出合作伙伴关系的组建需要不同企业之间的相互信任并基于此目标进行努力。

关于战略合作伙伴的选择受多因素的影响，Dickson 作为最早对供应商选择问题进行研究的学者，其所做出的学术贡献影响深远。基于大量阅读文献的基础上，他提出了包含质量等 23 个指标在内的影响因素，按照重要程度对其进行排序可以得到如图 2-4 所示的结果。该评判准则提出后引起了学者的高度关注，并且不断地有学者尝试通过研究引入新的影响因素从而丰富这套评判准则。Thonemann 在该评价体系中加入了信息共享程度这一因素，林君维基于供应链管理的思想，指出选择的评价指标除了可以反映企业竞争力的财务和人力资源管理等指标外，还应该综合考虑建立关系和协作、订货提前期等相关因素。

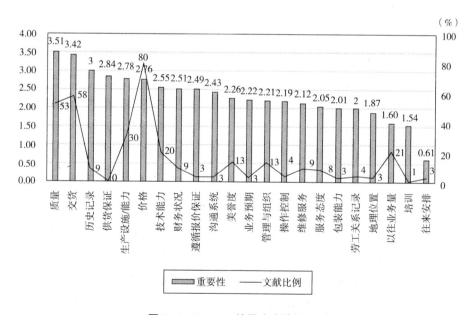

图 2-4　Dickson 的供应商选择准则

二、供应链激励

激励机制因为有助于解决供应链中存在的各种冲突并实现供应链的协

调而在传统制造业的供应链管理中被广泛应用。按照不同的分类标准可以将供应链激励划分为多种形式。从信息维度方面考虑，可以将其分为单一和多重非对称信息；从激励目标的数量出发，可以将其划分为单一目标和多重目标激励；从供应链中所含节点企业的数量出发，又可以分为一对一、一对多、多对一和多对多四种不同的模式。学者在进行供应链激励机制的设计时多数是基于"委托—代理"这一基本理论。作为激励机制研究领域的经典研究，Holmstorm 和 Milgrom 指出，一旦代理方没有努力提高服务水平，从而出现有损委托方利益的后果时，委托方就需要设计一定的激励机制从而促使代理方扩大努力水平，使双方绩效均得到改善。Corbett 和 Grote 研究提出，当供应链中的成本不对称时，供应商能够通过设计有效激励机制引导消费，以此令自己的利益实现最大。

随着人们对服务要求的不断提高，学者对服务供应链的研究不断深入，相应地，基于服务供应链建立激励机制也成为当前学者关注的热点话题。卢安文和王跃平基于"委托—代理"这一理论，探究了如何对电商服务供应链设计激励机制。谢思通过充分考虑服务供应链独有的特点，以网络零售商为切入点，加入了消费者评价和服务提供商风险态度构建不同的激励模型，其研究结果对于企业制定战略决策提供了重要的理论依据。刘征驰则从服务集成商的角度进行思考，建立了业绩和产权两种机制鼓励其提高服务水平并加强与供应链上其他节点企业合作的力度，结果表明，在一定程度上这两种机制是可以相互替代的，此外还发现当产权激励越大时，对企业之间形成更紧密的合作关系更有利。何誉杰将旅游服务供应链作为目标，对激励机制设计过程中使用到的策略进行了分析，最后从理论层面提出了绩效、信誉度、信息、信任和淘汰激励五种不同的激励手段。牛文举等考虑存在双重非对称信息的情形，基于连续型的导游服务能力设计了一种旅游服务供应链的激励机制，结果表明其所建立的机制除了对导游进行自我评判有帮助，还有助于其提高服务努力水平。

三、供应链契约

供应链其实就是指企业之间的合作，但企业之间的合作需要进行协调从而保证其能够正常运营。供应链管理领域中的协调是一个宽泛的概念，大致可以将其分为两类，一类是运营层面的协调；另一类是战略或技术层面上的利益协调。其中通过契约来实现供应链协调的研究成果颇丰，即通过在供应链中所涉及的企业成员之间设计相应的条款，从而在改善单个企业利益的同时保障供应链实现最优绩效状态。

供应链契约自提出以来一直都是该领域内学者研究的重点话题并且已经取得了丰厚的成果。供应链契约的存在有助于减少由于库存过多和供货不足引起的损失，即在一定程度上有助于分散风险并提高供应链的利润。有效的供应链契约应该具有以下作用，一方面能够降低供应链的总运营成本、提高企业之间进行信息共享的水平；另一方面实现企业之间真正的收益共享和风险共担。

供应链契约具有多种分类标准，按其形式可以分为批发价格契约、回购契约、收益共享契约、数量弹性契约等不同的类型。此外，还有对供应商进行承诺的数量折扣契约和数量承诺契约，通过风险分摊和信息共享来改进供应商产能决策的延迟补偿契约、预购契约和占用补偿契约，以及回馈与惩罚契约和新兴的基于实物期权的期权契约等模型。这些契约都可以由上述四种契约演变而成，故而对上述四种契约进行研究更具通用性和普遍性。

Spengler（1950）提出，当且仅当供应商生产每单位产品产生的成本完全等于批发价格时供应链才能实现协调，但这种情况下供应商将不再获利。因此，批发价格契约一般不被认为是一种有效的协调契约。不过，根据 Cho 和 Gerchak（2005）的研究，当边际成本不是一个常数时，边际成本定价不一定会导致供应商无法获得收益。

关于回购契约的研究很多，Pastenack（1985）分析如何通过批发价格和回购定价的搭配实现易腐产品供应链渠道的协调可能是该领域最早的研究文献。Padmanabhan（1995）最初完成了对该契约动因的分析，发现使用此契约的主要原因是担心销售商在一个销售季节完成之后会对未售出产品进行降价处理，从而给供应商品牌名誉带来损害，部分供应商则是基于对不同销售商之间库存量协调的原因而使用。不仅如此，当企业面临的消费者需求随机性很强或是市场上的风险较大时，使用回购契约能够分散风险。由此可见，回购契约可以在分散风险的同时鼓励订货。由于围绕短生命周期产品的研究不断增加，以及管理实践中消费者对产品新鲜度提出了更高的要求，回购契约在理论和实践上都受到了人们的重视。

收益共享契约也是被广泛使用的另一种供应链契约，利润分享契约最初应用在影碟租赁行业。Cachon（2012）将收益共享契约引入仅包含供应商和零售商的供应链中，建模研究表明其能够实现供应链成员绩效提升。Li 和 Hua（2013）等考虑需求函数在一定约束的情形下，构建了相应的供应链合作博弈模型，证明了收益共享契约的行之有效性。在实践中收益共享契约的使用有其适用范围，供应链中的企业使用收益共享契约需要对零售商的收益进行衡量，而这需要耗费一定的管理成本，一旦使用收益共享契约获得的利益不足以抵消因使用该契约产生的管理成本，则说明该契约在此情境下不具有可行性。此外，当零售商努力不会较大幅度地影响市场需求时，此时收益共享契约就是供应商应使用的最佳契约。使用收益共享契约能够最终保证供应商的各个主体的收益均高于一般分散决策状态，并且实现整个供应链的绩效最优，然而并非所有情境下使用收益共享契约都是可行的，即该契约有使用范围的限制。

与回购契约主要目的是改变回购价格不同的是，数量弹性契约主要针对产品订购量的变化，并且广泛应用于 IBM、HP 等计算机领域。Lariviere（2015）对仅含单周期的供应链展开研究发现数量弹性契约有助于鼓励零售商对市场需求进行主动预测，并且有动力扩大订货从而使利润得以提升。Sethi（2014）综合考虑单一周期和多个周期的数量弹性契约，探讨了准确预测对制定最佳决策的重要影响。Wu（2016）探究了零售商利用贝叶斯对市场需求进行预测并以此为参考制订订货计划，结果指出贝叶斯具有更高的灵活性并显著提高供应商的利润。庄宇等通过对可以刺激零售商订货的数量弹性契约进行讨论时发现，在一定范围内随着订货量的扩大能够让供应链的绩效不断地优化。

在协调经典的报童模型时，收益共享契约和回购契约在分配供应链利润中的作用是等同的，都是通过诱使零售商订购超过他在批发价条件下的订购量来实现协调。但也都会增加信息的扭曲，导致零售商的努力降低。而收益共享和数量弹性契约都是通过给零售商一些下降趋势的保护来实现协调。另外，同回购契约和收益共享契约比起来，数量柔性契约能减少总的库存，且不容易导致信息扭曲。当然，各种模型在实现协调时的管理成本是不同的。批发价格契约易于描述、操作简单、成本相对较低，其他契约协调的管理成本较高。

复习思考题：

1. 简答题

（1）简述新消费的特点。

（2）简述消费者屏幕决策的特点。

（3）影响企业选择战略合作伙伴的主要因素有哪些？

（4）供应链集成的基本原理有哪些？

2. 论述题

（1）论述战略合作伙伴关系所包含的几种主要形式。

（2）对比分析主要的几种供应链契约的异同。

（3）如何实现新零售下的供应链集成？

第 三 章

新零售供应链采购

第一节　新零售供应链采购概述

供应链采购是指供应链内部企业之间的采购。供应链内部的需求企业向供应商企业采购订货，供应商企业将货物供应给需求企业。供应链采购与传统采购相比，物资供需关系没变，采购的概念没变，但是由于供应链各个企业之间是一种战略伙伴关系，采购是在一种非常友好合作的环境中进行，所以采购的观念和采购的操作都发生了很大变化。随着新零售的发展，线上线下融合，全渠道的发展模式更加要求线上线下采购信息共享，企业的需求线上传递，电子采购订单通过数据方式进入数据库，智能化的数据分析系统精确测算供需关系，为线下采购提供足够的信息，并通过智能算法对未来采购量进行估算，闭环的信息传递、全渠道的融合，都为新零售供应链采购提出新的要求。

1. 采购性质

表 3-1 显示了几种供应链采购的特点与区别，传统的采购模式一般是"有多少，要多少"，基于库存量考虑，不考虑需求关系。在这种采购模式下确实不会在某一种产品中出现缺少库存的情况，但是容易造成需求方大面积库存积压，同时库存成本高，资金周转容易出现问题。而供应链采购是供应商按照需求方提出的采购订单，向需求方送货，按需供给，不会造成很大的库存，大大地节省了双方的成本。新零售采购是基于线上线下全渠道的采购

体系,线上与线下订单结合,多个供应商与多个需求方直接根据实时的订单系统,准确了解供需情况,需求商通过订单数据分析所需供应量,科学安排进货情况。在新零售的体系下,供应商与需求方的界限变得模糊,原有的零售角色界限被打破,原有的一对多,变成了多对多,不仅渠道得到了拓宽,也得到了下沉,一切都源于数据平台的信息共享模式。

表 3-1 几种供应链采购模式比较

项目	新零售供应链采购	供应链采购	传统采购
基本性质	基于信息共享的采购	基于需求的采购	基于库存的采购
采购环境	共享性采购	合作性采购	对抗性采购
信息关系	信息共享	信息传输	信息不通
库存关系	需求方可以设小型配送站	需求方不设库存	需求方高库存
	双方信息共享掌握商品流	供应商方掌握库存	需求方掌握库存
送货方式	多家供应商多频次调货	供应商连续多次补充货物	大批量少频次
双方关系	供需双方关系良好	供需双方关系良好	供需双方敌对
	责任、利益共享协调性强	责任、利益共享协调性强	各自关注各自的利益面
货检工作	严格检查	免检	严格检查

从信息关系上来看,供应链采购与新供应链采购均为信息的传递,上下游直接的信息传输,减小信息熵,为下游企业减少进货成本,为上游供货商减少运输成本。两者的不同是新零售供应链线上消费,线下体验。为保证消费者即时的购物,只有信息传递是不够的,要确保信息的即时性与准确性,必须在供应链的上下游进行信息的共享,线上支付后,线下体验,送货到家,共享信息,确保消费者的购物体验。

2. 采购环境

新零售下供应链的采购主要基于门店实时的信息反馈与大数据分析下的消费者偏好,与传统的零售采购直接前往市场进行采购不同,新零售下消费者对产品的质量与服务要求均有所升高,所以采购基本要做到模块化与实时化。根据季节的需要分别前往不同的位置进行采购,如果能够自产自销最好，如果不可以一定要做到实采实销，各门店之间要做好沟通，根据不同区域消费者偏好的不同，采用不同的采购方案。

第二节 数据驱动订单采购

一、数据驱动订单采购内涵

订单采购是指企业依据生产需要而进行采购的方式，适用于高价值、多品种、少数量、特殊规格的物料采购，它是集中采购的一种形式。所谓集中采购是指企业在核心管理层建立专门的采购机构，统一组织企业所需物品的采购业务，以组建内部采购部门的方式来统一其分布于世界各地的分支机构的采购业务，减少采购渠道，通过批量采购获得价格优惠。集中采购模式有利于稳定企业与供应商之间的关系，是经营主体降低进货及物流成本，赢得市场，控制节奏，保护产权、技术和商业秘密，提高效益，取得最大利益的战略手段。集中采购把采购工作集中到一个部门进行管理，其余部门和分公司均无采购权。

新零售时代的订单采购从业务流程上与原来并没有大的不同，唯一与传统零售不同的是多了数据的驱动作用。传统的订单采购是由物控员、采购员与采购主管三方通过手动统计，人工完成统计到采购过程，新零售时代，各阶段仓库的库存，各原材料（品类）的销量，通过数据分析的方法，科学地规划采购的数量与频率，通过数据驱动的方法对采购流程进行优化。

二、数据驱动订单采购内涵关键要素

1. 无人化

原来统计仓库里各商品种类的信息，需要物控员人工进行统计，新零售时代随着 RFID 与二维码技术的广泛应用，商品上自带的标签就是商品的"身份证"，商品直接通过传送带上的扫描装置进行扫描之后，信息就直接进入供应链数据库系统中。当进行订单采购时，物控人员无须对每一个货架进行统计，数据库中包含了所有的商品信息，通过数据分析系统可以精准地判断出该采购哪一种商品，无须采购员手动分析物控员的统计表，大大地减少了人员成本，加快了供应链的流通速度，使管理更加精细。

2. 智能化

随着数据库技术与数据分析技术的完善，每一种商品的存量与消耗速度，都可以得到记录。对于采购最重要的是"买什么""何时买"，数据库为大量商品的信息提供平台，凭借数据库庞大的数据存储量，可以将商品进行更为细致的划分，科学化管理仓库。通过数据库中的数据，数据分析系统可以提示采购人员什么样的产品应该进货或者无须进货，同时通过分析也可以得出什么样的商品消耗速度较快，按照经验提前进行储备。智能化的数据分析系统代替了"人脑"；将原本人工统计采购信息的方式进行了优化，减少了订单采购的错误率。

3. 共享化

物控方、采购方与供应方是订单采购的三个主体。新零售背景下的供应链最重要的就是线上线下的信息共享，采购方与物控方使用同一个数据库，通过线上的数据监测，采购方可以提前得知对方的采购方向，同时也可以提示物控方，物控方可以得知需采购的商品，提前将电子采购订单发到采购方的数据平台上，便捷、高效、容错率高，供应方通过数据平台出现的订单，将货物准时发给采购方，及时补充库存，物控方可以通过数据平台实时查询订单的处理进度与商品的配送情况，及时安排入库。信息的高度共享化，不仅提高了采购的透明度，更加快了供应链上下游的信息流通，使供应链运行更为流畅。

三、数据驱动订单采购实施

1. 需求确定

（1）物控员将生产计划或生产（开发）任务单、物料单耗表等计算物料总需求与交货日期填写进入电子计划系统里，直接在平台上提交，由仓库主任线上审核。

（2）仓库主管审核通过，直接将该表格提交至数据分析系统，根据系统自动测算的往年需求，给出预计需求，并提交物料订购计划总表。

（3）物控员根据物料最小起订量、包装、补货难易度等对材料需求进行调整并记入调整需求栏，并提交至系统等待审核。

（4）审核通过直接进入采购作业系统。

2. 采购作业

（1）根据需求订单中的计划，提前联系供应商，并将采购合同直接通过系统上传，联络供应商查看。

（2）采购合同经物控方、采购方与供应商三方检查，如若出现订单与物控给出的需求不符合，必须给出解释，三方同时同意该采购合同，方可开始进行采购流程，任何一方没有通过或者有异议，都要停止进行复议。

（3）在供货过程中，采购主管应与供应方均能在平台上查看商品的进程，力求确保货品按质、按量、如期到达，以采购追踪控制表体现。

（4）当系统中出现商品长时间在某一状态不更新，采购部应在第一时间通知生产管理人员，以便做出调整。

（5）当商品进入仓库后，采购主管按照电子订单所显示的商品进行商品信息采集，并进行核对，当数量与种类无误后，再进行品质检验，最后在系统中核准验收通过，完成采购过程。

第三节 新零售供应链战略采购

一、新零售供应链战略采购内涵

新零售背景下，渠道的融合、线上线下的融合，为企业提供了更加广阔的销售渠道与方式。竞争加剧，机会与困境并存，但是最基本的战略采购原则没有变，那就是"最低成本"原则。随着互联网的高速发展，顾客不仅对产品的质量有较高的要求，对产品的设计、服务的质量等细节提出了更高的要求，这就要求企业不能再局限于产品原材料加工等一些基础采购问题，要将其视为整体进行考量，应该通过大数据分析的方法分析消费者心理，了解消费者需求。线上线下的融合更要求企业对整体行业有宏观的把握，对政策有一定的见解，哪些商品要注重线下体验，哪些产品更适合线上交易，怎样做到线上与线下串联整条供应链，准确把握市场动向，准确完成采购。

二、新零售供应链战略采购关键要素

1. 考虑总体成本

新零售的概念是多种渠道与多种支付方式的结合，在采购过程中不仅要考虑商品价格最低，也要考虑第三方服务所造成的服务成本。以现在的实体化线下体验，线上支付，最后通过第三方物流或实体店物流到收货点，以往的采购只需考虑进货的成本，但是随着新零售的介入，像这样的第三方服务成本是必须要考虑的成本，没有这些服务成本的投入，顾客的体验感就会下降。新零售供应链与传统供应链的不同在于新零售供应链有诸如送货上门、体验等服务成本，所以在考虑新零售供应链的采购成本问题时要考虑总体的成本。

2. 以大数据背景为基础

新零售下的战略采购更应该注重消费者的需求，打通线上与线下渠道。传统的采购一般以直接面对面谈判为主要手段，但是在新零售环境里，信息是实时的，需求是变化的，强大的数据流为公司提供了直观的消费者心理"晴雨表"。大型的采购开始逐渐变为小范围的精细化采购，而大型的战略采购一般会出现在商场的自有品牌或者国与国之间大型的外贸活动中，所以在新零售的环境下大型的战略采购也必须要以数据为基础。

3. 建立双赢的战略合作伙伴关系

"双赢"是所有贸易的终极准则，战略采购一般涉及大宗货物买卖，一分一厘的单价差，配以巨额的订单量，所产生的成本也是惊人的，所以保证双赢，即为贸易的稳定条件。为了保证公平合理的价格，许多企业开始建立稳定的供货商，确保大宗交易的价格合理与谈判的可执行性，产生的效果非常好。

4. 相互制衡

自古的贸易都是相互制衡、完全一面的贸易差，会使处于贸易逆差的国家或者个人长期处于经济低迷状态，所以在战略采购中，买方与卖方一般会通过自身行业的特点为自身争取利益。现在已有越来越多的企业在关注自身所在行业发展的同时开始关注第三方服务供应商相关行业的发展，考虑如何利用供应商的技能来降低成本、增强自己的市场竞争力和满足客户。

三、新零售供应链战略采购实施

1. 建立采购类别

新零售时代的产品品类较多，随着渠道的下沉与线上、线下结合，每一个零售商的品类都会增加，这就要求每一个零售商或者公司要准确定义公司或部门物资的使用情况，在分析供应市场与自身优劣势的基础上确定采购类别的分类。

2. 设计采购战略

新零售时代的市场动态是实时变化的，要充分利用数据分析的方法科学分析供应商的成本结构，线上、线下既要结合，又要相互作为备选采购方案，根据不同的品类选择不同的采购类别，设计不同的采购战略。

3. 建立供应商名单

充分利用互联网技术，对相关供应商的信息进行爬取，结合所要采购产品的特点完善供应商的特征地图，根据特征地图并结合人工智能技术，列出供应商的名单，根据标准进行筛选，最后形成可供选择的供应商名单。

4. 选择实施方式

评估并且确定符合各采购类别的采购实施方法。

5. 选择供应商

通过线上平台的沟通软件进行线上询价，得到设计完整的谈判策略，分析供应商的反应与谈判的结果。

6. 与供应商运营整合

与供应商进行整合是战略采购的重点环节，由于新零售的供应链与传统供应链发生了变化，从原来的单纯线下采购变为线上与线下的结合，要充分考虑线上与线下的整合问题，尤其是在供应链的两端，实时监督整合的结果，通过实时的数据分析，不断进行动态调整。

7. 不断与市场基准比较

通过分析同行的供应商情况，确定采购人员的职责、时间与范围，跟踪分析市场主要成本驱动原因的发展动态，定期或不定期进行采购信息反馈。

第四节　新零售供应链全球采购

一、新零售供应链全球采购内涵

对全球采购的传统定义为国家、国际组织的正式官方采购，但是随着世界的一体化发展，大型财团与巨头企业开始将产业从本国土地转向殖民地或者邦交国，以满足自身发展所需要的较低的人工成本与大量的市场需求。在他国进行采购一是要遵守其法律，无论是否在新零售时代，采购都要限制在法律的条框内；二是成本，一些发展中国家的原材料成本很低，让很多国际大企业趋之若鹜，比如中国、东南亚各国；三是地理位置，一些相对闭塞的内陆国家很难成为全球采购的首选国，没有海运，意味着大宗的货物只能通过汽车陆路运输或者空运到母国，这就产生了巨额的成本，丧失掉全球采购的优势，所以发达的交通体系也是完成全球采购的必要条件，除非一些非常稀缺的资源，只能在他国建立企业来完成加工。

二、新零售供应链全球采购关键要素

在新零售环境下，线下、线上的边际变得模糊。全渠道供应链使全球采购面临众多的改变，比如线上、线下的准入标准各国之间不同，各品类的标准在国际上也存在差别，各国的信息化系统联网等具有主权与国家安全的问题都是现在新零售下全球采购所必须要考虑的问题，下面就以上几个问题分别进行论述。

1. 建立新零售全球采购的标准

企业首先要有必要的系统，就是自身的全球化采购系统。首先，在法律上要取得进口国的法律支持与许可证书，在此基础上要保证在进口国有稳定的供应渠道，也就是稳定可靠的供应商；其次，要有完善的采购检验体系，不仅要保证产品在进口国的质量，也要保证这些产品符合自身的检验要求；最后，为了满足新零售的需求，要做到快速通关，且拥有高科技的仓储技术，保证长距离运输的高速与高质量，打通国与国之间的跨境电商通道。

2. 洞悉新零售全球采购的通用规则

全世界公认的采购法则有四项，即《联合国采购示范法》《WTO 政府采购协议》《欧盟采购指令》《世界银行采购指南》。在加入 WTO 时，中国政府并没有参加 WTO 政府采购协议。但中国政府承诺在 2020 年以前向 APEC 成员开放政府采购市场。联合国采购、企业之间的国际采购则按规则进行。

3. 掌握新零售全球采购的程序要求

谈及新零售环境下的全球采购，就要提到 IBM，IBM 提出了全球采购的五大要素：持续提供一个兼具成本效益及竞争优势的采购体系；建立和保持一个完善的供应商网络；创造性地开发与运用电子采购系统，以保证全球领先地位；提高客户的服务水准；吸引与培养一流的采购专业人才。IBM 坚持以采购为核心，带动财务和物流系统。

在新零售环境下，IBM 这些大型制造受到了来自 B2C 电子商务网站的强烈冲击，所以 IBM 开始通过线下业务为线上引流，线上收集消费者数据来了解消费者的需求，比如可以在网络上留言自己对 PC 的需求。IBM 不仅满足其需求更可以通过与个人信息的结合，做出个人需求画像，将消费者需求进行精细化处理，并且在中国，线上积极与京东商城等一些 B2C 网站合作，依托其平台打开线上渠道，并注入巨资布局线下直营体验店，线下体验、线上下单、门店直取，做到线下线上融合发展。

案例 3-1[①]

梅西百货的转型之路

美国梅西百货是世界上最大的零售商之一，但是随着 B2C 与 C2C 电商的冲击，其经营情况日益衰败，净利润的增长率在 2015 年降至近百年的最低点，顶级巨头也被迫开始其新零售转型之路。首先，梅西百货宣布削减物流设施及顾客黏性较低的偏远门店，尽量节约成本；其次，在美国构建自己的线上平台，并推出梅西百货 App，为符合中国国情，与阿里旗下的天猫平台合作，打通线上与线下渠道，做到真正的全渠道。2018 年梅西百货宣布在今年下半年，公司会将所有品类的商品全部加装 RFID 标签，并将所有门店的商品全部输入进数据库，实时监测各门店的商品情况，做到精准采购与配送，尤其是其自营品牌，更是成为梅西百货未来最为重要的 SKU。

复习思考题：

1. 简答题

（1）数据驱动订单采购内涵关键要素有哪几个？

---

① 资料来源：http://www.sohu.com/a/165590648_619405。

（2）新零售供应链全球采购关键要素有哪几个？

2. 论述题

（1）论述几种供应链模式的不同。

（2）论述新零售供应链战略采购实施步骤。

第 四 章

新零售供应链智能制造

在新零售时代的背景下，传统供应链中的制造已经不能满足时代的要求，进而智能制造被提了出来。全球制造业正加快迈向数字化、智能化时代，智能制造对制造业竞争力的影响越来越大。技术和信息是新零售中最为关键的部门，以客户需求为主体的背景下，新零售供应链能够使企业用最优的商品和服务及时、准确地满足消费者需求。

第一节　智能制造概述

当前社会已经不是以企业为中心，而是根据客户需求生产产品的时代，想要更好地满足客户需求，就必须进行改革更新。通过资源的整合和经营模式的优化来提升价值链整体的表现。在制造业方面转变更是必不可少，在新零售供应链市场环境下，制造业对科技、数据以及分析能力有更高的要求，从而出现了智能制造，智能制造有效地帮助制造业转型，适应新零售供应链在科技、互联互通、服务敏捷性等各个方面的要求。

智能制造是一种利用科学技术、信息技术以及制造技术相整合达成的一种快速、便捷、有效的制造方式，在生产过程中涉及传感、自动化、人工智能等技术。它把制造自动化的概念更新，扩展到柔性化、智能化和高度集成化。这种制造技术需要高端技术的支持，自动化工厂是必不可少的，网络信息的流畅性是基础功能。通过这种方式能够减少生产周期、缩小资源消耗、节省成本，并且有效提升效率和质量。

一、智能制造的提出

世界上许多国家都提出了与智能制造相关的发展计划。

1. 日本的"智能制造系统 IMS"

20世纪90年代，日本推出了一项国际合作研究计划，很多发达国家参与了这个项目，这个项目资金有10亿美元，投资了100个项目。[①]

从智能制造创新研究部门对智能制造给出的定义和智能制造要实现的目标来看，传感技术、测试技术、信息技术、数控技术、数据库技术、数据采集与处理技术、互联网技术、人工智能技术、生产管理等与产品生产生命周期相关的先进技术均是智能制造的技术内涵。智能制造以智能工厂的形式呈现。

2. 德国的"工业4.0"

德国曾经在汉诺威工业博览会上提出"工业4.0"战略。"工业4.0"的内涵就是数字化、智能化、人性化、绿色化，产品的大批量生产已经不能满足客户个性化订制的需求，传统的制造方式已经不再适用，因此智能工程出现了，这种生产方式是针对小批量和个性化的产品，让消费者通过一些零部件自行组合成成品。

在2016年，"工业4.0"是一种通过信息技术、网络技术来帮助推动新生产模式产生的手段，让制造业不断跟随时代发展而进步，比如当前以消费者为主体，就必须对传统制造业进行改革，形成一种灵活度更高的个性化生产。"工业4.0"的另一个内涵是分散网络化和信息物理的深度融合，由集中式控制向分散式增强型控制的基本模式转变。目标是建立一个柔性强的个性化和数字化的产品与服务的生产模式。

3. 美国的"工业互联网"

工业互联网的概念是互联网和工艺企业联合提出的，美国的众多知名互联网和工业相关的企业联合建立了工业互联网联盟（IIC）。工业互联网

---

① 资料来源：http：//xuewen. cnki. net/CJFD_ SJKF199504018. html。

的目标是不断改进工业，通过互联网和信息技术来帮助工业发展，有效提升制造效率和质量，并且工业互联网已经在建立相应的标准来帮助传统工业转型，让工业更加符合现代社会发展。

在 2016 年，"工业 4.0"平台和工业互联网联盟进行合作互惠。两者就各自推出的参考架构 RAMI4.0 和 IIRA 的互补性达成共识，形成了初始映射图，以显示两种模型元素之间的直接关系；建立未来合作的战略计划，其他还包括：在 IIC 试验台和"工业 4.0"试验设施方面的合作，以及工业互联网中标准化、架构和业务成果方面的合作。

4. 中国的工业互联网计划

工业互联网计划在我国属于国家战略。近些年无论是国务院还是工业和信息化部都开始重视工业互联网，并且制定相关文件，对工业互联网的实施进行监督和指导，来达成中国的制造强国目标，并且想要通过工业互联网来实现从制造大国转型为制造强国的计划。不仅对数量有要求，同时对质量也制定了高标准的要求。

国家相关文件中提出要通过国家政策的指导，对制造资源进行整合，来帮助实现国家制造业的创新，确保市场制造业整体的改革更新。国家制造业创新中心建设、智能制造、工业强基、绿色制造、高端装备创新五项重大工程就是中国制造的关键核心技术，只有完成这五项工程才能够实现中国制造。

二、智慧工厂概念模型

美国 ARC 顾问集团提出智慧工厂概念，并且利用智慧工厂实现数字化产品设计、数字化产品制造、数字化管理生产过程和业务流程，以及综合集成优化的过程，从工程技术、生产制造、供应链三个维度描述智慧工厂模型。智慧工厂模型如图 4-1 所示。

信息物理系统（Cyber Physical System，CPS）处于核心位置，它具有计算、通信和控制三者结合的能力，能够在感知物理设施的前提下建立更加安全高效的工程系统。通过计算进程和物理进程实时相互反馈循环，实现信息世界和物理世界的完全融合，从而改变人类构建工程物理系统的方式。

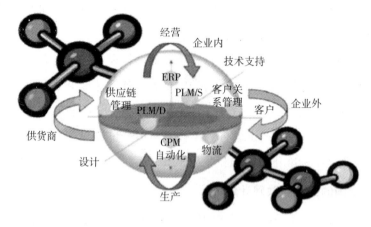

图 4-1　智慧工厂概念模型

资料来源：美国 ARC 智慧工厂模型。

三、智能制造体系框架

智能制造体系是不同的小系统组合成一个复杂系统，复杂体现在计算机原理还有制造网络的形态复杂性。图 4-2 为"工业 4.0"中智能制造体系框架，基本系统有信息物理系统、物联网、服务互联网、智慧工厂。信息技术基础是物联网和服务网，在典型的工厂控制系统和管理系统信息集成的三层架构的基础上，充分利用正在迅速发展的物联网技术和服务网技术。

（1）智能制造与制造生产设备和生产线控制、调整等有关的 MES（制造执行系统）、PCS（过程控制系统）功能，通过 CPS 物理信息系统实现。这个层面与工业物联网关系密切。

（2）智能制造与生产计划、物流、资源和产品设计技术相关的 PLM 在顶端，密切连接服务网。

（3）智能制造从产品生产和生命周期角度考虑，工厂需要与产品供应、售后服务等环节构成实时互联互通的信息交换。

（4）智能制造具有智慧的原材料供应和智慧产品的售后服务，能够充分利用服务网和物联网。

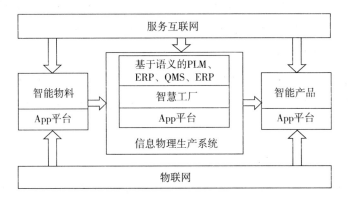

图 4-2 智能制造体系框架

资料来源："工业 4.0"参考模型。

第二节 智能制造产业模式

智能制造的出现，彻底颠覆了传统制造业的生产方式与商业模式，智能制造不仅意味着技术与生产过程的转变，同时也意味着管理模式与组织结构的全面调整。

一、预测型制造

智能制造模式具备预测型特征，体现在对工业制造过程中的预测和对市场消费的预测两方面。

1. 预测型制造定义

以智能化生产为特征的预测型制造，可以用"6C"模式来定义。"6C"是 Connection（连接）、Cloud（云储存）、Cyber（虚拟网络）、Content（内容）、Community（社群）、Customization（定制化）6 个英文单词的首字母缩写。在"6C"模式中，工厂与机器设备高度智能化，不仅可以实时共享数据信息，还可以进行自我管理，并通过智能联网来配合其他工厂或机器设备的行动。

预测型制造要求生产制造系统具备对产品制造的全过程及各个制造设

备的运行状况进行智能分析的能力。通过对各个生产环节、制造设备甚至零部件生产的数据进行全程收集、传输、分析，将生产制造过程中的不确定因素变得"透明化"，提前预测出产品制造存在的问题。

智能传感器技术的不断成熟，使数据收集工作变得更为简单。无论是生产线上的机器设备还是待加工产品，都可以被智能传感器有效监测，并形成可供分析的各种参数。

2. 工业制造过程的预测

传统的工业制造流程存在许多未知因素导致的问题，有些是不可预知也无法防范的，例如零部件突然发生故障，工人的粗心大意等；有些是有规律可循的，如元器件的损耗，气候对性能的影响等。而在工厂之外，用户需求的波动、下游营销部门的失误等同样会干扰制造过程。这些工厂内部和外部的不确定因素，一般可以通过事后分析得到解决，这也是传统的制造企业和工厂采用的方式。传统的制造模式可以理解为反应性制造，这种制造模式主要是根据设备老化、加工失灵等可见的故障来做事后维护，但对于不确定因素则反应滞后。而预测型制造模式则是通过数据分析，对所有设备进行有效的检测和评估，通过智能传感网络，预测型制造将生产流程变得"透明化"，可以及时发现初次故障并运用人工智能预测下一次设备故障的时间点，从而进行主动维护，最大限度地减少生产中的不确定因素。

反应型制造时代，工程师更多的是凭经验来推断机器性能的衰退时间，这使生产故障与意外发生的概率无法降低至零。而在预测型制造时代，加入智能制造网络的智能零部件一旦进入工作状态，就会自动向企业的控制中心反馈机械运行数据。这样工程师就能更准确地实时了解零部件的健康情况，预知什么时候应该更换新器件，复杂烦琐的零部件保养工作将更加便捷高效。

3. 市场消费的预测

传统的制造工厂多是按贸易经销商的要求和计划进行生产，并不了解销售环节，也不直接倾听客户需求，也就是只关心订单的批量和规模，不关心产品的市场需求，因为传统制造业是靠批量规模取胜的。

在智能制造时代，制造行业必须从原本的产品导向转型为客户导向，充分利用商业大数据，分析预测客户需求，完成企业结构调整。个性化生产模式正是源于客户的个性化消费需求，是智能制造时代预测型制造的一种表现形式。

商业领域的大数据以客户为本，通过对客户的身高、年龄、住址、体重等个人数据的了解（在获得用户许可的情况下），可以对不同区域客户的需求差异、不同年龄段客户的消费流行趋势等进行分析，并将这些信息融入产品设计和销售环节中，给用户提供更好的购物体验。

智能制造时代的大数据分析驱动型企业，会将价值链上的所有公司、部门、车间、生产线、机器设备的数据全部集中在云平台之上。通过工业大数据的强大计算能力，整合研发、工程、生产等环节的数据，并在此基础上创建 PLM 平台。同时，利用云计算、社交和大数据分析工具，挖掘数据并通过数据展望未来市场变化趋势，利用数据进行预测，形成最优战略方案。在这个过程中，数据贯穿了所有行动。

案例 4-1[①]

贝克休斯公司开发预测性维护算法

贝克休斯公司（Baker Hughes）是美国的石油企业，是两家企业在 1987 年合并建立的。这家企业提供有关石油的服务，包括钻井、完井和油气井生产的各类产品和服务。

在需求高峰期，贝克休斯工作人员需要全天候工作，开采石油和天然气储层。在单个井场，多达 20 辆卡车可同时运行，高压泵将高压水和沙子的混合物注入钻井深处。这些泵及其内部零件，约 10 万美元。如果活动现场的卡车发生泵故障，贝克休斯必须立即更换卡车以确保连续运行。而向

---

① 资料来源：http://www.chinamae.com/shownews_167590_15.html。

每个站点发送备用卡车会使公司总体损失数千万美元。过于频繁的维护会造成很大的浪费，导致零件在仍可使用时被更换和额外的停机操作。无法准确预测阀门和泵何时需要维护是构成这些成本的原因。

贝克休斯的工程师创造性地引入了一个预测方法。他们将现场收集的数据从温度、压力、振动和其他传感器导入 Matlab，分析并确定数据中哪些信号对设备磨损影响最大。分析过程包括了常见的傅里叶变换和频谱分析，过滤卡车、泵和流体的大幅度运动导致的干扰，以更好地检测阀门和阀座的较小振动。该小组创建并训练了一个神经网络，以使用传感器数据来预测泵故障。并在现场测试中证实了泵健康监测系统预测泵故障的能力。

这个典型的预测性维护算法采用了 Matlab 作为算法开发平台，算法开发成本节约了 30% ~ 40%，相比较传统的通用语言（比如 C 或 C++），Matlab 自带的算法库让整个开发时间减少了一个数量级。这个项目最终预计节省超过了 1000 万美元。贝克休斯的案例就是典型的预测性维护的例子。工程师利用传感器收集的数据，提取传感器数据的有效成分，基于这些数据特征进行故障模型建模，可以预测设备的剩余使用寿命（RUL）或者诊断故障类型，并在生产环境中进一步收集不断优化预测模型。预测型维护就是预测型智能制造的一个典型案例。

二、智能生产

1. 智能生产定义

智能生产是指生产过程的智能化。在智能制造体系中，智能共产或企业必须完成生产方式由厂商制造到用户个性化制造的转变。根据用户需求进行制造的智能生产方式将成为一种标准化的制造方式，这种方式既可以节省制造成本，又可以减少制造时间，同时还能减少甚至抛弃库存，为制造商和用户带来更多方便。而传统的制造工厂必须完成向智能工厂的升级改造，才能达到这一生产方式的要求。

PLM 软件能够优化智能生产中的产品生产流程，这种方式也帮助企业调整自身管理模式，有效提升生产效率。

2. 智能工厂

互联网的快速崛起，形成了各种"互联网+"的模式，不仅仅是在经济方面，在制造行业也有同样的效果，互联网模式要求制造业生产速度更快，融合了虚拟生产与现实生产的智能工厂，能够有效完成智能生产。

智能制造时代下所有产品都是智能制造的，工厂内部生产线、产品和零部件都是智能化的。产品生产过程中，首先有关于产品和零部件的需求信息，其次流水线会调整生产线配置，将各个智能化机械进行调配，最后生产出各式各样的智能化产品。简单来说，通过底层设备互联互通、大数据决策支持、可视化展现等技术手段，进行生产过程的智能化管理与控制，最终实现全面智能生产的工厂，可以称为智能工厂。从狭义上看，智能工厂是移动通信网络、数据传感检测、信息交互集成、高级人工智能等智能制造相关技术、产品及系统在工厂层面的具体应用，以期实现生产系统的智能化、网络化、柔性化、绿色化。从广义上看，智能工厂是以制造为基础，向产业链上下游同步延伸的组织载体，涵盖了产品整个生命周期的智能化作业。

智能工厂的本质是通过人机交互、实现人与机器的协调合作，从而优化生产制造流程的各个环节，具体体现在以下几个方面：

（1）制造现场：使制造过程透明化，敏捷响应制造过程中的各类异常，保证生产有序进行。

（2）生产计划：合理安排生产，减少瓶颈问题，提高整体生产效率。

（3）生产物流：减少物流瓶颈，提高物流配送精确率，减少停工待料问题。

（4）生产质量：更准确地预测质量趋势，更有效地控制质量缺陷。

（5）制造决策：使决策依据更翔实，决策过程更直观，决策结果更合理。

（6）协同管理：解决各环节信息不对称问题，减少沟通成本，支撑协同制造。

3. 智能生产目标

（1）建立灵活的生产网络。传统的生产流水线只能生产一种产品，而当前社会需求多种多样，所以在生产线方面调整行程生产网络，这种网络能够与互联网技术相融合进而形成个性化生产体系。"工业互联网"就以此为重点研究对象。传统的 C2B 模式是消费者先选择个性化产品然后工厂根据订单进行生产，但是在未来的物联网时代，客户与工厂能够通过平台直接对接。

（2）实现工业大数据的价值。现在数据已经成为企业是否能抓住商机的一个关键因素，在工业方面，对于数据的应用也至关重要。第一，通过大数据分析找到工厂弊端从而提升能源利用率；第二，利用大数据能够有效预测设备的使用年限从而达到更有效的设备维护；第三，大数据应用在生产过程中能够去掉不必要的生产环节，精简工厂运营管理方式。

（3）智能机器人与智能生产线得到广泛应用。随着科学技术的成熟，机器人的发展极大地减少了生产流水线上的工人，当工厂的智能化水平越高，就意味着工人数量越少，智能化机器人取代了工人的地位。当前机器人已经不仅是通过计算机操作的设备了，是能够根据环境状态自动调节自身行为的机器人。智能工厂的出现意味着人类可以将一些劳力运动交给机器人，从而进行更高级别的脑力劳动，进行有创造性调整型的工作，这些都是人类进化过程中的必由之路。在智能制造时代背景下，工人素质只有不断提升才能适应时代的变化。

案例 4-2

汽车制造企业的智能工厂

在汽车制造方面，智能制造成熟度较高，汽车制造很多企业已经具备自己的智能工厂，可以完成智能生产。

（一）奥迪智能工厂①

"科技"一直是奥迪的关键词，奥迪的生产流水线上，更是将"科技"

---

① 资料来源：http://www.sohu.com/a/120310854_411329。

的内涵体现得淋漓尽致。

（1）无人驾驶运输系统：奥迪工厂中所有零部件的运输都是通过无人驾驶系统完成的，这就保证了工厂流水线的快速高效，并且流水线中的车辆都是无人驾驶叉车，因此，实现了工厂的全自动化。

（2）柔性抓取机器人：汽车的制造过程中，有很多小的零部件需要安装，一些机械手臂等智能机器人代替了零部件的安装固定，并且使用了柔性装配车来达到安装螺丝的效果。这些机器人都是由奥迪自主研发制造的，针对奥迪生产线的柔性抓取机器人具有灵活和柔性的特征，触手方面是柔性的并且能够快速抓取零部件，同时还能够拿起一些螺母、垫片之类的细微零件。机械臂安装在装配小车中，通过电脑中设定的程序对汽车位置进行分别，然后有针对性地将螺丝安装完成。在奥迪工厂中工人在工作时可以从装配辅助系统中获得提示，在哪里进行安装，系统能够对工人的装配效果进行检查。奥迪智能工厂并不是完全无人，在一些线束装配过程中是需要工人参与的，在人工参与的生产过程中，都是由装配辅助系统进行提示和监管的，这样能够有效检测出工作完成质量，大大提升工作质量。

（3）VR 虚拟装配：在开发新车型新配置的过程中，直接对真车进行生产的成本非常高，因此采用 VR 技术来实现虚拟装配，帮助找到在研发过程中考虑不周的问题，利用这种技术能够直接观察到成品的效果。

（4）数据眼镜：工程师在对零部件进行检查时，肉眼难免会出现失误，利用数据眼镜这种装配辅助系统，可以帮助工程师有效观察零部件，及时发现零部件存在的问题，这种数据是专门针对工程师进行研发的。

（5）3D 打印技术：3D 打印技术在汽车制造行业应用广泛，一些不好设计生产的零部件都能够通过 3D 打印技术进行制造。目前用粉末塑料制造物体的 3D 打印机已经被制造出来，而金属方面的 3D 打印机还在研发阶段，奥迪成立了专门的研究室来推动这项技术的发展。

（二）奔驰智能工厂[①]

汽车生产工艺中，不仅需要硬件条件达到一定水平，软件方面也具有

---

① 资料来源：https://www.gkzhan.com/news/Detail/91449.html。

高标准，两者相互结合才能够发挥智能工厂的最大效率。在奔驰汽车的制造工艺中，数字化的应用贯穿于从设计开发到售后服务的整个产业链。

（1）增强现实（AR）技术：利用AR虚拟现实技术来测试工厂中存在的问题，将现实情况用AR技术展现出来，包括对工厂设施设备的规划、一些零部件安装等环节都能够用AR进行观察，通过虚拟观察发现其中存在的问题。

（2）数字化工艺生产：这项功能是模拟生产线，在设计产品方案时需要建立生产制造过程，实际建造出生产流水线的成本太高，采用模拟生产线的方式来调节调整生产线生产过程，这种方式能够验证生产是否可行，尤其是传动系统部分，数字化工艺环节将贯穿从结构设计、零部件机械加工到装配的整个过程。

（3）人机协作：工人和机器人合作是智能工程必要的环节，工人的工作频率与机器人相去甚远，因此设计一个有效的人机协作系统也是非常重要的，能够保证汽车的生产效率。需要考虑的是充分利用机器人的准确性和人的灵活性，让两者充分发挥自身的优点，让每一步都能够完美完成。

（4）自动运输系统：工厂内部进行物料运输是提升汽车制造业的关键环节之一，传统的固定运输模式无法适应生产流程的变化，当前生产流程为了符合消费者为中心的制造理念，不断进行改造，因此，运输模式也需要随着改变，这样重新设计运输模式需要时间从而降低了汽车的制造效率。奔驰工厂利用自动运输系统，让车的整体框架在流水线尾部由运输车进行运输，自动输运系统对车辆的运输路线进行控制，让运输车全程自动地按照路线进行行驶，直接运送至下一装配环节。

三、服务型制造

服务型制造是制造与服务融合发展的新型产业形态，是制造业转型升级的重要方向。它帮助产业从以制造为主体转变为"制造+服务"相融合的形式，从前的制造业目标是将产品卖出去，而服务型制造不仅要售卖产品，同时还要保障产品售出后维护维修等服务。这种形式能够延长产品的价值链。随着产业的细分，制造业也发生了改变，在信息技术发达的背景下，服务型制造就是在两者共同作用下产生的，并且开始重视数据产生的价值，从传统基于产品的服务，正在转变成以"数据"为核心的制造服务。

服务型制造强调改变传统的以产品为中心的模式，而是在产品的基础上，提供更多具有价格的服务，让消费者从原先的注重产品慢慢转变为注重产品的后续服务，依赖产品所提供的服务。在制造过程中，服务型制造强调以消费者为主体，让每个消费者都能够对产品有一个更明确的认知，然后深度挖掘消费者每个人的特性，有针对性地提出个性化生产和服务。同时服务型制造是一种主动服务，让消费者被动地参与到产品制造和服务的过程中，在这个过程中发现消费者更多个性化的需求，主要提出针对性的服务，针对不同类型客户提出不同的服务理念和服务内容，协同制造业上下游企业来帮助完成个性化制造，共同创新价值。

1. 以客户为中心

在智能制造体系中，消费者不仅仅是销售产品的目标群体，同时是一个智能元素，可以通过网络被集成到智能制造环境中。有两种消费者集成情形：一种是各种各样的不同需求，虽然每个需求差异比较大，但是总体需求量很高，这是范围经济，利用多样化创造价值；另一种是个性化当中有多数是相同的个性化，在个性化的基础上增加了共性，达成规模效应，具有更高的价值性。消费者是开端，更是智能制造的中心。服务型制造契合长期经济发展中"以客户为本"的思想，互联网技术的不断更新迭代，产业上下游为了达到自己的目标从而形成联盟，来为消费者创造价值，以消费者为主体，形成一种共同为客户服务的价值网络和创新链。

2. 服务型制造路线

在智能制造时代，客户购买产品，只是消费关系的开始。客户购买产品之后，必然产生更多的延伸服务需求。达成服务型制造的方式有多种，当前市场上已经具备多种形式的服务型制造企业，可以概括为以下几种。

（1）个性化定制。时代的发展让人们不再满足大众化的产品，而是需要更符合自己需求的个性化产品，客户不断对产品提出新的要求，逐渐对生产过程产生影响，慢慢演变成客户定制产品的模式，这种模式从客户参与产品定制扩展到整个制造过程可视化，逐渐发展到个性化售后服务的全链条。市场上这类企业已经有很多了，包括电器、服装、汽车等各行各业。

（2）行业间线上、线下 O2O 服务平台。以前制造业产品生产出来之后，制造企业的价值就已经完成了，后续的销售、物流、安装等都不是制造企业的任务，但是在服务制造中，制造企业不仅包括产品的制造，还包括产品对应的所有服务。以家电企业为例，TCL 拥有自身的 O2O 平台，对产品生产、产品的销售渠道和运送模式方面都进行改造，整合了多个线下门店还有各种线上销售平台如京东、天猫等，从一线城市到五线城市都能够无障碍地购买 TCL 电器，同时对物流路线也进行了重新规划。在家电方面 TCL 成功抢占了服务型制造企业的市场，有效提升了消费者满意度。

（3）专注供应链的专业化、社会化服务。将采购、物流、金融、质量等资源进行一个整合，提高产品交易效率和提供专业化、社会化服务。从传统企业向电商企业转型的企业有很多，比如红狮水泥，原先红狮水泥只是制造水泥，为了符合现代化发展，开始做关于水泥的服务，包括联系水泥建材电商、水泥运输、货物的储存等方面。聚龙股份从原先为银行提供清分机设备到组建聚龙金融服务公司进入现金押运、现金清分处理外包、设备运营等服务。

（4）基于核心技术和品牌的网络化协同制造。现在很多企业都拥有自身的核心企业，其他服务外包给专业企业，这样能够整合综合资源，达到效率最高的目的，但是主要注意的是企业之间联系紧密，需要相互配合实现无缝连接才能够达到最优，以自身的核心技术为中心，其他企业提供的服务为辅助，形成一个制造网络。商飞 C919 设计的各个零部件等产品数以百万计，商飞成立了航电、飞控、电源、燃油和起落架等核心机载系统16 家合资企业，形成一种相互连接的商业网络。镇江仅一包装也是采用这种该模式，该公司只做设计和装配，其他所有服务内容都交由上下游企业进行完成，包括产品的生产，这样完成了很多大公司的知名设计订单。

（5）打造行业创新云平台。时代在不断进步，无论是大企业还是小企业都需要改革更新，而各个行业的龙头企业要起到领头的作用，在制造行业更是如此，这样才能够保证行业整体的协调发展。制造企业巨头需要整合行业资源，形成一个健康良好的循环，并且成立制造服务平台，通过平台实现上下游企业数据共享，有效应对市场需求，实现供需平衡的局面，这样能够更加有效地实现行业的健康良好发展。海智在线是制造业的创新云平台典型，该企业整合了所有零部件的制造商，为这些企业提供订货来源，并对各个企业的生产流程进行改进，对当中的数据进行监控管理，并且提供金融服务，致力于打造成工业零部件领域产业链综合服务平台，帮助制造业进一步发展。这方面代表性企业有航天云网、欧冶云商、海达源等。

（6）制造业共享经济的实践。现在是一个数据爆炸的时代，技术的完善将获取数据的成本降低，并且提高了数据的有效性和及时性，将社会上所有资源融合在一起，为很多新型企业提供了大量的机会。典型代表为智能云科，通过智能数控设备来聚集一些创造者、设计人员等进行创造类工作的个体或企业，让所有人相互联系整合，打造一个云制造共享服务，打造一个全新的制造生态系统。

3. 服务型制造应用趋势

（1）云在线实时服务替代端定期运维。制造业企业服务化转型的转折点在工业产业在线服务支持和远程运维，大数据时代和智能化的出现有效地提高了工作效率，并且在质量方面也有大幅度的提升，通过大数据的检测管理能够有效预测设施设备的生命周期，提前防范机器设备的供给所造成的损失，这种提前防范措施非常有必要。传统设备靠人定期检修、运维和保养，这种模式将会被远程实时监控、故障诊断、远程维修等快速替代。很多企业已经开始实践这种模式。

（2）智能服务替代常规服务。智能服务是对信息进行深度挖掘，找到信息之间关联性，通常是对产品制造过程以及产品使用过程中存在的数据进行处理，从而为客户提供更高级的自主化功能和增值服务。举例来说，对于大型装备制造企业，从装备生产开始就对装备进行一系列的数据监测，分析产品使用寿命，并且还可以对工厂的基础设施设备进行数据分析，对维修所需要的零部件数量进行分析，对设施设备的使用寿命进行分析，在设备出现故障前对设备进行整修，这样会极大地降低生产过程中设备出现问题而导致的损失。关于智能服务在实际企业中已经有很多应用，如罗尔斯的 Total Care、Nissan 的智能机器人健康管理等应用。

（3）效能交付而非产品销售。随着科技的进步，很多设备的基础造价越来越高，并且专业的公司能够提供专业的后续服务，因此，出现了租赁的销售模式，就是对产品进行一个租借，在一定时间内使用该产品，并且拥有该产品相应的服务，这样就意味着当产品租赁给客户的时候，交易刚刚开始而不是从前将产品售卖给客户，从此整个交易就结束的模式。例如凯撒空压机，消费者购买了这款产品，那么公司就相应提供后续的所有服务，包括配送安装以及后续维护维修等功能。Soniclean 是一个提供服务的企业，客户只需要购买它的服务功能，不需要购买服务过程中所需要的任何产品，并且还提供产品的租赁，让客户能够自主清洁设备。

（4）生态服务系统替代单品。每一个产品都具有其完整的供应链模式，产品只是供应链当中的一个环节，当企业认识到这个问题后，企业就会从制造产品逐渐向提供产品服务链方向转变，这样能够形成一个生态服务系统，很多单一制造企业都从原先的制造模式开始转变，如施乐从打印设备转型为文件管理专家，通用汽车提供安吉星服务系统等。

（5）再制造优化产品结构和服务。在第三点中提出的效能交付意味着产品是可以循环利用的，如何有效地对循环利用的产品进行开发是至关重要的，企业需要不断找到能够进行租赁的商品，并且对商品所有功能、寿命以及未来新技术出现对产品的影响等各个方面综合考虑是否可以对产品进行生产制造。并且需要考虑产品被退回的风险。

（6）虚拟融入现实。AR 和 VR 两者相互结合能够有效降低企业成本，这种技术能够通过虚拟建立工厂、生产线来考察工厂运作合理性和生产线流程的合理性，并且对于客户来说这种技术能够让用户在使用前体验到产品的功能，帮助消费者对产品质量进行直观的感受。这种方式可以应用在产品研发以及市场营销等各个方面，技术的应用范围非常广泛，例如沃尔沃2500公里可远程操作挖掘机，曲美、顾家线下用户体验中心就是利用AR和VR技术，向消费者展示所有产品，帮助解决空间上的障碍。

案例 4-3

企业定制化模式

（一）上汽大通[①]

上汽大通C2B即上汽C2B智能化大规模定制模式。上汽大通C2B模式，是"用户驱动企业生产"的一种"定制化"模式，颠覆以往车企驱动的B2C造车模式。上汽大通汽车是由客户自主选择装备，实现汽车的个性化定制，这种模式能够满足不同消费者的不同需求，全部组合方式能够达到上亿种。

大通具有自己的手机App平台，在平台上登录选择各种装配进行下单。大通将所有部件分为四大基础板块，有基础、外观、内饰、装备四大选项。在汽车驱动中就有多种驱动方式，当前我们的汽车驱动大部分都是前轮驱动，在大通中有两驱、适时四驱、智能适时四驱以及专业分时四驱四种选择。座位数量也是可以选择，不同数量有不同的布局方式，内部装饰也分有不同材质，有低配有高配，多达200多种配置，并且在颜色方面也给予了用户多种选择，不再是单一的大众基础色调。甚至连变速箱、驱动模式以及是否需要差速锁等都可以进行自主选择。

上汽大通的C2B私人定制还会根据用户的用车偏好来为客户做出最适宜推荐。在C2B的大规模智能化业务上，大通做到以用户为中心，通过C2B的智能交互平台，从产品定义前期就与用户实时交流互动，可以最终实现企业的全业务链数字化在线。而智能网联技术解决方案将支撑共享化

---

① 资料来源：http://www.inabr.com/content.aspx? id=619011304774。

的服务模式，满足用户不同场景下个性化和差异化的服务需求，最终形成人与货物的出行平台。

（二）海尔 COSMOPlat 模式①

海尔打造的工业互联网平台 COSMOPlat，该平台就是让用户进行个性化定制的一个平台。这种定制模式改变了从前企业生产什么消费者就购买什么的方式，而是变成消费者能够自主选择一些单配满足自身特殊需求的生产方式。海尔通过对部件进行整合的方式来进行大规模定制，这种方式让消费者充分地参与了产品生产流程，包括在交互、定制、设计、采购、生产、物流、服务等所有环节，客户充当了一个消费者的角色，同时自己也是设计师。

在众创汇、海达源等模块的对接下，用户只需一部智能手机或一个平板电脑就可以轻松定义自己所需要的产品，在形成一定规模的需求后，COSMOPlat 就可以通过所连接的八大互联工厂实现产品研发制造，从而生产出符合用户需求的个性化产品。

用户的个性化需求对应了高精度，大规模标准化制造代表了高效率。COSMOPlat 的成功之处在于，它将高精度和高效率两个看似矛盾的存在实现了无缝衔接。COSMOPlat 凭借精准抓取用户需求的能力，让工业领域的大规模定制成为可能，抢先进入了大规模定制的"专场"。这种用户需求驱动下的生产模式革新是震撼的，也是制造业前所未有的，最大限度地契合了未来消费需求的大趋势。

COSMOPlat 不仅让用户进入到大规模定制的全流程中来，从而实现产品迭代到体验迭代的按需生产。同时，作为一个开放性平台，COSMOPlat 提供社会化服务，利用外部接口将硬件、软件等各资源方囊括到平台上来，让所有有志于转型升级的制造企业，都可以享受这种智能制造服务。

（三）九牧集团②

九牧集团有限公司，创立于 1990 年，总部位于福建省南安市，是目前

---

① 资料来源：http：//www. cww. net. cn/article？ id=427795。

② 资料来源：http：//www. cinic. org. cn/zgzz/yx/406139. html。

国内大型的卫浴洁具产品制造商和供应商之一。

随着生活水平的提高，消费者对卫浴产品的服务需求也日益提升。为满足用户对个性化、定制化服务需求，打造智能化的服务制造体系，九牧成立了行业首家"一站式"管家服务，为客户提供售前、售中、售后全过程的无缝服务。

九牧"一站式"管家服务除了搭建行业首个客户服务系统，还在行业首推大件免费包安装，对每个服务工单进行闭环管理，全面提升用户体验，实现全国服务区域100%覆盖，先后实施"按约上门""3·15温暖服务月""春节服务不打烊"等措施，为客户提供贴身管家式的满意服务，促成行业服务标准的提升。

第三节　新零售供应链下智能制造系统

一、智能制造体系发展趋势

1. 柔性化

智能制造体系的柔性化方向是由柔性智能装配引发的，基本的思路为：柔性装配的研究层次从上到下分为柔性工装、柔性工艺规划和柔性车间调度。主要涉及的研究思路包含结构优化设计、工装驱动数据自动生成、装配顺序规划和分配方法研究以及智能调度技术。柔性化发展是基于智能装配生产线上可能出现的各种问题及产品，所提出的新型发展方向。这其中可变参数和柔性调度是最重要的研究领域。

2. 精益化

精益化的研究包括四个方面的内容：①智能制造环境下的自适应快速换模技术；②设备自诊断、自适应和自修复技术所组成的全员设备维护技术；③生产流程自动化的3P技术，该技术能够将生产过程中的资源浪费在设计和工艺研究等源头环节中进行降低；④均衡混流生产技术，该技术是基于对生产计划的合理规划以及现场动态调整和调配等智能制造手段进行的。

3. 敏捷化

敏捷化主要有以下两个研究方向：首先，对于客户订单变化的快速响应是智能制造的一大特点，通过前期客户需求的调查，在大数据分析的基础上，使用神经网络等算法对客户的订单可能发生的情况进行预测，并拟合相应的曲线，得到响应基本函数，然后优化设计生产关键因素，最终大幅度减少客户需求的响应时间。其次是对于功能单元的设计和配制。在使用智能制造生产线的时候，需要对参与生产的各要素（包括软件设计、硬件要求和工艺流程设计等）归类的功能模块进行划分。在功能划分之后组建各自成体系的模块单元，并配置相应的算法，以达到提升智能制造体系柔性化和可重构性的目的。

二、新零售供应链下智能制造系统建设

利用新零售带来的新的供应链，对传统的制造系统进行改造，让供应链中所有信息共享，制造过程透明化，并且实现对系统的动态管理，这种方式有助于提高制造行业的生产效率，并且能够让供应链上各成员利润均获得提升，最终提升消费者满意度，通过这种方式延长供应链的发展。主要通过以下步骤来实现新零售供应链下智能制造系统的建设。

1. 重构个性化智能战略

政府方面已经为公司提供了智能化的平台，通过各种政策的发布来辅助新零售供应链的发展；在企业方面，每个企业都具有自身的核心功能和核心产品，各个企业的个性化生产方式和各式各样的售后服务等环境都能体现出企业的核心竞争力，因此，对于企业而言，重点是发展自身的个性化。对每个企业所在的供应链来说，要有侧重点的不同、智能化水平的差异，在客户服务的提供方面也有不同的战略，所以对于公司而言，没有一个统一的标准化新零售供应链模式，应该根据自身特点来建立符合自身需要的供应链模式，这样在未来的新零售供应链下，每个供应链的侧重点都是不同的，消费者也能够根据自己的需求选择不同的产品服务。

在这种情况下，公司就要从战略角度出发制订计划，让领导层拟定围绕公司核心产品的新零售下供应链的开发计划，然后由各个下属部门根据领导的拟定计划进行各部门的计划，通过公司上下联合并对计划实时进行适当的调整，来确定最终的采购策略、库存策略、制造策略、交付策略、成本策略等。通过数据对所有战略计划进行判断，来保证整体供应链顺利运营，且能够达到最优战略绩效。新零售供应链智能战略才是企业最首要的协同方向和准则。

2. 新零售供应链差异化竞争能力

消费者越来越追求差异化、个性化，因此，制造行业的产品和服务也要开始具有自身的个性化和差异化。产品的生产工艺、加工方法、制造环节都开始具有差异化，企业要达到个性化符合消费者需要且能够供需平衡，就必须对客户需求、市场变化、产品或服务的模式的变化进行调查和分析，找到企业打入新零售的突破点，进而实现自身的差异化竞争。

3. 新零售供应链平台协同大数据战略

新零售下供应链各企业必须是连续的，相互贯通的，企业与企业之间的连接必须要有端到端的服务机制，这样才能够实现高效的 OTD（订单到交付）。在广度上加强与各个合作伙伴之间的信息共享，让所有订单都能够实现整合配送模式，将零散的信息整合在一起，更加有效地配送订单，这样可以节省大量资源，让资源得到了充分的利用。

新零售供应链平台实现将供应链中涉及的环节、服务和信息都整合在一起的目标，包括产品的供应链和购买产品的客户、原材料的采购、产成品的储存等各个信息。让所有信息进行有效的整合最终进行一个大数据分析，让新零售供应链能够通过大数据分析找到供应链中存在的低效率环节，并且提供相应的解决方案，这种信息的整合和智能化相结合的模式能够形成系统的自我反馈、自我补偿、自我优化和自我调整，是供应链智慧的行动。

4. 建立仿真能力与供应链预警

供应链涉及的企业多，每个环节都可能会影响到企业的运营情况，因此在新零售供应链中，将传统供应链中一些应对紧急情况发生的解决方案录入到系统中，并且在系统中建立很多问题的早期识别和预警，让系统能够自主进行调整，让损失减少到最小。

大部分情况下，预警能力使用的是流程模式。但在新零售供应链中，将采用仿真的方式来模拟订单，让所有订单都能够在系统中虚拟完成，如果订单在系统中出现了问题，那么在还未开始生产之前就找到其问题的关键点，直接解决问题，这样就确保供应链不会出现中断的情况，大大地提升了供应链的稳定性和可靠性。

5. 过程可视化

过去供应链中也是具有可视化的，但是这个可视化不是智能系统中的可视化，而是通过人工输入数据，从而在屏幕上显示的一些可视化数据，不具有实时性，同时可视化的应用范围也非常有限，主要在现场的打印、书写表单和指标标识方面。这些数据之间很难找到逻辑关系和联动、协同关系，并且很多情况下这些数据是无效数据。

新零售供应链中所有数据的显示都是实时的，不是通过人工定时输入的，而是系统检测到一件产品的输入就自动更新数据，所有数据都是同步更新的，这种数据的显示能够有效帮助企业观察到环节当中存在的问题，可以让管理者对供应链流程进行监控，并且通过这种系统实时更新的可视化能够帮助系统进行自我分析、自我反馈、自我调整、自我优化。在这种情况下，都是系统通过智能化调整来实现过程的优化，也就是企业的一种大数据管理。

除了以上五个环节来实现新零售供应链，很多大型企业都开展了国际业务，将自身的战略布局拓展到全球，并且随着科技的进步，利用网络化工厂替代物流中心，取消干线运输，开始了终端配送的时代。通过这些方式能够对全国乃至全球的物流模式进行重整，从而实现更加高效的流通方式。

此外，企业建设新零售供应链的智能制造还应多注重以下方面：一是产业研究与供应链创新；二是产品与市场的供应链相适性；三是大数据—

信息化—软件—自动化的边界整理；四是避免"机器换人"的误区。

综上所述，新零售供应链中各主体是利用信息网络的结合达成信息共享，帮助实现供应链的决策方案。利用网络、服务、云计算等信息技术来辅助制造业，让制造业更加智能化，形成一个智能化的供应链。

复习思考题：

1. 简答题

（1）谈谈对智能制造的认识。

（2）谈谈智能制造在未来的发展趋势。

（3）服务型制造特点是什么？可以通过哪些途径实现服务型制造？

2. 论述题

（1）智能制造涉及的核心技术有哪些？分别举例说出一个应用实例。

（2）在新零售时代下，智能制造如何发展，详细描述如何利用智能制造实现新零售供应链。

第 五 章

新零售供应链智慧物流

第一节 智慧物流概述

"智慧物流"（Intelligent Logistics System，ILS）首次由 IBM 提出，2009 年 12 月中国物流技术协会信息中心、华夏物联网、《物流技术与应用》编辑部联合提出概念。物流是在空间、时间变化中的商品等物质资料的动态状态。

中国物联网校企联盟认为，通过集成智能化技术，让整个物流全过程能够模拟人的大脑，通过感知外界事物、内部的逻辑思维，不断地学习改进，最后通过推理判断之后找到问题，并解决问题的方式就是智慧物流。也就是说获得物流中的信息，然后对信息进行分析做出相应的判断，让所有产品的整个物流过程都伴随跟踪管理，让信息流与物流同步进行，在这个过程中使用到 RFID、传感器、移动通信技术等，这些技术能够实现配送货物自动化、信息化和网络化。

一、新零售带来的智慧物流变革

从新零售对"人、货、场"的重构来探析新零售带来的智慧物流变革（见图 5-1）。

首先，从人的角度：

第一，"所见即所得"要求物流服务要快、准。相比传统物流服务中的一日三送、次晨达，新零售正在实现"分钟级"物流。例如，盒马鲜生采取自建商圈门店，通过专业配送团队，实现 3 公里内 30 分钟送达。

第二，消费者要求更个性化、更有参与感的服务。物流企业通过分析消费者行为特征，基于对消费者的理解，进行个性化物流服务设计，例如选择合适的送货时间、配送方式，从而提升消费者服务体验。

第三，物流计划要求对消费者有更精准的感知。基于对消费者需求的理解和预测，提前预备库存和配送运力。

其次，从货的角度：

第一，商品直接触达消费者，短链化供应成为发展新趋势。这就要构建全新的端到端物流模式，提高效率。以生鲜品为例，在货源上采取货源地直采和海外直采，经过从产地到机场的短途运输、航空运输、机场到网点短途运输，最后送达消费者，在这个流程里"仓"的概念相对弱化了，每一个环节都需要无缝对接。

第二，提高商品流转效率，重构产品供应链。通过技术升级在仓储配送、经销到消费者购买决策等环节提升效率。譬如盒马的日日鲜系列是去基地直接采购，并且在种植区域附近的生产车间实现冷链温控，预包装生产线等，保证蔬菜收割到门店上架控制在 18 个小时之内，这就要求优化流程，减少中间环节，降低损耗和成本。

第三，生产模式由 B2C 转向 C2M。区别于传统生产模式和纯电商模式，新零售时代的 C2M，从消费者需求出发，掌握消费者数据，重塑生产链，满足消费者个性化和定制化需求。必将实现数字化工厂与自动化物流系统、制造业的智慧变革。大量的机器人、无人工厂、无人仓储物流、3D 打印的产生，使消费者具备了成为制造商的能力。

最后，从场的角度：

第一，门店仓储化。不再是线上和线下两个分离的场景，而是让线上场景与线下场景相结合，两者的边境融为一体。商服不仅提供产品的销售，也提供产品的使用和体验，同时可以是一个小型的仓库，这种方式重塑了实体零售的方式。通过大数据、人工智能优化供应链仓储布局、配送网络实现靠近客户满足快速送达需求，实现提前备货，就近发货。

第二，技术创新升级场内物流。场内物流，就是从门店的后仓配送到货架，甚至是到消费者的流程。在场内物流领域，将出现更多的小型化、智能化的物流设备，空中悬挂供货系统、AGV 输送系统、电子标签、RF 终端等技术设备将纷纷登场。

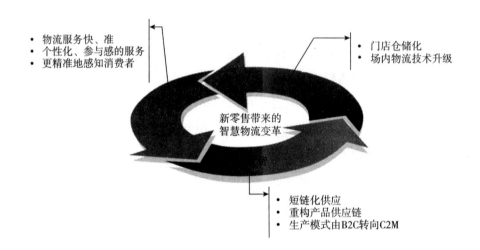

- 物流服务快、准
- 个性化、参与感的服务
- 更精准地感知消费者

- 门店仓储化
- 场内物流技术升级

新零售带来的
智慧物流变革

- 短链化供应
- 重构产品供应链
- 生产模式由B2C转向C2M

图 5-1　"人、货、场"角度下的智慧物流

开展"线上线下+智慧物流"深度融合的新零售已是毋庸置疑的趋势，而如何加强供应链管理、提升现有物流服务水平则成为下一个待解决的主要课题——构建新物流。从图 5-2 中可以看出，就企业的需求角度而言，新物流需要进行销售预测和库存管理，消灭库存，降低物流成本；从消费者的体验需求出发，新物流需要满足消费者个性化、碎片化需求，商品更加精准快速送达，提供体验式服务；从数字化的角度出发，新物流需要基于行业全链条的大数据向智能化、自动化优化升级，利用智能化设备实现智能仓储、智能运输、智能物流等全方位服务。

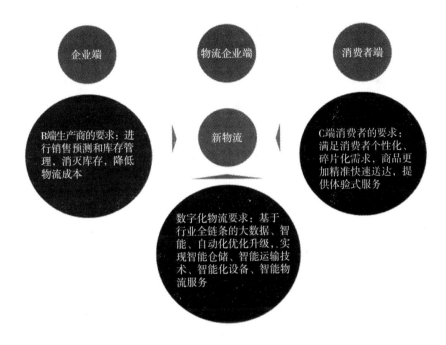

图 5-2　三个角度对智慧物流的要求

资料来源：德勒研究。

二、智慧物流概念

2017 年以来，"智慧物流"的概念被众多学者关注，王继祥先生在储存和仓配方向多有研究，在 2009 年提出了"智慧物流"概念，之后一直推广"智慧物流"。智慧物流是建立在网络的基础上形成的，让虚拟和实际相结合，互联网与实际物流世界两者的结合实现了创新，这种创新在物流方面体现得非常完善，就是对物流的全过程进行监测，让物流中所有环节都能够传输到网络中，然后通过网络对所有状态因素进行分析并改进，形成一个具有自主决策和学习能力的循环系统。

根据智慧物流定义与技术架构，王继祥提出了智慧物流的三大组成体系：智慧思维系统、信息传输系统和智慧执行系统。

思维是大脑的关键，因此智慧思维系统也是最为核心的系统。智慧思维是建立在大数据的基础上，只有通过大量数据才能够形成基础逻辑思维，智慧思维利用云计算，而人工智能则是智慧思考与自主决策的能力。

信息传输系统是物流神经网络，相当于人类的神经传导系统，是智慧物流最重要的系统。物联网是信息感知的起点，也是信息从物理世界向信息世界传输的末端神经网络；"互联网+"是信息传输基础网络，是物流信息传输与处理的虚拟网络空间；CPS（信息物理系统）技术反映的是虚实一体的智慧物流信息传输、计算与控制的综合网络系统，是"互联网+物联网"的技术集成与融合发展。

智慧执行系统是思维系统做出决策后的实际行动，利用自动化、无人化的自主作业来完成所有工作，基本原理就是通过智能操作执行智能硬件设备。目前的执行系统，比如物流机器人、物流无人机还有自动化输送分拣的快速发展，都有效地提高了智慧物流的运行效率。

智慧物流的执行系统、思维系统和传输系统是不可分割的（见图5-3）。它们的融合形成了智慧物流系统，带动了智慧物流的发展。

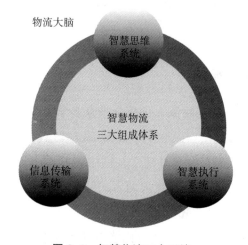

图5-3　智慧物流三大系统

智慧物流的三大系统对应不同特征（见图5-4）。

互联互通，数据驱动：信息传输中对应数据信息的流通，物流过程中所有的数据都要做到实时更新，并且所有信息都具有可视性，能够让业务人员观察到数据背后的含义，一旦数据当中存在不合理性，业务人员能够通过数据直接分析得到哪个环节出现了问题，实现通过数据进行所有决策的目标。

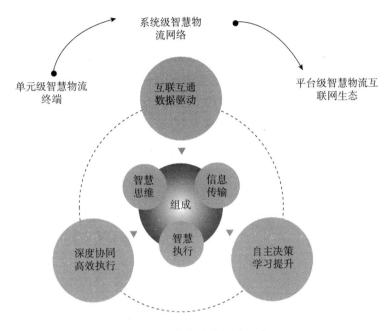

图 5-4　智慧物流三大特点

深度协同，高效执行：在执行系统中让所有工作都得到落实，并且所有环节的工作都要相互合作，不仅是物流内部的工作落实，还包括物流涉及的上游供应商和下游客户之间的所有合作，利用智能化的系统算法，有效调整物流过程中涉及的所有分工合作。

自主决策，学习提升：思维系统就是通过数据不断进行分析，不断进行学习，不断改进物流的全过程，推动物流系统程控化和自动化发展。利用大数据、云计算与人工智能技术实现智能化，达到自主学习、自主决策的目的。

智慧物流将以单元级智慧物流终端、系统级智慧物流网络，平台级智慧物流互联网生态为逐级演进方向。

三、智慧物流技术

随着人工智能、物联网和大数据技术趋于成熟，智慧物流的实现成为可能。根据德勤《中国智慧物流发展报告》中显示，智慧物流市场发展惊人，预计2025年规模将超万亿元，整个行业正由自动化、无人化向数据化、智能化发展。该报告分析了智慧物流技术，主要分为智慧作业技术和智慧数据底盘。其中智慧作业技术包括仓内技术、干线技术、"最后一公里"技术和末端技术。智慧底盘技术包括物联网技术、大数据技术和人工智能技术（见图5-5）。

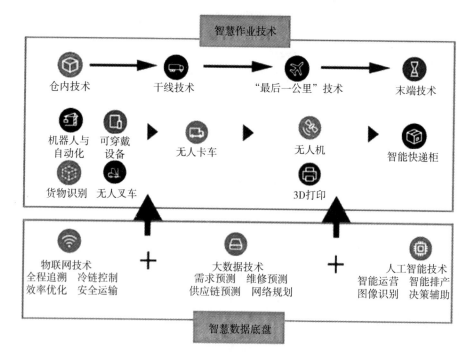

图5-5　智慧物流技术

资料来源：德勤研究。

1. 智慧作业技术

（1）仓内技术。仓内技术主要有机器人与自动化、可穿戴设备、货物识别、无人驾驶叉车四类技术。当前机器人与自动化分拣技术已广泛应用，可穿戴设备中智能眼镜技术进展较快，其余大部分仍处于研发阶段。

在机器人与自动化分拣技术上，包括 AGV、无人叉车、货架穿梭车、分拣机器人等，主要用在搬运、上架、分拣等环节。国外领先企业如亚马逊、DHL 应用较早，并已开始商业化，深入推进机器人的应用场景。国内企业京东、菜鸟、申通已经开始布局。

在可穿戴设备方面，当前仍然属于较为前沿的技术。在物流领域可能应用的产品包括免持扫描设备、智能眼镜、外骨骼、喷气式背包等，智能眼镜凭借其实时的物品识别、条码阅读和库内导航等功能，提升仓库工作效率，未来有可能被广泛应用。

（2）干线技术。干线运输主要是无人驾驶卡车技术。无人驾驶卡车将改变干线物流现有格局，目前尚处于研发阶段，但已取得阶段性成果，正在进行商用化前测试。

（3）"最后一公里"技术。主要包括无人机技术与 3D 打印技术两大类。

无人机技术相对成熟，目前包括京东、顺丰、DHL 等国内外多家物流企业已开始进行商业测试，其凭借灵活性等特性，预计将成为特定区域未来末端配送重要方式。

3D 技术尚处于研发阶段，目前仅有亚马逊、UPS 等针对其进行技术储备。3D 技术对物流行业将带来颠覆性的变革，未来的产品生产至消费的模式将是"城市内 3D 打印+同城配送"，甚至是"社区 3D 打印+社区配送"的模式，物流企业需要通过 3D 网络的铺设实现定制化产品在离消费者最近的服务站点生产、组装与末端配送的职能。

（4）末端技术。末端新技术主要是智能快递柜。目前已实现了商用（主要覆盖一、二线城市），是各方布局重点，但受限于成本与消费者使用习惯等问题，未来发展存在不确定性。

2. 智慧数据底盘技术

物联网技术与大数据分析技术互为依托，前者为后者提供部分分析数据来源，后者将前者数据进行业务化，而人工智能技术则是大数据分析的升级。三者是智慧物流能否进一步迭代升级的关键。

（1）物联网技术在产品溯源、冷链控制、安全运输、效率优化等典型应用场景中将大有作为。其核心在于低成本传感器技术的突破，这将会使该领域应用空间获得爆发。

（2）大数据技术将在需求预测、设备维护预测、供应链风险预测、网络及路由规划中重点应用。多家企业已经开始进行大数据分析、研究、应用布局，各企业未来将进一步加强对物流及商流数据的收集、分析与业务应用。

（3）人工智能技术基于电商平台的推动，在智能运营规则管理、仓库选址、决策辅助、图像识别、智能调度等方面将广泛应用。

物流行业正在发生翻天覆地的变化，从仓储到运输再到配送，每一个环节都将智能化。

京东在"6·18JD CUBE"大会上，正式发布了一系列智能物流相关技术产品，包括全自主研发的L4级别无人重卡、自主研究JDY-800无人机、智慧餐厅、无人超市等。

第二节　智慧仓储

一、新零售供应链下仓储物流发展

未来仓库厂房的需求会大大提升，物流将成为支撑整个零售运作的"血管"。今后的仓配物流发展将有协同共享及仓库细化两大趋势。

1. 协同共享

对于协同共享，目前市面上的仓配物流公司数量较多，单独运作，造成了很大程度的资源浪费，运输效率也有待提高。协同共享，简单来说就是"数字共享""仓库共享""物流共享"。

富春控股集团副总裁、网赢如意仓总经理吴军旗给出了支持新零售的立体化仓配结构。这种结构，不同于传统的供应链前端到后端、上游至下游的线性和树状程序。新零售重新梳理的仓配布局，将强化物流与门店匹配度和辐射，通过大数据运算采用最优化的路径从而合理分配人力、物资、设施等资源，整条供应链各环节运作将实现有效同步和库存共享。

立体化仓配结构有如下三个特点：

（1）"分仓建模+自由组合+按需调配"。多仓协同、分仓调拨是分仓模式的主要动能。打破了电商物流供应链的单渠道全国配送模式，实现B2B/B2C/B2B2C/C2B（B 表示 Business，C 表示 Customer）同仓管理、共享库存，提供一站式全渠道仓配服务。构建分仓数据模型，为客户定制一套由中央配送中心（Central Distribution Center，CDC）+区域配送中心（Regional Distribution Center，RDC）+中转仓（HUB）组成的分仓和物流解决方案（见图 5-6）。当客户需求变量发生变化时，数据模型会匹配生成新的最优方案，货物在仓网体系内进行重新调拨。

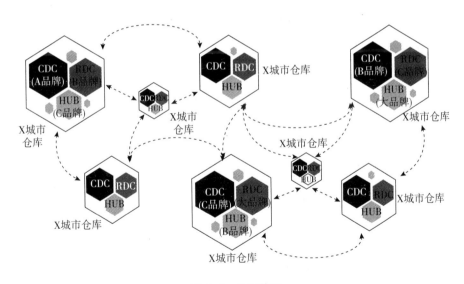

图 5-6　仓网体系

（2）高频、低频商品分级分仓。高频的货物，可以通过发挥本地仓配的优势做到近距离的高效配送。中频的货物可以放在中转仓，进行中转后再进入本地配送。低频的货物在区域中心仓中远程配送。不同频次的货物分别进行有效配送，不至于在仓储过程中拖垮系统。这样的搭配方式能够有效缩短运输里程，热销爆款商品由城市三级仓（HUB）配送，销量一般的商品和长尾商品由一级仓和二级仓（RDC 和 CDC）配送，从而全面提升整车到达率、整箱到达率、整单到达率等物流指标。

（3）单仓集 CDC、RDC、HUB 功能于一身。立体化仓储网络通过分析工厂所在地、销售渠道、消费人群的区域分布、产品属性等变量，对全国仓网和库内空间进行动态规划，实现单仓集不同品牌 CDC、RDC、HUB 功能于一身。仓配物流行业内的各家企业，只有抱团取暖，划定业务范围，协调运作，整体规划，才能提高效率、降低成本。

2. 仓库细化

（1）布局细化。整体布局密度加大，单个仓库面积缩小。布局密度加大，货物供应能力和辐射能力增强，密切网状分布，全面覆盖供货市场，以便快速商品补给。供应链、库存、消费等数据打通，单个仓库的存货量可控、透明、可预测，加之物流速度加快、精准营销效率提高，货物在仓库的停留数量及停留时间将大大缩短。

（2）功能细化。仓库职能、用途将会进一步细分。效率上，仓库将按照规模、辐射能力分成大类，同一供货市场大仓库主攻、小仓库辅助，通过规模、区域、效率找到最优规模组合。存储货物上，从仓库位置、交通、面积，甚至从库内地坪、层高、柱网角度，根据仓库能容纳货物的最高效存量对仓库进行规划细分。库内布局上，标准更为严格，空间使用更加细致，库内各职能区明确划分。

（3）动作细化。智能仓储技术拆解库内作业，各动作标准化、精细化、机械化、自动化。例如在卸货入库过程中，使用整托入库输送机，箱型货物机器人自动码垛入库，纸箱货物自动拆箱或换箱入库，自动称重，自动回收空托盘或空纸箱等。

二、高密度仓储

新零售下将出现众多的与消费者距离更近的仓储系统，由于空间、成本等的约束，高密度存储将是发展趋势。高密度存储是指货架的排布方式较常规货架更为密集，不仅可以是一般的两排背靠背排布方式，也可以是很多排和很多单元深度有机地密布，大部分以机械设备存取为主，部分货架可以做到计算机控制存取，因此，可以实现实时准确获取库存信息。

目前，高密度存储系统主要有自动化立体仓库、穿梭车存储系统、窄巷道货架、移动式货架等。

1. AS 或 RS 立体库

自动化仓库（Automatic Warehouse）是由电子计算机进行管理和控制的，不需要人工搬运作业而实现收发作业的仓库。

立体仓库（Stereoscopic Warehouse）是指采用高层货架配以货箱或托盘储存货物，用巷道堆垛起重机及其他机械进行作业的仓库。

自动化立体仓库又称自动存储取货系统（Automated Storage & Retrieval System，AS，RS），是自动化仓库与立体仓库的有机结合，实现仓储过程自动化的自动仓储系统。

自动化立体仓库一般由巷道堆垛起重机，高层货架，入出库输送机系统，自动控制系统，周边设备和计算机仓库管理系统等组成。

与传统仓储相比，自动化立体仓储能有效利用空间，大大提高仓库的单位面积利用率，可实现高密度存储；仓储作业全部实现机械化和自动化，货物自动存取，运行和处理速度快；采用计算机控制，便于清点和盘库，合理有效地进行库存控制，减少了货物处理和信息处理过程的差错；采用料箱或者托盘存储货物，能有效地减少货物的破损。但是自动化立体仓储也存在结构复杂、配套设备多、基建和设备投资大、储存货品的品种受到一定的限制、对工作人员的技术业务素质要求比较高等缺点，因此，需综合考虑后再对其进行投入。

2. 穿梭车高密度存储系统

穿梭车高密度（High-Density，HD）存储系统是一种先进的仓库存储管理模式，由贯通式货架系统演变而来，货架内部托盘货物存取由穿梭小车进行，穿梭小车可以与叉车及堆垛机配合实现半自动化和全自动化的存储方式。

存货时，由叉车或堆垛机将托盘货物放至货架区某列某层导轨的最前端部分，穿梭小车将托盘货物运至纵深处；取货时，穿梭车将货架深处的托盘货物移至导轨的端口，再由叉车或堆垛机将托盘货物取下。

为了最大限度地提高空间利用率和自动化程度，还可以采用子母式穿梭车系统，货架各区域之间的衔接联动由子车和母车配合进行，子母式穿梭车系统是由穿梭子车、穿梭母车、行走轨道、货架、堆垛机（或垂直提升机）、托盘输送系统、自动控制系统、管理系统等组成的全自动密集式仓储系统。

穿梭车高密度（High-Density，HD）存储系统的存储密度远大于普通自动化立体仓库（AS 或 RS）存储系统，并且出入库方便，出入库存取效率高，比传统的驶入式货架拥有对货品更多种类的管理能力，还可以实现先进先出及先进后出功能。

3. VAN 货架

VAN 货架也就是窄巷道货架，是仓储货架的一种，与普通横梁式货架相比，其巷道宽度要小得多，一般为 1600~2000 毫米，所以叫窄巷道或窄通道货架。

VAN 货架主体为横梁式货架系统，区别在于货架底部地面上加装"三向堆垛叉车"的行动导轨，为三向叉车起导向。导轨作为叉车的引导系统，减少叉车司机因人为因素对货架产生的危险。

与窄巷道货架配合使用的搬运叉车限为专用的"三向堆垛叉车"。"三向堆垛叉车"沿既定导轨滑行。"三向堆垛叉车"集普通叉车、高门架叉车、有轨堆垛机之优点，并具有叉车和有轨堆垛之功能。能够在窄通道的高货架库房中进行三个相互垂直方向的堆垛和取料。

VAN 货架系统的堆垛通道宽度稍大于托盘货物的宽度，高密度的存储需求得以实现。同时继承了横梁式货架系统的所有优点，货架系统所收纳的所有物料具有良好的可选性，叉车可随时存储任一托盘货物。

4. 移动式货架

移动式货架仅需设一条通道，空间利用率极高，安全可靠，移动方便，根据承载重量可分为轻中型移动式货架和重型托盘式移动货架。

轻中型移动式货架（也称密集架）由轻、中型搁板式货架演变而成，密集式结构，仅需设一个通道（1 米宽左右），密封性好，美观实用，安全可靠，是空间利用率高的一种货架，分手动和电动两种类型。导轨可嵌入地面或安装于地面之上，货架底座沿导轨运行，货架安装于底座之上，通过链轮传动系统使每排货架轻松、平稳移动，分为手动和电动，货物由人工进行存取。

重型移动式货架由重型托盘式货架演变而成，裸露式结构，每两排货架置于底座之上，底座设有行走轮，沿轨道运行，底盘内安装有电机及减速器、报警、传感装置等。货物由叉车进行整托存取，通道通常为 3 米左右，主要用于一些仓库空间不是很大、要求有限的利用空间的场所。

移动式货架适用于库存品种多，但出入库频繁率较低的仓库，或者库存频率较高，但可按巷道顺序出入库的仓库。通常只需要一个作业通道，可大大提高仓库面积的利用率。

三、智能拣选

新零售对"分钟级"物流的要求，迫使现在仓配系统中的拣选、包装及分拣环节提升效率。

首先，针对拣选环节来说。目前配送中心拣选人员的拣选效率的 KPI 指标大约是 180 件/小时，对于拣选效率较高的人员，可以达到 300 件/小时。一个拣选人员一天完成拣货作业的行走路程在 30~40 千米。从时间上看，完成一个订单所需的拣选时间大约占物流作业总时间的 40%，其中 50% 以上的时间都用在走路上。所以减少走路的无用时间，成为提高物流作业效率的一个重要问题。

对于传统的"人到货"拣选模式，可以采用电子标签辅助拣选、拣运机器人辅助拣选等方式减少拣选人员行走距离。而另一种"货到人"拣选模式就更直接解决了人员行走距离长的问题。目前，"货到人"拣选模式主要有 Miniload 轻型堆垛机系统、旋转货架系统、AutoStore 系统、穿梭车拣选系统、类 Kiva 机器人系统等。下面我们分别进行介绍。

1. 电子标签辅助拣选系统

电子标签拣选系统（DPS），是以一连串装于货架格位上的电子显示装置（电子标签）取代拣货单，指示应拣取的物品及数量，辅助拣货人员的作业，减少目视寻找的时间。不仅减少拣错率，更大幅提高效率。

目前大型配送中心常采用接力式的拣选方式以提高效率。拣选人员按照电子标签显示商品及拣货数量在货架上将货品拣入周转箱内，当一个区段拣货完后，将周转箱传到下一区段，接力完成所有拣货任务。

2. 拣运机器人辅助拣选系统

仓储拣运机器人是专门针对仓储研发的移动机器人，在货架和工作台之间工作，帮拣货员进行拣选和运送，简单来说，仓储拣运机器人就像传送带上的箱子，把一个区域的货物装在一个箱子里然后送去下一个区域继续装，直到这个箱子里所需的货物装完为止。有了仓储拣运机器人，拣货员就不用反复长距离地运送货物了。

拣货员只需要在货架前等待机器人的到来，根据机器人显示屏上的提示，拣选出订单内的所有货品，并放在机器人"身"上，随后，点击按钮，机器人便会自己将货品运送到打包区域。仓储拣运机器人的好处在于不需要改变仓库环境，部署十分便捷，因此，实施成本低。

3. Miniload 轻型堆垛机系统

Miniload 轻型堆垛机系统，与托盘式立体仓库 AS 或 RS 结构相似，但存储货物单元为料箱或纸箱，因此，也被称为料箱式立体仓库。该系统早在 20 世纪八九十年代便已推出并在欧洲得到广泛应用，目前技术相对成熟。由于堆垛机的货叉和载货台形式多达数十种，Miniload 系统具有广泛的适应性，是最重要的"货到人"拆零拣选解决方案之一。

在技术创新方面，Robot Mini-load 智能快存系统是一个典型代表。整个系统在无人操作环境下自行完成整箱入库、缓存、取货出库、拆零拣选、货物分拣、输送出库的整个作业流程。2016 年 "双 11" 期间，Robot Mini-load 系统凭借其高效率、低成本、易于维护等特点受到业内普遍关注。

4. 旋转货架系统

旋转货架系统与 Miniload 系统一样，均是非常成熟的 "货到人" 拣选解决方案，适合存储小件商品。随着对旋转货架系统的技术创新，其效率得到了大幅度的提高。

例如，胜斐迩旋转系统（Shengfeili Rotating System，SRS）在 "货到人" 的原则下，利用最小的空间进行高速订单拣选。高达每小时 1000 次的拣选频率。对比传统货架提高了 200% 的存储密度。

此外，旋转货架系统还具备高密度存储功能，可以实现自动存储、自动盘点、自动补货、自动排序缓存等一系列分拣动作。

5. AutoStore 系统

AutoStore 系统是由 Swisslog（瑞仕格）针对中小件商品存储拣选而推出的 "货到人" 解决方案，将货物放到标准的料箱里面，通过料箱堆叠的方式进行存储，可以有效利用仓库上部空间，在很小的空间内实现高密度存储。

AutoStore 系统还可以将高流动量的商品分配在离拣选站台更近的区域存储，低流动量的商品分配在远离拣选站台区域进行存储，从而实现拣选效率的最优。商品的属性会随着正常拣选作业的触发频率慢慢地分化出来，从而实现动态存储，提高拣选效率。

6. 穿梭车拣选系统

穿梭车拣选系统以能耗低、效率高、作业灵活等突出优势成为 "货到人" 拆零拣选的最佳方式，近两年得到快速发展和大范围应用。

快速穿梭车对指定原料箱进行快速取货，提升机和输送系统将原料箱送入 "货到人" 拣选工作站，人拣选后货箱返回原货架。该系统每人每小时可完成 1200 件拣选作业，大大提高了拣选效率。

7. 类 Kiva 机器人系统

随着亚马逊 Kiva 机器人的大规模应用，类 Kiva 机器人得到越来越多的关注和追捧。该系统高度自动化，可以大幅度替代人工，同时项目实施速度快，交付周期短，并且系统投资相对固定式自动化系统更低，更重要的是灵活性非常强，易于扩展，非常适用于 SKU 量大、商品数量多、有多品规订单的场景。

在这种系统中，货物被安排在存货货架上。当有订单需要进行分拣的时候，计算机系统下达搬运指令，机器人接收指令后，自动找到储存相应货物的货架，将其搬运到"货到人"分拣工位。分拣工位的操作人员根据计算机提示拣选货物。拣选完毕后，AGV 搬运存货货架到系统指定的位置。

拣选的智能化给物流效率提升带来巨大帮助，但从下单到收货，拣选只是其中一个环节，接下来还有一个重要的环节就是怎样让数以万计的包裹找到它该去的地方，也就是分拣作业。现在启用的智能分拣系统主要有两类：一类是流水线式的自动分拣系统，另一类是分拣机器人系统。

8. 流水线式自动分拣系统

自动分拣系统能连续、大批量地分拣货物，分拣误差率极低，可以基本实现无人化。

自动分拣系统一般由控制装置、分类装置、输送装置及分拣道口组成。

控制装置是传递处理和控制整个分拣系统的指挥中心。自动分拣的实施主要靠它把分拣信号传送到相应的分拣道口，并指示启动分拣装置，把被拣商品送入道口。

分类装置是根据控制装置发出的分拣指示，当具有相同分拣信号的商品经过该装置时，该装置可以改变商品在输送装置上的运行方向，使其进入其他输送机或进入分拣道口。

输送装置主要组成部分是传送带或输送机，其主要作用是使待分拣商品通过控制装置、分类装置，并输送装置的两侧，一般要连接若干分拣道口，使分好类的商品滑下主输送机（或主传送带）以便进行后续作业。

分拣道口是已分拣商品脱离主输送机进入集货区域的通道，一般由钢带、皮带、滚筒等组成滑道，使商品从主输送装置滑向集货站台，在那里由工作人员将该道口的所有商品集中后或是入库储存，或是组配装车并进行配送作业。

使用自动分拣系统之后，分拣作业本身并不需要使用人员，人员的使用仅局限于进货端的人工接货，末端的人工装货，人工控制分拣系统的运行，以及自动分拣系统的经营、管理与维护。

9. 分拣机器人系统

除了流水线式的自动化分拣系统，如今还有一种智能分拣机器人应用。

最热门的智能分拣机器人，黄色的顶部托盘可以自动翻转，因此也被昵称为"小黄人"。只需要人工将包裹放在"小黄人"身上，这些小黄人就能准确找到路径，并将包裹送到相应的区域。每个"小黄人"配有红外和超声波避障系统，在分拣途中，要是遇上"堵车"的情况，"小黄人"会自动停下来，还会自动改换更加便捷的路线，几百个机器人秩序井然，动作迅速。

"小黄人"会在一秒内用智能扫码功能读取目的地信息，运转速度也能达到 3 米/秒，每小时能够完成 18000 件包裹的分拣，其中包括扫码、承重及分拣三个操作。实践中它能够减少 70% 的人工。高科技的应用让物流如虎添翼，"爆仓"这个曾经压在快递企业头上的"大山"将被搬开。

四、智能化仓储管理与多物流机器人调度

1. 智能化仓储管理

"新零售"下的仓储管理，智能数据采集技术、自动控制技术、智能机器人堆码垛技术、智能信息管理技术、移动计算技术、数据挖掘技术等将被广泛应用。

智能仓储管理系统是运用软件技术、互联网技术、自动分拣技术、光导技术、射频识别、声控技术等先进的科技手段和设备对物品的进出库、入

库、存储、分拣、配送及其信息进行有效的计划、执行和控制的物流活动。

从图5-7中可以看出，外部系统指企业管理平台，如 ERP、MES、SAP、MIS 系统等。

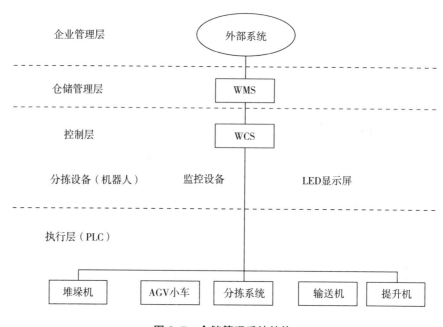

图 5-7　仓储管理系统结构

仓储管理系统整体分为仓储管理层、中央控制层及执行层三层。

仓储管理层由仓储管理系统组成，其上端与外部系统相连，也就是企业管理层。仓储管理系统（Warehouse Management System，WMS），解决如何快速管理库存、有效地利用库房空间、合理地安置产品品项、正确地执行仓储任务，为仓库和配送中心实现更快、更准确、更精细的数据管理提供系统支持。

中央控制层由仓储控制系统（Warehouse Control System，WCS）组成，是整个自动化立体仓库实现自动控制的中心，控制和监视整个自动化立体仓库的运行。包括接收并执行上位管理系统的指令；监视现场设备及各项业务的运行情况；设备（如堆垛机、输送机、分拣机等）之间的通信；对设备进行故障检测及处理。

执行层由可编程序控制器（PLC）对各设备进行自动控制，直接控制堆垛机、输送机、AGV等设备的状态，完成单机的自动控制以及与中控级的通信联系功能。

2. 多物流机器人调度管理

目前，大量机器人已经应用于智慧仓配系统中，无论我们前面讲述的类Kiva机器人系统、"小黄人"分拣系统，还是仓储搬运机器人系统，在智慧仓配系统中应用的机器人往往具有数量和任务规模较大、机器人并行作业、任务实时变化、环境变化等特点，因此，需要专门针对多物流机器人系统进行调度管理。

首先，我们了解一下多机器人系统（Multi-Robot System，MRS），多机器人系统指的是在一定环境布局下，按照固定的原则，可以和外界进行沟通的两个或两个以上具有独自完成简单任务的能力且机器人之间可以产生协作关系的机器人组成的系统。仓配系统中使用的机器人就是一个典型的多机器人系统。相对于单个机器人来说，多机器人系统具有以下特点：

第一，能够完成单个机器人不能实现的任务，例如复杂，并行的任务；

第二，提高工作效率，单个机器人在同一时间只能完成一个任务，多机器人系统可以在同一时间由多个机器人完成多个任务；

第三，对于复杂的任务，设计多个功能简单的机器人要比设计单个复杂的机器人更加简单与经济；

第四，系统升级简单，多机器人系统中加入新的机器人就会提高系统的性能，不需要对整个系统进行大的调整，也降低了系统升级的成本；

第五，鲁棒性、柔性强，如果多机器人系统中的单个机器人在执行任务时发生故障，其余的机器人可以通过协商继续完成任务，对整个系统造成的影响比较小。

其次，我们了解一下多物流机器人调度管理的任务，多物流机器人调度管理就是要统筹所有物流机器人的行为。主要有以下功能：

第一，任务调度。任务调度就是与机器人进行通信，从空闲机器人中选择一台，并指导其按照一定的路线完成运输的功能。

第二，路径规划。路径规划就是根据选中的机器人所在的位置，以及目标站点位置，对机器人的行进路线进行最优规划，并指导机器人按照规划路线行进（见图5-8），以完成运输功能。

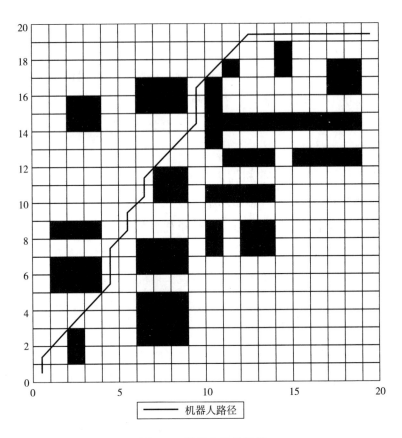

图 5-8　机器人路径规划

第三，交通管制。在某些特定区域，由于空间原因或流程要求，同时只能有一辆机器人通过，或者两辆机器人不能对头行驶，因此，需要调度系统对机器人进行管理，指导某一机器人优先通过，其他机器人再按照一定的次序依次通过。

第四，信号采集与动作控制。仓储现场有些设备需要与机器人进行物理对接，在此情况下，必须通过调度系统采集现场设备的运行状态信息，并且在某些时候需要发送信号控制现场设备的动作。

第五，机器人运行监控。对机器人的运行状态及任务信息等进行监控，对机器人行进路线与位置信息进行显示。对机器人突发情况进行响应处理。

第六，与上级系统对接。机器人调度管理系统的任务信息来自 WMS 或 ERP 系统，因此也要向上级系统反馈执行结果等信息。

物流机器人调度管理系统结合仓储管理系统，能够高效、准确、灵活地完成物流作业，提高作业效率和仓储作业的柔性，将是新零售物流的重要支撑。

案例 5-1

企业的分拣机器人

（一）亚马逊 Kiva[①]

亚马逊在 2012 年斥资 7.75 亿美元收购了机器人制造商 Kiva Systems，因而大大提升了亚马逊的物流系统。自 2014 年开始，橙色机器人 Kiva 开始在亚马逊配送中心帮助运送产品。这些机器人在仓库里把货物进行分拣，带到工作人员身边，方便工作人员对物品进行快速打包，因而节省工作人员在仓库里搬运货物的时间。

（二）京东分拣机器人[②]

京东 2016——华南配送麻涌分拣中心自动分拣机器人项目是立镖机器人与京东物流首度合作，推广应用智能快递分拣机器人。

该项目一期施工周期 45 天，一期工程抢在"双 11"之前完成并投入使用，整体工程在 2017 年 5 月完工，在京东 2017 年"6·18"大促期间，生产产能达到 12000 件/小时，单日处理包裹达 15 万件以上，充分体现了智能化物流的高效率。该项目共投入使用 280 台分拣机器人，日均产能达到 5 万件以上，主要针对 5 千克以下小件包裹进行目的地分拣。

---

① 资料来源：https：//baike.baidu.com/item/kiva%E6%9C%BA%E5%99%A8%E4%BA%BA/16343581。

② 资料来源：https：//baijiahao.baidu.com/s? id=1616489267398205819&wfr=spider&for=pc。

分拣机器人能够节省70%人工，实现了小件快递分拣自动化。这些分拣机器人不需两班倒，让分拣环节从6个减少到3个，投用后货物分拣效率更高，单小时处理能力能够达到一万两千件，分拣员工从300多个人减少到40多个人，减少了86%的人工，货物分拣更及时、准确，分拣环节的减少让货物搬运次数相应减少，货物更有安全保障。280台分拣机器人取货、扫码、运输、投货过程中流畅而平稳，忙而不乱，还能自动排队、自动充电，即使出现故障，维修时间也仅仅只需要20秒左右就能修复。

案例 5-2

"无人仓"和机器人仓库

（一）京东仓储管理系统和"无人仓"①

京东仓储管理的核心系统就是"WMS5.0玄武系统"。仓储生产主要包括"验收、上架、拣货、复核、打包、内配、盘点、移库补货"八大环节，库房内这些操作的每个动作都需要借助仓库管理系统（Warehouse Management System，WMS）进行管理。京东的玄武系统是京东WMS系统发展到5.0模式的里程碑式的定义，与配送的青龙系统并称为运营研发部的两大护法神器。如今，京东"玄武系统"已成为一套独具特色的仓储管理系统，下至普通库房的纸单作业，上至自动化立体库作业。

智能仓储管理系统的应用，可对仓库到货检验、入库、出库、调拨、移库移位、库存盘点等各个作业环节的数据进行自动化数据采集，并通过各种无线通道和手持终端及车载终端将采集数据实时上传至后台系统，保证仓库管理各个环节数据输入的速度和准确性，确保及时准确地掌握库存的真实数据，合理保持和控制库存。准确及时地获取库存信息对于"新零售"供应链至关重要。但就目前状况而言，物流与各项技术的结合并未实现较深的程度，仍然有较大的发展空间。

---

① 资料来源：http://baijiahao.baidu.com/s? id=1601412915204173324&wfr=spider&for=pc。

"亚洲一号""无人仓"位于上海市嘉定区，于2014年10月正式投入使用，总面积4万平方米，仓库内各种机器多达上千台。无人仓中，操控全局的智能控制系统是京东自主研发的"智慧"大脑，仓库管理、控制、分拣和配送信息系统等均由京东开发并拥有自主知识产权，整个系统均由京东总集成。无人仓的"智慧"大脑在0.2秒内，可以计算出300多个机器人运行的680亿条可行路径，并做出最佳选择。智能控制系统反应速度0.017秒，运营效率可提升3倍。在无人分拣区，300个被称为"小红人"的分拣机器人以每秒3米的速度往来穿梭，井然有序地进行取货、扫码、运输和投货。若出现常规故障，"小红人"能在短短30秒内自动修复；若电量低了，"小红人"会自动移动至充电桩旁边充电。

京东"无人仓"的特色是，京东采用大量智能物流机器人进行协同与配合，通过人工智能、深度学习、图像智能识别、大数据应用等诸多先进技术，为传统工业机器人赋予了智慧，让它们具备自主的判断和行为，适应不同的应用场景、商品类型与形态，完成各种复杂的任务。环环相扣的机器人配合作业，让整个流程有条不紊地进行，后台的人工智能算法指导生产，带来仓储运营效率的大幅度提升。"无人仓"智能控制系统反应速度0.017秒，300台分拣机器人以每秒3米的速度穿梭分拣，单日分拣能力达20万单。

(二) 阿里巴巴的全自动化机器人仓库①

阿里巴巴建立的全自动化机器人仓库，充分体现了智慧仓储的技术。其位于菜鸟增城物流园区，专门为天猫超市提供仓储和分拣服务，与别的仓库最大的不同是自动化程度高，从收到订单到包裹出库，除了条码复核其他环节均实现了自动化。

用户在天猫超市下单之后，仓库会收到订单并生成唯一条码，纸箱被机器贴上条码之后，将会被传送带运送到不同商品品类的货架，传送带轨道沿线设有扫描装置，通过扫描箱子上的条码，识别需要拣选的货品位置，来引导箱子的运行轨迹。快递箱到达指定货架时，会从动力传送带上

---

① 资料来源：https://www.xianjichina.com/news/details_33804.html。

弹出，拣货员扫取条码，其身后货架的电子屏就会亮灯，并显示需要装入的商品和数量，分拣员据此将商品放入纸箱之后接着再进入下一站。所有商品装好之后纸箱到达"收银台"人工复核和封装出库，再由物流服务运送给消费者。在所有过程中还使用图像识别功能识别拣货员的脸，保证货物不会被拣货员拆封和调包。

第三节 智慧运输

一、智能运输发展

智能运输系统（Intelligent Transportation System，ITS），日本、美国和西欧等发达国家为了解决共同所面临的交通问题，竞相投入大量资金和人力，开始大规模地进行道路交通运输智能化的研究试验。起初进行道路功能和车辆智能化的研究。随着研究的不断深入，系统功能扩展到道路交通运输的全过程及其有关服务部门，发展成为带动整个道路交通运输现代化的智能运输系统。智能运输系统的服务领域为：先进的交通管理系统、出行信息服务系统、商用车辆运营系统、电子收费系统、公共交通运营系统、应急管理系统、先进的车辆控制系统。"智能运输系统"实质上就是将先进的信息技术、计算机技术、数据通信技术、传感器技术、电子控制技术、自动控制技术、运筹学、人工智能等学科成果综合运用于交通运输、服务控制和车辆制造，加强了车辆、道路和使用者之间的联系，从而形成一种定时、准确、高效的新型综合运输系统。

1. 京东无人重卡

京东在2018年5月正式发布全自主研发的L4级别无人重卡，这款无人重卡长9米，高3.5米，宽2.5米，车厢长度约为14米，无人操作即可自动完成高速行驶、自动转弯、自动避障绕行、紧急制动等绝大部分有人驾驶功能。通过车顶车身搭载的多个激光雷达以及摄像头等多传感器融合，无人重卡可以实现远距离范围内的物体检测、跟踪和距离估算，自动判断并作出驾驶行为；通过采用视觉定位和高精地图结合，现有方案已经实现车辆的厘米级定位，即便在隧道中，也可精确通过。

京东同时指出无人重卡将改变未来长途运输形态，解决干线物流存在的耗时长、人工多、安全性低等问题，让干线物流具备更高的安全性和便捷性。未来京东将在国内建立基于 L4 级别的自动驾驶重型卡车网络，这些自动驾驶的重型卡车将承接北上广和京东七大区域中心在高速公路上的运行，完成干线上货运中转和长途运输。此外，京东还将在高速公路建设无人卡车服务区，当无人卡车要下高速进入城区前，可以进入无人卡车的服务站，由服务站内的司机去完成城区内的驾驶。

2. 苏宁无人驾驶重卡

苏宁无人驾驶重卡在苏宁物流上海奉贤园区也完成首次测试。苏宁的无人重卡载重 40 吨，不仅能自动规划路线行驶，还能轻松躲避障碍物，面对道路中突然出现的行人，它也能事先预警并从容停车。

苏宁提出，未来苏宁物流将打造"末端配送机器人—支线无人车调拨—干线无人重卡"的三级智慧物流运输体系，连同正在布局的无人仓、无人机，完成全流程无人化布局，实现无人物流技术应用的闭环。

3. 无人机

在干线货运无人机方面，全球首款吨位级货运无人机 AT200 于 2017 年 10 月 26 日在中国陕西蒲城内府机场成功"首飞"。该款无人机最大载荷能力 3.4 吨，有效载荷 1.5 吨。巡航速度 313 公里/小时，续航时间长达 8 小时，航程 2183 公里，同时还具有较强的短距起降和简易起降能力，即便是在草地，或者稍微平整点的山坡都能起降。

顺丰也设计了具有自主知识产权的大型物流无人机，该机翼展 20 米，机身长达 10 米，航速 250 公里/小时，最大航程约 3000 公里，升限 6000 米，起飞重量约 3 吨，载重 1.2 吨。

随着大型货运无人机的成功研发，未来有可能构建"大型无人运输机+支线大型无人机+末端小型无人机"三段式无人空运网，无人货机直接对接智能仓储，实现物流运输的智能化，实现智慧物流的闭环。

二、物联网下干线运输

物联网技术的快速发展对物流运输带来极大的改变。自 20 世纪 90 年代末，革命性的 RFID 标签问世以来，传感器技术已经走过了漫长的道路，它允许一个近似扫描器的设备读取标签上嵌入的信息，以便跟踪物品和库存。

现在，能够通过嵌入式传感器和传输器进行通信的项目以及连接的对象已经增长到数十亿，而分析公司 Gartner（高德纳）估计，到 2020 年，全球将有超过 260 亿件相关的事情。更乐观的是来自 Frost & Sullivan（弗若斯特沙利文）公司的预测，到 2020 年连接对象的总数将超过 500 亿。物联网一方面是物，另一方面是连，截至 2017 年底，我国已有超过 500 万辆载重货车安装北斗定位装置实现了在线互联，有大量物流设施设备利用物联网技术接入互联网（见图 5-9），以信息互联、设施互联带动物流互联，推动了中国智慧物流的深入发展。

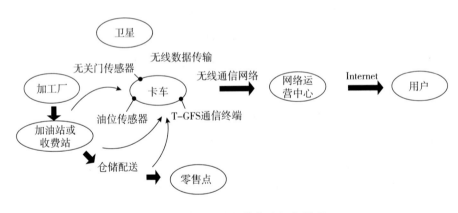

图 5-9 物联网下智慧物流运作原理

1. 从货物的角度

未来运输中将非常注重货物运输安全和增加货物运输可见度。目前，对货物运输跟踪需求较多地在冷链物流领域。比如对用于制造啤酒的啤酒花进行运输，啤酒花是一种挥发性作物，必须在产出后 12 小时内送进啤酒缸，否则它们会开始变质。在传感器的帮助下，现在能够在啤酒花厂和啤酒厂之间的每个阶段收集其货物的温度和湿度数据。这些传感器通过 GPS 跟踪每个货物的位置，并注意温度或湿度是否超出或低于可接受的范围。

除货物本身携带传感器实现实时数据传输外，技术的进步使货物装载单位，如个别托盘或货物箱，集装箱等也能以合理的成本进行跟踪，多式联运集装箱的跟踪越来越普遍。2014 年，有 180 万个货物装载单位，包括拖车、联运集装箱、空运集装箱、货箱和托盘在内部署了主动跟踪设备，这个数字预计在 2019 年前达到 580 万。海运业开始大规模地接受实时集装箱跟踪，最典型的例子是马士基航运公司，经过几年的试验，马士基航运公司的 290000 个冷藏集装箱现已连接。①

物流和运输公司正利用货物跟踪所产生的日益增多的数据，进行大数据分析，加速物联网工作，以提高生产率和客户服务水平。同时，有效的货物追踪将有助于公司确保遵守越来越多的全球监管条例。特别适合敏感货物如牲畜或易腐烂物，能够在收集和运输中使用数据，这些报告也将是监管机构的要求。

2. 从运输管理的角度

首先，对运输工具本身来说，任何类型的设备故障都可能危及产品的交付，增加运输成本并对工人的安全造成负面影响。如铁路运输，基于物联网的系统通过轨道上的一系列声学和视觉传感器预测设备故障并减少脱轨风险，监控火车车轮的健康度。再如，对于公路运输，通过物流车辆管理系统对运输的货车进行实时监控，可以监测运输车辆的速度、胎温胎压、油量油耗、车速等车辆行驶行为以及刹车次数等驾驶行为。通过物联网还可以维持车辆性能，持续监控车辆的健康状况，可以跟踪其维护和维修计划，以便使车辆不会遇到可能以任何方式损害交付的问题。

其次，针对运输的调度管理。对车辆的跟踪，意味着可以避免空车运输，确定卡车更高效的路由方案，并安排提货和交货的精确时间表。物联网将使停机时间和无效时间变得容易监控，由于操作和其他运营失误导致

---

① 资料来源：http://m.sohu.com/a/169607377_170557。

的损失也可以密切监测到。比如，利用实时数据，可以轻松跟踪移动资产，并将数据发送回中央数据库，以便其他人可以参考该数据来跟踪车辆的使用和交付地点。物联网还可以实现监控交通状况，以保持车辆行驶，确保交付不会延误。安装在交通信号上的设备有助于监控各个路线上的流量上的流量情况，通过记录每天流量高峰的时间来减少交通拥堵。这些设备可以让系统知道哪条路线适合该辆车，以及车辆应该避开哪条路线等。再如，目前已经提出了一种先进的 GPS 形式，即地理围栏。它使用特定区域的坐标捕获资产或设备的位置。可以记录卡车的实时数据。提高透明度和问责制使运输中的物联网更具成本效益并缩短了时间。铁道部已经成功实施了一个信息系统，其中采用了 RFID 技术，通过把 RFID 感应器安装到铁路、桥梁及一些关键的设施，利用物联网使现有的信息网整合起来实现对于铁路的设备、基础设施全面的管理，实现铁路运输管理的智能化。

目前，基于物联网技术对车辆进行调度管理最典型的就是车联网系统，车联网（Internet of Vehicle，IoV）是指车与车、车与路、车与人、车与传感设备等交互，实现车辆与公众网络通信的动态移动通信系统。利用物联网技术打造车联网系统，可以实现运输透明化管理，实现货运资源优化整合与最佳配置，提升货物装载率，降低货物返程空载率，实现标准化的定点航班货运管理，实现全面的联网追踪与追溯。

3. 从供应链优化的角度

物联网使我们可以随时知道那些装有通信设备物品的位置。这意味着可以很容易知道有多少货物、在什么地方、在什么位置，还有库存能见度。极大地辅助对产品供应链的构建。

物联网可以跟踪与库存、设备和车辆相关的数据，这将使实际数量的产品在正确的位置以及进行正确的运输。例如，利用 RFID 标签，供应链管理人员实时了解货物、卡车或集装箱的所在位置，能够确切地知道货物现在是位于太平洋的一艘货船上，还是刚从工厂完成打包。通过对供应链进行细致分析，再结合云计算和数据分析，可以实时提供预测模型，从而提高监控与接收货物效率，提高配置资产利用率，如卸载驳船所需的起重机或卸载卡车所需要的叉车等。

三、高铁快运

我国的高铁建设取得了举世瞩目的成就。2016 年，中国铁路总公司正式推出高铁快运业务，使高铁开始与物流行业联姻，标志着我国物流行业走进高铁时代。

根据我国铁路建设的长期规划：预计到 2020 年，我国高铁长度将达到 5 万公里以上，连接所有省会城市和 50 万人口以上的城市，覆盖全国 90% 以上的人口，高铁网络基本形成。遍及全国的网络形成，为高铁物流服务发展打下了坚实的基础，将使高铁物流服务更加密集，辐射面更广。

1. 高铁运送快递的方式

第一种方式是利用确认车来运送快递。所谓确认车，是为全天高铁开行进行检查、开路的第一趟空车，于凌晨开出、不载客，利用座位、过道等空间来运送快递包裹。经过几年的探索，这种方式已比较成熟，是高铁运送快递的最主要方式，据称一列车一次就能运货近 100 吨。

第二种方式是利用空载的高铁车厢来运快递。利用乘务员的工作间等地方，装载少量的文件快递或包裹，这是目前点对点城市间发送高铁小件的主要方式，但它的运载能力实在有限。"复兴号"列车上部分车厢专门预留了快递柜，以此来存放"高铁极速达"服务的快件。据介绍，每节车厢的快递柜可以放置 20 个高铁快运专用箱，一列"复兴号"最大的快件运输量为 1 吨。受车内空间限制，"极速达"单件物品重量不能超过 15 公斤，长度不能超过 55 厘米，宽度不能超过 39 厘米，垂直高度不能超过 40 厘米。

目前，高铁物流服务货品主要以多批次、小批量、高价值的品类为主，重点针对商务市场、电子商务市场、高端冷链物流市场以及其他贵重产品市场，包含信函文件类、商务样品类、网购商品类、冰冻生鲜类、生物医药类、贵重物品及精密仪器等货品，满足时效性较强的运输需求。

2. 高铁快运业务

当日达——为满足客户对快件高时效的需求，提供的城市之间当日收取当日送达的快递服务。当日达业务包含"省内当日达"和"省际间当日达"。服务时效：当日截单时间前所承接的快件，承诺当日 22：00 前送达收件人。

次晨达——城市间当日收取次日上午送达的门到门快递服务。次晨达业务包含"省内次晨达"和"省际间次晨达"。服务时效：当日截单时间前所承接的快件，承诺次日 11：00 前送达收件人。

次日达——城市间当日收取次日送达的门到门快递服务。次日达业务包含"省内次日达"和"省际间次日达"。服务时效：当日截单时间前所承接的快件，承诺次日 18：00 前送达收件人。

隔日达——城市间当日收取第三日送达的门到门快递服务。服务时效：当日截单时间前所承接的快件，承诺第三日 18：00 前送达收件人。

经济快递——为满足客户一般性时效需求，所提供的快递服务时效根据距离远近在 3~5 日送达（含寄送当天）的快递产品。

同城快递——为客户提供的取派件均在同一城市的快递服务。

高铁极速达——2017 年"双 11"，为满足电商、快递等企业电商货物运输需求，在继续开展"当日达""次晨达""次日达"等铁路快捷运输服务的基础上，充分发挥"复兴号"动车组的优势，首次在京沪高铁推出"高铁极速达"快运新产品，实现 10 小时货物送达客户，这也是目前中国最快的快运产品。

3. 高铁运送快递的优势

（1）速度优势。铁路公司充分依托高铁运输资源优势，相继推出"次晨达""次日达""当日达"等产品。高铁运输所受的影响因素相对较少，准点率比较高，能保证快递时效性。相比之下，航空运输容易受到天气影响导致航班延误，公路运输受堵车的影响比较大。因此，在 1000 公里左右的快递运输路线上，高铁具有很强的竞争力。

比如，中铁快运与顺丰速运联合推出的高时效快递产品：高铁"极速达"，利用"复兴号"载客动车组列车，在京沪两地实现异地陆运当日到达，甚至将时间缩短为 10 小时之内。客户只需上午 11：00 前发件，即可当日 21：00 前收件，实现真正地跨城快递陆运的"朝发夕至"。

当然，这种速度的实现也需要物流企业对现有模式进行调整，顺丰为此产品调整了自身的作业模式——去中心化，将集中中转改成地铁接驳直送高铁模式，实现高铁物流网络与顺丰快递网的深度融合，省去转运中心先集再散的环节，极大地提高了快递时效。顺丰收件之后，不在通过一些分拨点和网络，而是直接利用地铁去往上海虹桥站，或者是通过高铁到北京。当产品到达目的城市后，也不通过传统的分拨点层层下发，而是由快递小哥直接在车站取货通过使用便捷的地铁进行配送。这种"高铁极速达"模式去中心化，并且直取直送有效地缩短了产品流转过程，这种方式甚至能够在 10 个小时内就完成所有环节，效率堪比航空运送。

（2）成本优势。铁道运输是铁、陆、空三种运输方式当中成本最低的一种运输，根据统计，如果总货物量使用铁路运输的比例提高 1%，那么物流行业可节约 212 亿元。从短途运输当中看，汽车是最优的运输方式，但是从跨省和长途运输来说，铁路与航空比较好。航空和高铁运输均有时效保证，但高铁的成本仅为航空方式的 75%。

（3）流程优势。高铁技术的发展，让铁路不再是运行慢的一个运输方式，很多时候运输速度可与航空运输相比，同时还具有空间大、运行平稳、振动和摆动幅度小的优点，这样避免了航空运输的很多问题，同时利用高铁运输不再需要多次的转换环节，减少了货物的装卸搬运环节，降低了人工成本，也有效地提高了效率。并且高铁运输与铁路运输点很多都是相同的，运输过程中高速铁路运营部门有严格规范的操作程序，从运行流程与机制上将有效解决物流运输过程中的快递物品损失和货品短少等问题。

（4）网络覆盖优势。目前，全国很多城市都已建立了高铁，并且涵盖了很多三线城市，覆盖范围也远远超过了传统铁路站点。高铁构建的运输网络非常庞大，甚至在西北很多地区，包括内蒙古和新疆，快递也能够很快地进行派送。

以往因交通不便，网上购物时，消费者经常看到新疆被划入非包邮地区，包裹到手更是遥遥无期。而 2017 年，随着高铁网络的覆盖，新疆已被纳入"高铁快递区"，当地消费者能够快捷方便地收到邮递包裹。

4. 高铁快运面临的挑战

虽然高铁快运具有以上优势，但其面临的问题也有很多，当前高铁从设计、建设到运营，一直是围绕着运送旅客为核心，它代表的是一种中高端的出行方式。修建高铁等客运专线重要目的之一就是实现客、货分离，把大量客运转移到专线上，使原来的普速铁路的运能可以得到更大的释放，更好地提升货运效率。所以大范围使用高铁运送快递还有很长的一段路要走。目前的高铁站缺乏行包处理能力，更缺乏专门的货运物流基础设施，高铁中途短暂的经停时间也不利于大批量快递的处理。

对于高铁快运，有人认为凭借其速度快、准点、车站接近城市中心等优势，将成为快递运输的大通道；也有人认为受设计理念、运营机制、配套设施等影响，高铁在快递业的发展中影响是有限的。

案例 5-3[①]

GT 的智慧运输

车联网平台企业 G7 是一个智慧运输的典型案例。G7 用物联网技术将运输工具连接到一起，信息联通，数据共享。除了车辆本身的物联网之外，G7 基于大数据推出了三个机器人，分别是管车机器人、调度机器人和管账机器人。管车机器人是利用一系列技术，包括人脸识别、车辆状态监测等，实时掌握车辆、驾驶员的状态，并且 24 小时监控，把车辆事故率降到最低，最大化运输效率。调度机器人则根据 G7 自有的大数据对路线进行分析，并且根据路线、货物状态进行预判，合理调度车辆，最大化车辆运营效率，降低无货延误率等。管账机器人则可以利用 G7 车联网系统收集的数据进行账目核算，包括过路费、燃油费、驾驶员工资等。利用 AI 机器人技术进行账目核算可以提高计算数据精确性、科学性，并且利用大数据技术可以分析出车辆运营中的不足，给出解决方案，大大提升车队运营

---

① 资料来源：http://www.360che.com/news/180410/93027.html。

效率，降低成本。G7 主要提供的服务包括：

（1）面向大型企业客户提供综合解决方案。G7 帮助客户连接所有运力，数据化运力采购、运营、管理、结算的全过程，实现端到端可视化。为大企业客户提供公路运输相关的综合型解决方案。用最领先的车辆智能硬件技术，获取运输车辆的位置、发动机实时运行状态、驾驶员状态等多维度数据，通过对数据的分析帮助管理者优化管理，最终达到提升运输效率、综合经济利益等目的。G7 的大型企业客户已经覆盖快递快运、生产制造、合同物流等领域，值得一提的是，在生鲜冷链运输、危化品运输、汽车运输等高要求专业运输领域都可以通过 G7 提供的解决方案来保证运输安全和效率提升。

（2）面向车队型用户提供方数字化管车服务。G7 对于中国的公路运输来说，个体车队是主力军，他们面临的管理车队的难题，就是 G7 致力解决的问题。其以多年积累的企业客户服务经验和产品为基础，为车队型用户提供高性价比的产品和高品质的服务。提供一系列数字化管车产品，革新管车模式，改善司机驾驶行为，提升效率，降低成本。G7 还提供用手机进行管车——用智能硬件和移动终端相结合的智能便捷管车方式。不仅改善了司机行为，也在改变车老板管车习惯，基于数据帮助车队提高运营效率，保障运输安全。同时在移动端集成了车辆运营的周边消费服务，让车老板实现管理与消费一站在线解决。同时 G7 是国内唯一可读取、兼容不同品牌、型号卡车发动机 EMS 数据的第三方平台，G7 可以全方位管理车辆生命周期、油耗、安全和司机驾驶行为等，为更精细的车队管理提供了最极致的车队数字管理解决方案。

截至目前，G7 平台上服务物流企业超过 5 万家，连接车辆超过 70 万台，成为国内物流领域最大的物联网开放平台。其客户包括零售的超级平台，如京东、亚马逊等；垂直市场的巨头，如德邦、安能等；还有快递业巨头，如顺丰、中通和申通等。

除地面运输的变化外，航空运输领域也在发生变化。比如，在今年 4 月，东方航空进出口有限公司与 G7 在上海正式签订战略合作框架协议。东航拥有强大的航空运输网络，能够为用户提供全面配套的航空领域的飞机、供应链的商务服务，提升新零售物流服务质量。通过 G7 平台的高级天眼等智能设备关联货运飞机，可实现高端生鲜食品的温度全程可视、超温报警，实现对高精尖仪器的震动倾斜报警与监控，对运输途中的各种异常智能感知，保障空运特种货物的产品安全，及时高效地送至消费者手中。

第四节　智慧配送

一、新零售供应链下物流配送特点

物流配送是新零售模式下极致客户体验的关键，现阶段盒马鲜生的店仓一体，京东的众包快递以及每日优鲜的社区仓等极速配送服务，都是为了提升客户体验。同时在新零售业务中，物流配送是让客户的产品以最快的速度送达。

新零售模式下的物流配送有以下几个新的特点：

1. 更快的时效性

随着新零售的不断推广，消费者在购物之前更加希望能够对产品进行体验，在新零售模式下，可以在实体店体验之后直接进行提取产品，这样能够最大限度地满足消费者。在新零售模式下，不管是应用什么配送模式的企业，他们都在追求速度，不断缩短配送的时间。

天猫超市、每日优鲜 1 小时达服务，苏宁"SU FRESH 苏鲜生"精品超市，盒马鲜生、超级物种、7FRESH 都为超市覆盖 3 公里范围内的消费者提供极速达服务，聚焦更为精准的配送范围，配送时效性不断提速。

现在消费者对产品配送的时效性要求非常高，很多消费者想要的效果都是网上进行下单后，能够在半小时到一小时之间就能够送达指定地点，在这种社会背景下，有效地提升物流配送速度是企业之间相互竞争的关键。不仅对终端消费者配送时效性要求高，在 B2B 环节中，对物流时间和产品质量也有相应的高标准。在这个速度即一切的背景下，如何能够保证产品质量的前提下提高配送速度是企业面临的最大问题。

2. 更精准的配送

在新零售模式中，有直接配送需求，即在顾客下单后，企业直接进行配送；还有"预约配送"。很多消费者在购买产品时希望产品直接配送到家，但是由于上班等一些原因，家中不能确保时时刻刻有人，因此，消费者会选定一个固定的时间范围让商家进行配送，在这个时间段内消费者确保能够接收产品。这也从侧面反映出一个问题，就是消费者希望商家能够在合适的时间进行配送。

3. 更加自动化、智能化

随着社会的不断进步、科技的快速发展，在消费者不断提高要求的背景下，新零售业下城市末端配送会越来越自动化、智能化，主要体现在智能设备、智能决策，例如现在被广泛应用的智能快递柜、无人拣货、无人送货设备等。

4. 更加协同共享

物流企业要打破企业的围墙，不再从封闭的角度去思考这个问题，更多地去共享资源、协同作战。比如，2017年"双11"，天猫1682亿元的销售额刷新纪录，转换到菜鸟的语境下是创下历史新高的8.12亿个包裹。但神奇的是，消费者普遍感到"快递快了好多"。"双11"改变的核心，一方面是菜鸟作为智慧大脑起到了总指挥的作用；另一方面，在总指挥的调度下，不同的物流资源被有序地组织在了一起。这种协同，是一种基于全局视角的角色、任务再分配。

5. 更加社会化

新零售业下城市末端物流配送与传统的物流配送相比，更加需要整合社会资源，减少资源的浪费，例如众包快递就合理地利用了社会资源，将资源进行合理分配，缓解快递人员稀缺的问题。

"最后一公里"的末端配送对配送的高效准时要求越发地苛刻。末端配送质量已经成为新零售提升消费体验的法宝。这一领域必将成为新零售企业竞争的焦点。

二、新零售下"最后一公里"配送模式

现阶段，最常见的新零售业下城市末端配送模式包括以下几种：众包物流、无人送货、快递自提点、智能快递柜、店仓一体化、社区仓和微仓。下面将针对这几种不同的配送模式加以阐述。

1. 众包物流

众包物流即所有人都能成为快递员。众包物流是对现有配送方式最灵活的补充，其中典型企业代表包括达达、京东众包等。

众包配送的运作流程（见图5-10）：发件人通过App发布订单，软件自动核算快递费用，自由快递人抢单，成功派送后获得报酬。

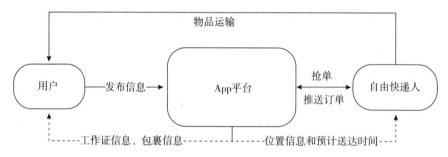

图5-10 众包配送运作流程

众包配送能够整合闲置资源、可以有效应对月均快递业务量变化，同时轻资产化运行，潜在配送员众多。

但目前这一领域监管机制不健全，行业仍处于无序期，行业壁垒低，可复制性强、竞争激烈，配送队伍整体参差不齐，服务质量无法保证，用户体验和产品安全也难以保证，且人员主要为兼职，稳定性不高，难以确保运力可持续。

2. 无人送货

无人送货，即利用先进的智能化、自动化的机器设备结合先进操控系统，将商品自动送达目的地。但该种模式现阶段还没有大范围的使用，阿

里菜鸟、京东、顺丰、亚马逊等国内外领军企业开始尝试用无人送货技术来提升配送能力。比如阿里的无人驾驶物流车，从一开始上门到末端的配送机器人小 G，到后来提供园区环境末端配送服务的小 G2 代，再到专注于提供街道环境末端配送的小 Gplus，阿里无人驾驶物流车一直在不断适应环境需求的进行迭代升级。

在 2017 年"6·18"期间，京东配送机器人在人民大学顺利完成了首单配送任务。其工作原理为：配送机器人通过双目传感器优化路线后，可自如穿梭在校园道路间，自动避开障碍物，全程无人跟踪引导。据了解，最新一台第三代小型无人车可放置 5 个快件，承重 100 公斤，充电一次能走 20 公里，一小时内可完成 18 个包裹的配送。

在无人送货领域，典型的装备是无人机，无人机是最佳运货工具，它可以飞直线，不用受地形的影响，更不用像汽车一样走弯路兜圈子。

在无人机配送这一方式上，美国的亚马逊公司可以说是最具代表性的伟大先驱者。2013 年，贝佐斯提出了名为"Prime Air"的无人机快递项目，初期主要是派送书籍、食品和其他小型商品，这一服务能让顾客在网购下单后 30 分钟内收到包裹，并预计将在 4~5 年内投入运营。2016 年 12 月，亚马逊完成了商业性的无人机送货的首飞。具体是在英国的剑桥给一位顾客送上了一包咸甜口味的爆米花和 Fire TV 电视盒。从完成下单到货物送达共计用时 13 分钟，整个过程无须人员操控，借助 GPS 完成定位，无人机送完货后自动返回。2017 年 3 月，亚马逊在美国本土某地完成了首次无人机包裹快递，具体货物是 7 罐防晒霜，总计重量约 1.81 千克。

无人配送也许将成为未来的主流配送趋势，但就目前来看，无论是无人配送车还是无人机，距离无人送货成熟还有很长的路，还有太多技术问题及法律法规问题需要解决。

3. 快递自提点

快递自提点是指企业在线下建立的客户收取包裹网点，企业将包裹运送到离顾客最近的企业设立的网点，然后由消费者到网点进行包裹的收取和提回。快递自提点已经是现阶段较为完善的配送方式。快递人员直接将快递送到自提点，无须送货上门，大大地提升了工作效率。快递人员将商品送到快递自提点后，消费者可以在任意方便的时间去取快递，不受时间的限制。

当前快递自提点主要有自建和加盟两种模式：一种是以菜鸟驿站为代表的采取加盟模式，这种模式，联合社区中的便利店，商户加盟的边际成本为零、迅速增加店铺流量并收取收入，但员工的素质参差不齐，很难达到标准化，服务质量难以保证；另一种是以顺丰到家和京东自提点为代表的采取自建模式，这种模式，企业出资挑选人口密集区域设点，成本更高但服务品质更有保障。

4. 智能快递柜

智能快递柜是一个基于物联网的，能够将商品进行识别、暂存、监控、管理的设备。而智能快递柜配送，即快递员将消费者的包裹放入智能快递柜中，系统将主动为消费者发送一条信息：包含取件地点和验证码，消费者可以在合适的时间到达智能快递柜输入验证码拿走商品。

快递配送过程中，最后100米占据快递派送耗时的50%以上，是提升快递效率的关键。另外，由于收发件与工作时间冲突，自领代收都不方便，存在用户收发件难的问题。智能自提柜营造"时空差"，接力快递配送最后100米，无疑是最好最直接的解决方式。

目前，智能快递柜已经调动多方参与，电商系（京东、阿里）、物流系（蜂巢）、第三方平台（速递易）等均涉足这一领域，目前已布局15万网点，初步形成了规模基础。未来，智能快递柜将作为社区生态圈的接入口，连接社区各种增值服务。无论是在物流两端的作用，抑或是增值服务市场，智能快递柜将凭借大数据分析、社区入口等关键身份，在更多场景中扮演着更重要的角色。

5. 店仓一体化

用门店做仓库，店仓一体化，即门店的货架就是线上的虚拟货架，门店集展示、仓储、分拣、配送为一体，以此来提升消费者的体验，高效服务周边的消费者，保证时效性来增强客户的体验。

现阶段应用此配送模式最典型的企业为盒马鲜生，其高效服务周边 3 千米的消费者，更是保证 3 公里 30 分钟的急送服务，增强顾客的体验。（盒马鲜生）不断提高消费和物流体验。盒马的供应链、销售、物流履约链路是完全数字化的。店面和仓库分属前台和后台，前后台通过数据的传输进行连接，在前台中能够接受消费者的网上订单，然后对订单进行分解转化传送到后台，后台仓库系统根据配送到个体的任务进行拣货打包，整个过程都是利用自动化设备与智能设备，这样能够保证过程错误率低，并且非常高效。

店仓一体化，实际就是把"前置仓"转换为了线下店，线下的贩卖渠道在这里，周边区域线上平台下单后，出货的货仓也在这里。这是资源结构非常好的模式，线下的零售可以覆盖存储货品的成本，线上的毛利基本直接转换成了利润。店仓一体化具体流程如图 5-11 所示，实体店的房顶上，是传送带，在线上下单的商品，在商店内进行包裹包装，由传送带运出。传送带的商品，通过传送带被运送到实体店外的发货区，配送人员拿到商品之后送到各个消费者手中，每一趟送 3~5 单，系统自动规划路线。

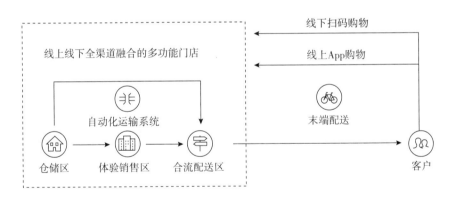

图 5-11　店仓一体化流程

店仓一体化以消费者为中心，构建 3 千米生活圈，甚至拉近了人际关系，达到了"让远亲更近，让近邻更亲"的家庭和邻里关系。这种全新的服务大范围地推广，被越来越多用户所了解，同时也被他们认可和需要。新零售企业在店仓一体化初阶段运营成功后，之后要扩大服务面积。同时，新零售非常灵活，是按消费者需求供应商品，而不是标准的、程式化的。在社区内精准化地营销、满足顾客个性化需求、优化选址和招商等方面实现升级换代，从而让新零售向更深层次发展。

6. 社区仓和微仓

社区仓和微仓是一种仓储前置的手段。这种方式是以城市为中心点，根据不同社区的日活量进行分析，形成不同规模的分拣中心，然后延伸到每一个社区，并且在社区内部建立仓库，让仓库能够覆盖半径 3 公里的范围，保证附近能够在 2 小时内进行产品配送。现阶段应用此模式配送的典型企业为每日优鲜。通过前置仓进行配送，因为配送距离较短，可以无须进行冷链处理就进行配送，忽略最末端的冷链配送。

前置仓的本质，就是围绕消费者、围绕市场的集中度来分布仓储资源。"前置"的含义，一定是包含精准度的要求。如何做到这一点，其背后需要大数据的支撑，这也与新零售一脉相承。

通过大数据对需求的预测，可以提前将热销商品、常销商品置于仓库内，当用户下单时，就可以解决用户体验的问题。这是一个基本的思路，至于前置仓的形式，可以灵活的变化。既可以是独立的仓，也可以是门店。

三、仓配一体化模式

新零售的发展，对仓储配送的要求不断提高，传统物流供应链已经不能跟上快速的社会发展。新零售涉及企业的方方面面，不是指企业自身具有核心竞争力就能够完成新零售，而是企业在保证自身新零售特色前提下，还要保证各个为自己服务的企业也具有新零售的理念，让整个供应链的连接都是在新零售基础上完成的。在这种认知下，仓配一体化成为物流配送的新方向。

现代物流的仓配一体化实质上是指在互联网下的仓储与配送的无缝结合。原来物流仓库和配送两者是相互分离的，仓库将采购进来的产品进行储存，没有与配送环节相互连接，这样就让配送时效性无法进行提升。仓配一体化的服务旨在为客户提供"一站式"仓储配送服务，通俗的解释就是订单后阶段的一体化解决方案。为更多的客户提供优质的仓配体验。

仓配一体化是仓和配的结合，在仓库存储功能的基础上，叠加车辆的配送服务，通过建设高效、安全、透明、经济、便捷的仓储配送体系，来提高物流运作效率，满足新型流通业态的发展需要。

仓配一体化的优势在于通过仓和配的结合，将订单预处理、执行计划、库内作业、发运配送、拒收返回以及上下游的账务清分等全部统一起来，高效完成客户作业需求，实现现代物流的"一站式"服务。

仓与配协同的最核心价值是降本增效。物流的效就是实体经济的本，"降本增效"的直接体现在于降本，但关键在于增效，一方面从仓储看，规范化的运营加上仓储管理系统的支撑，从而提高货物周转效率、降低库存积压、提升仓库作业效率；另一方面从运输看，通过信息化手段协同仓储，实现智能配载、可视化的在途管控，从而提升消费者的客户体验。

案例 5-4[①]

百世云仓的智慧物流

百世云仓是一种信息化产品，是百世供应链旗下明星产品，这种产品本质是一种技术，利用 EDI 和云计算等技术对仓库进行管理的技术。百世云仓的运作原理如图 5-12 所示。这种技术是运用大数据和云计算，综合了很多信息技术来对物流过程进行管理，包括对数据的处理分析，然后找到仓库存在的问题不断优化进行分单和实现组合配送。当前已经对很多企业都提供了帮助，有效地解决了企业无法满足订单的问题。利用百世云仓，能够实现从商品订单的接收、智能波次创建、订单分拣、到验货包装、发运出库等整套流程的智能化。旨在用 IT 手段设置云平台，与在电商销售的品牌企业形成合作关系，当消费者购买后直接接入到云平台，云平台依据消费者选择的快递企业下单，对无选择快递的订单，包括自己的快

---

① 资料来源：http://gd.qq.com/a/20161012/040950.htm.

递业务，自行分配给快递企业。百世云仓是互联网时代的高科技产物，是创新性的O2O模式，让商户不再需要投入大量的建仓成本，而是通过云仓来实现将产品销售到全国各地的目的，百世云仓对仓库进行订单的管理，有效提升仓库的使用效率，让所有订单都能够透明化，帮助企业有效降低仓配交接环节成本。

2016年，百世云仓已经覆盖了全国75个重点城市，共有130个云仓，160万平方米的仓储运作面积。根据资料，在订单率、库存准确率、发运及时率、发运准确率方面，百世云仓均达到99.99%。[①] 2015年"双11"，百世云仓处理的订单达752万单。在系统对接的基础上，使用信息技术对数据处理分析，利用算法找到最合适的配送方案，包括将车辆的选择等问题都纳入考虑范围，为品牌企业提供仓配一体化的"一站式"物流外包服务（见图5-12）。

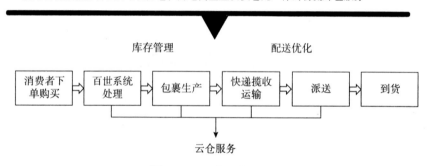

图 5-12　云仓运作原理

目前，云仓也成为各企业在智慧配送方面追逐的热点。截至目前，包括中邮速递、顺丰、百世、宅急送、天天、德邦等，均明确推出了自己的云仓产品。百世给出的云仓服务承诺提出：互联网时代的新物流体系必须包含"天网"和"地网"，即由互联网信息系统组成的数据传输和处理网络，以及遍布全国的仓配一体门到门运营服务网络。把两张网有机结合起

---

① 资料来源：https://m.baidu.com/sf_edu_wenku/view/3d6d1021777f5acfa1c7aa00b52acfc789eb9fbb。

来的是百世供应链产品和物流解决方案。

国内跨境电商、农村电商、新零售细分领域在不断迭代，一方面，它们都面临着多仓跨层级平台的需求；另一方面，消费者的购物需求不断提升，必定会促使更多的仓（门店）建立起来。随着互联网大数据时代的来临，仓储快速发展、用户体验苛求，进而只有实现仓配一体化，才能满足用户对时效的要求。

第五节 智慧物流管理决策

一、物流计划与消灭库存

1. 物流计划

物流计划是从供应链角度出发制订的综合方案，需要考虑到供应链中所有环节的衔接，并且对所有产品的流入流出以及储存时间都要有明确的了解，物流计划的制订直接影响供应链是否能够顺利流通。

根据数据并对数据进行处理分析，主要包括客户需求数据，目标客户群体数据，产品数据等，利用这些数据得出企业的采购计划和生产计划，并且对仓库的生产过程和物流过程进行分析，形成一个完整的物流计划，包括入库计划、出库计划、库存计划和配送计划等，并将物流计划与需求计划和供应计划形成无缝协同和对接。在整个过程中还要考虑到企业运营过程中各项规定，不同部门规定不同，比如盘点时不能出现错误等，为物流运营夯实基础。把握物流计划成功的关键要素，构建整体物流计划方案，完成快速有效的配送服务，合理应用仓库，让仓库能够满足订单需求，降低仓库之间产品调动的频率，这样也能够缩短配送时间，同时提升消费者满意度。如何在不提升物流成本的前提下还能够提高配送质量，是企业需要解决的首要问题。

2. 消灭库存

新零售下仓库要与配送相结合，这样能够帮助实现降低库存的目的。新零售下更重要的是减少仓库成本，同时有效提升产品配送时效性。只有将产品库存的成本控制下来，才能够真正地实现新零售。新零售时代的物流要更精准地预测销量，调拨库存，把货放到消费者身边，既可以降低企业物流成本，又可以增加消费者体验。

（1）线上线下库存无缝打通。线上线下的商业融合也要求线上线下库存的融合，包括 C2M 也是为了解决商业里面最重要的要素——库存问题。怎么能够真正把库存的效率，通过新的供应链的重构得到提升，最终真正实现零库存来满足消费者的需求。

无论是线上还是线下，在不同的渠道、不同的链路之间，货物的打通其实是非常难的一件事情。但是随着消费者需求的提升，体验的进一步提升，以及对于极端效率的追求，对于降低库存的诉求已经倒逼商业链路发生变化，必须能够打破原来线上线下之间的界限，打破原来线下的不同渠道之间的界限，真正地把库存流通起来，库存的高速周转才能够真正实现多个渠道的共享，才能够让库存加快流转，门店库存参与到线上销售的订单履行体系中，支持线上订单的门店自提或门店发货，降低门店库存压力，提高门店库存周转率。

（2）全局库存可视化。消灭库存还需要库存的全链路可视，传统零售很多时候在货物出工厂之后，信息就会有所缺失，至于渠道商、分销商、批发商把货拿去之后如何流转，在各个渠道之间库存放在哪里，销售情况如何，这个数据链已经不完整，没有完全链接起来。而在新零售的场景中重新链接线上线下或打通中间过程，就是希望能够把线上线下对于库存的完整链路能够打通，这样在库存离开工厂，一直到达消费者之前，不管它是在什么状态下，是在流转，还是在仓库里面，抑或在整个交付的过程中，都有非常清晰的数据，能够实时跟踪，进行实时调配。

（3）新制造与新零售结合。消灭库存，新零售还需要一个"新制造"，以前的制造讲究标准化，讲究可规模化，而以后的制造，则是要个性化。新零售和新制造，相辅相成，解决库存问题。以按需定制为特征的新制造与传统的制造不同，不再是产品做好了让客户选，而是首先需要把客户的需求数据化，其次按照客户的需求进行定制化生产。

菜鸟网络提出的第二个五年计划的第一点就是深入供应链"将数据技术应用于物流履约效率提升和供应链优化，物流将与智能制造环节打通。"这意味着，一方面，制造业制造什么、什么时候制造，会接受来自新零售端的数据指导，制造出来的商品会通过"智能物流骨干网"24小时送达中国用户，或者72小时送达全球用户。另一方面，制造业所需的原材料、元器件，同样需要物流，"智能物流骨干网"可以大幅降低社会化物流成本，进而降低制造成本，马云提出的目标是将中国物流成本占GDP的比重降到5%以下。

目前，利润偏低、产能过剩和出口遇阻让中国制造业出现了"以销定产"柔性制造的大趋势。当智慧物流深入到制造业，就可以大幅降低制造成本，提高制造业利润，最终实现零库存。

二、智慧物流决策

决策是人们为了达到某一目的，从若干可能的方案（或措施、途径、行动）中经过分析，选择最优（或满意）方案的行为，即针对某一问题，确定反映决策者的偏好目标，根据实际情况，通过决策论中的科学方法，从多个方案中选出一个最佳方案的过程。智慧物流决策主要包括以下内容。

1. 智慧运输决策

运输决策是整个物流决策中的一个非常重要的决策，对于许多企业来说，运输成本占整个物流总成本的35%～50%；而对于某些商品而言，运输成本占商品价格的5%～10%。因此，企业必须制定正确的物流运输决策，以降低物流成本，提高物流效率，扩大物流的经济效益。在智慧物流下，使用物联网技术对运输过程数据进行监测，通过成本构成或是时间构成的角度，建立运输路径规划，有效达到物流决策的目的。通过物联网技术在运输过程中的集成应用，可以实现整个运输过程的可视化、智能化实时动态监管。利用GIS技术、GPRS技术和RFID技术，能够对所有商品进行监测，包括产品状态、产品温度、周围环境湿度，还有整个运输的时间甚至对产品的运输路线都能够进行监测，这样可以调整配送线路，最大限度地提升产品配送效率。

2. 智慧仓储决策

仓储决策是指企业为满足商品在供需周转上的需求，同时占用尽可能少的资金而选择最佳的仓储方案。在智慧物流下，利用数据仓储技术将操作型数据集成到统一的环境中，提供决策型数据访问，可以让用户更快、更方便地查询所需要的信息。利用 RFID 技术将所有仓储流程以数据的形式保存，能够帮助企业对客户进行有效分析，对客户进行贡献度分析、群体划分、用户行为分析，并帮助制定市场营销策略；对业务流程进行优化，从产品结构和组合方式入手，对业务的发展进行分析，从而有效改进业务的流程；内部绩效考核标准化，通过数据进行的绩效考核没有人为因素的干扰，更加公正公平；有效规避风险，能够对客户流失进行测算，对上下游合作商的信用进行分析。

3. 智慧存货控制

存货控制即存货水平的确定，起着调节生产和销售或采购和销售之间时间间隔的职能，是物流决策的重要内容。在智能物流下，通过传感器技术，当存货数量低于某个数值时，系统可以自动发货补货，同时对销量进行分析，能够进行相应的销售和采购方面的智能调整。

4. 智慧配送管理

利用 RFID 托盘标签、RFID 货物标签、RFID 储位标签、温度传感器、光传感和读取设备等，能够有效加快配送中心作业流程的效率，从进货、验收、入库、存放、标示包装、分类、出货检查、装货、送货各个步骤进行优化，完成货物的合理调配，人员的合理分配。

案例 5-5[①]

阿里的菜鸟物流

物流无疑是新零售的核心竞争力之一，在每一个用户的订单处理背

---

① 资料来源：http://www.100ec.cn/detail--6263035.html。

后，如何实现看似简单的发货与收货，实际上在这背后隐藏着一套复杂的物流管理系统，本节课以菜鸟网络为例为大家展示智慧物流管理系统。

菜鸟物流是阿里推出的一个物流体系，综合来说菜鸟仍然是一种平台化的物流网络，这种网络是结合了顺丰和三通一达这几个物流巨头的一个平台，这样能够有效低三通一达建立自身网络节点的成本。并且阿里认为利用这个网络能够实现在24小时内产品送至全国各地的目标。在菜鸟网络中，不仅综合了各个物流网络的实体节点店，同时还综合了所有物流中仓库、干线物流和配送的所有网络。

菜鸟网络（见图5-13）根据天猫、淘宝的交易与物流信息搭建一个数据网络，称之为"天网"，并在分布全国的几大重要物流区域搭建起数个巨大仓储中心，称之为"地网"。最后"天网"配合"地网"进行"天地联动"，根据其信息大数据的优势，布置仓储、调配物流，在多个方面提高物流快递转运的效率。

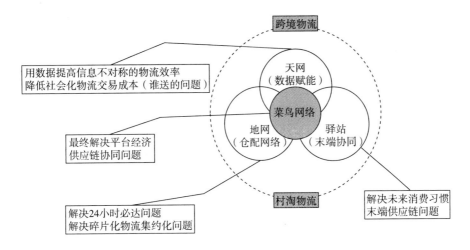

图5-13　菜鸟网路

基于大数据的中转中心、调度中心和结算中心连接阿里和三通一达等快递的系统，这样能够实现让买家购买的商品进行合并，即使是从全国各地不同卖家那里进行购买的产品。这样能够最大限度地降低配送过程中产生的费用，能够将物流成本降到最低、时间做到最快。

过去的 C 类或者小 B（C 类为集市店铺，小 B 为商城店铺）卖家都是从自己的仓库发货。而通过菜鸟网络，一方面可以统一运往菜鸟"地网"部署的中心仓，既减少了仓储成本，也节省了运输费用；另一方面也可以使商家在客户下单前就通过菜鸟"天网"的销售大数据库，用算法预测当地的出货量，并提前在相应的菜鸟"地网"大区仓库铺货，既节省了干路运输费，又缩短了整体快递时间。此外根据每一单商品具体的价格、时效等方面的需求，菜鸟网络自动匹配最适合的物流服务，从而从整体上提高服务质量。

如今，菜鸟网络逐渐将物流从"人工"转向"智能"，运输、仓储、配送等众多环节已经实现智能化作业，构建起智能化的物流配送网络。按照菜鸟网络的战略，将把过去的数据开放升级为技术能力的全面开放，帮助行业从局部优化升级为端到端的全局优化。

复习思考题：

1. 简答题

（1）智慧物流中最重要的环节是什么？

（2）在智慧配送过程中使用到的技术有哪些？这些技术分别有什么作用？

2. 论述题

（1）在新零售下如何应用智慧物流，请详细论述智慧物流的哪些方面能够帮助构建新零售供应链。

（2）如果是你进行智慧运输路线规划，你会从哪几个方面入手？请简述你规划智慧运输路线的步骤。

（3）目前你知道的"最后一公里"配送实例有哪些？如果是你，要如何改进这些"最后一公里"配送方案？请详细论述你设计的"最后一公里"配送方案。

第 六 章

新零售供应链智能客户服务

第一节　新零售供应链智能客户服务概述

随着新零售时代的到来，智能客服开始深入各个领域。当前，电商行业的客服需求主要集中在线上，以售前咨询和售后服务为主。由于咨询量大，重复问题多，且服务效果难以把控，因此，需要通过客服机器人减轻人工客服工作压力，提升用户体验，及时追踪和把握客服效果。对零售行业来说，无论是传统消费品牌，还是零售商超市，都对客户数据的积累和智能分析提出了新的要求，智能客服系统能够提升线下客服工作效率，用户画像、数据分析提升客户管理水平。未来，随着线下设备的智能化及自动化，企业对线下智能设备的 AI 交互也会提出新的需求，从而为智能客服企业创造更多的服务空间。

新零售供应链智能客服是在大规模知识处理基础上发展起来的一项面向行业应用的技术。它包含了大规模知识处理技术、自然语言理解技术、知识管理技术、自动问答系统、推理技术等，具有普适性。不仅给新零售行业提供了细粒度知识管理技术，还能够为新零售企业与消费者之间的沟通提供技术支撑。此外，还可以利用统计收集数据开展精细化管理。

智能客服适用于多种用户服务场景，可以提供用户服务咨询、业务查询办理、产品营销等方面的业务，给客户创造新颖的沟通方式。智能客服能够替代人工做一些重复的业务，能够回答一些基本的问题，有效减少了人工的工作量，降低企业的人工费用支出。

新零售供应链智能客户服务软件呈现出从上游基础设施厂商到上中游技术厂商、中游产品服务厂商再到中下游系统集成商的供应链构成，新兴的智能客户服务正通过 SaaS 和 AI 技术重塑客户服务行业的构成，如图 6-1 所示。

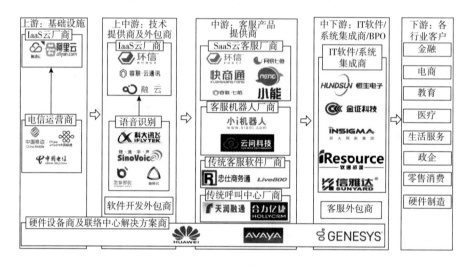

图 6-1 客户服务行业供应链构成

资料来源：鲸准数据。

通过图 6-1 可以看出，上游基础设施环节主要是由云计算厂商、电信运营商及硬件设备厂商构成。随着这种 SaaS 模式的逐渐普及，早期提供呼叫中心硬件设备的厂商已经延伸到中下游，为企业提供本地客服中心解决方案。

上中游技术提供商主要包括 PaaS 层云通信公司和 AI 语音技术公司。云通信公司为客服产品厂商提供上层通信和呼叫中心功能，智能语音技术公司为呼叫中心及产品公司提供语音识别、合成等技术支持。

中游客服产品提供商包括云客服、客服机器人厂商，以及成立较早的传统呼叫中心和客服软件厂商。不过，后者的份额正在被云客服公司蚕食。AI 方面，云客服厂商早期多使用客服机器人厂商的 AI 技术，近两年才开始自己研发 AI 技术，以提升对客服机器人核心技术的把控能力。

中下游的 IT 软件及系统集成商多存在于一些传统行业领域，产品公司要服务这些行业的大客户一般很难绕开集成商，或者需要与他们正面竞争。由于集成商在垂直行业中具有很强的客户关系和服务经验，因此，目前产业链地位仍然较强。

第二节　智能客户服务系统

一、智能客户服务系统架构

智能客户服务集成了语音识别、语音合成、手写识别、图像识别以及自然语言理解等多种实现人机交互的云计算框架。包含了很多引擎对接及使用形式，因此智能客服系统可以向用户提供语音、文本、图像等很多形式。例如，客户通过语音的形式提问，首先，系统使用语音辨别引擎，把语音转变成文本数据；其次，自然语言理解引擎分析这条信息，在知识库里寻找符合要求的标准回答；最后，采用调用语音引擎的方式，把文本数据转变成语音反馈给客户。

智能客服系统的设计理念是：系统由多个模块组成，没有刻意地分层，模块之间依靠标准的协议实现松耦合，这样系统的部署、升级，与其他系统的相互操作更加灵活便利。系统的核心模块是自然语言理解引擎，采用了多项自然语言理解关键技术，包含了客户提问及知识库文本的所有关键算法。渠道接口模块对接外部各种接入方式，支持文本、语音等交互方式。渠道接口模块有不同的具体实现方式，分别对应不同的接入方式。灵云智能客服系统特别提供了对微信公众账号接口的支持，已经全面实现了文本、语音的输出功能。通过调用语音识别功能，完美实现了语音形式的微信智能客服机器人的作用。

业务逻辑接口是与用户的业务系统进行互操作的模块，如完成实时查询和交易操作等。

人工转接接口可以实现智能客服和人工客服的互相连接。后台管理模块通常具有知识管理、参数管理、系统时刻监控和服务日志等一些相关模块。尤其是围绕一些服务日志开展的几个数据挖掘功能，包括新词发现、自动聚类分析及数据的热点分析。上述这些模块可以填补知识库的漏洞，有助于帮助运营者发现焦点。智能客户服务系统的技术架构如图6-2所示。

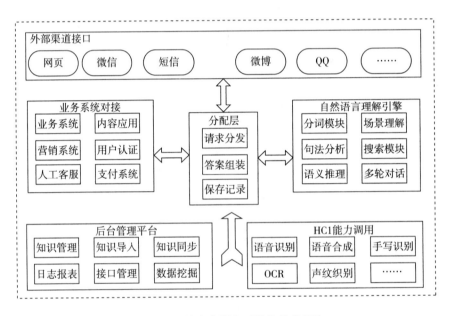

图6-2 智能客户服务系统的技术架构

智能客户服务系统支持与微信、短信、在线客服等系统对接，并可根据业务需求定制接口，完成其他系统集成对接工作。系统和微信平台对接后，用户用文本方式提出问题，腾讯服务器转发文本信息，通过微信通用消息接口传给自然语言理解服务器。用户用语音方式提出问题，腾讯服务器保存用户语音信息。腾讯服务器通过微信通用消息接口，提供语音ID给语音识别接口，语音识别接口从腾讯服务器下载AMR语音格式文件，语音获取并识别接口将文件通过互联网传给能力服务器，能力服务器将语音信息转化为文本信息返还给语音获取并识别接口，最后将文本信息提供给自然语言理解服务器。当用户用语音方式提出问题时，系统默认用语音方式回答用户。自然语言理解服务器将文本答案提供给语音合成接口，语音合成接口将文本信息通过互联网发给能力服务器，能力服务器将文本信息转化为语音信息并返回，语音合成接口将语音信息通过微信客服高级接口返还给腾讯服务器，腾讯服务器存储并返还语音信息给用户。

系统和短信平台对接后，用户上传消息到短信平台，短信平台调用自然语言理解引擎，自然语言理解引擎从知识库中找到答案后，返回结果到短信平台，短信平台返还文本消息到用户处。

系统和在线客服系统对接后，用户通过 Web 渠道提出问题后，在线客服系统调用自然语言理解引擎，从知识库中找到答案后返回给用户。用户有较复杂问题需要询问时，用户可随时转入人工客服模式，由值班座席在线服务。

转入人工客服模式的主要方式：用户用文字提问"转人工""人工服务""转人工服务"时，或者点击"人工客服"按钮后，系统将进入人工客服模式，同时也支持机器人多次无法理解用户提问后被动切换到人工服务。人工客服结束后，由座席人员再将该会话转为智能应答模式。

二、智能客户服务系统功能

移动互联网的发展及各类平台的涌现，使当今客服需求渠道日益丰富。除了早期的电话、短信、网页，还衍生出微博、微信、H5、小程序等新兴渠道。为了满足客户多种渠道的客服需求，目前主流智能客服厂商都可以支持全渠道客服接入。

在客服产品方面，主流云客服厂商已经形成了涵盖呼叫中心（呼入+电销）、在线客服、工单、文字+语音客服机器人等全方位的客服系统，满足企业服务、营销、协作等多方面需求。此外，由于各家公司技术背景、起步业务及发展重点的不同，会在产品功能上存在一些差异。一些公司会专注提供呼叫中心或客服机器人产品，在其他产品方面通过第三方合作或渠道商共同服务客户。智能客服系统功能及服务流程如图 6-3 所示。

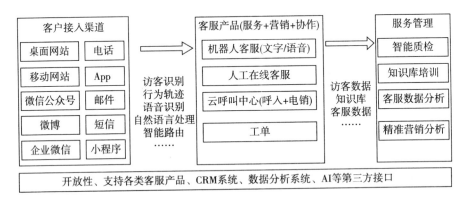

图6-3 智能客服系统功能及服务流程

为了帮助客户提高销售转化、实现精准营销，智能客服公司还会在接入环节追踪各渠道用户的浏览轨迹。随着客服需求进入呼叫中心、在线客服系统、工单系统或客服机器人，人工客服或客服机器人会对相应客服诉求进行处理。在此过程中产生的大量会话数据、行为数据、反馈数据一方面可以"反哺"客服机器人训练模型，提高客服机器人回答准确性和服务效果。另一方面，智能客服还能够提供基于这些数据进行用户分析，帮助客户听声客服效果，实现精准化运营。

除了提供丰富的接入渠道、良好的产品性能以及智能的数据分析，智能客服厂商还要保证整套客服系统的开放性。此外，客服机器人背后的知识库对于企业来说具有很大的复用价值，开放的知识库可以让企业基于知识库自行开发或对接其他智能产品，实现价值最大化。综上，下面对智能客户服务系统的主要功能进行进一步介绍。

1. 智能问答功能

用户通过自然语言方式提出业务咨询或查询类问题时，系统通过自然语言理解引擎进行语义分析，通过词法分析、句法分析、语境理解等自然语言理解技术判断用户意图，与原有业务节点的知识进行语义相似度和距离计算，从知识库业务体系中定位匹配节点，并根据接入渠道的不同，回复不同的答案。包括文本、图片或富文本格式的网页、语音、结果匹配度输出、链接推送、营销信息推送、关联消息推送、常用问候语推送等。

支持智能文本分词、文本输入识别、用户信息识别、拼音识别、全简称识别、敏感词识别、同义词理解、同音字错别字纠错、上下文语义分析、关联问题引导、模糊问题推荐、动态指令回复、关联营销推广、多维度多渠道应答、智能菜单导航、转人工座席、防攻击骚扰、记录客服交互全过程、自学习功能、满意度评价和调查问卷、拟人化聊天等功能并可通过业务系统获得动态的业务知识。

2. 知识库管理功能

系统的后台可以支持进行知识管理和数据挖掘分析。知识管理是指知识的维护编辑在知识管理系统进行，审核完毕后通过发布接口将各个渠道的知识内容同步给系统引擎。数据挖掘分析是指系统能够围绕任何时间节点的客户问询过程进行主动聚类分析。通常知识库管理员参考分析结果，能够寻找出当前知识库存在的问题，进而能够有目的性地修正知识点。知识库管理的具体功能包括领域管理、类别管理、维度管理、渠道管理、通用词库管理、专业词库管理、敏感词库管理、知识库管理、句式管理、情景管理、聊天库管理、业务知识管理、营销代码管理、机器人转人工问题管理、知识审核、知识精度配置、机器人测试、知识搜索等。系统的后台管理支持与第三方知识管理平台的对接，能够与深蓝海域等系统进行知识点一级的对接，既可以拉取也可以接受新知识版本的推送，实现了知识库内容的一点维护和多渠道发布的统一。系统的后台管理平台同时提供自有知识库维护功能，知识库管理员通过可视化界面进行领域设置、知识类别、知识条目、用户词典的管理，修改各渠道的不同回答内容等。知识库（知识点加各种词表）经过审核后可以"同步"到智能应答系统使知识生效。

数据挖掘分析是指运维人员仅通过服务日志很难全面了解客服知识库的覆盖面。是否有盲点、用户实际使用情况，以及对客服系统体验满意度和相对集中的反馈意见。智能客服对用户的使用行为进行数据挖掘分析，特别对所提问题和反馈意见进行文本挖掘。

3. 后台管理功能

智能客服系统支持多维度、多渠道的知识体系，针对不同的用户分组和接入方式提供个性化的回复内容，后台管理员可以灵活地将业务知识库与不同的机器人引擎实例和渠道挂接，做到同一知识库既可以在机器人之间隔离，也可以共享。同样，各种词库级的知识（如用户词典、同义词典、敏感词库等）也支持动态的挂接。系统的单一引擎实例支持多个逻辑上的机器人并行工作，在管理后台，可以对每个机器人分别设置个性化参数，挂接不同知识库内容。不同的机器人执行完全不同的应答功能。知识库按领域管理，即可复用，又可互相隔离，如通用知识库可同时挂接到多个机器人下，这些机器人又可再挂接各自的专用知识库。此外，后台管理平台提供任意时间段内的访问会话数和提问数统计、问题分布统计和用户满意度调查统计，提供实时系统运行状态监控，动态显示每个机器人的状态和流量。功能点包括知识管理报表、应答率报表、实时访问量、热点问题、用户资源等报表，以及对任意用户的消息查询和未解决问题处理报表。

第三节　智能客户服务系统实施

一、实施条件

实施智能客服系统前，应该将智能客服平台进行模块化的分解，智能模块化的方法可以从多个维度进行拆分，各维度可以相互关联、辅助。

1. 按照技术手段保障划分实施的任务模块

云技术模块：硬件方面需要对接前端和数据库服务器，采用集中云存储的方式，替代传统的一席一台全配置电脑。不仅能降低硬件采购成本，而且在信息安全和系统维护投入上也更加高效、可控。另外，还可以通过软电话集成到客服平台，降低话机的硬件配置成本。

大数据模块：对用户的账户数据、行为数据进行分析。把用户的精准画像在不同业务场景进行应用。模块化定制功能的使用和开发，还可以专项进行结果验证用以改进和优化使用大数据功能的不同场景，体现模块化灵活定制的特点。

BI模块：现有的一些系统或平台对于客服中心系统中有大量的指标数据和指标模型分析维度僵化，不一定符合用户的实际需求场景。业务场景的数据中指标定义不明确、数据项重复等情况，还会导致分析工作量过于繁杂。数据报表分析的智能化运用，通过客服平台模块化的管理，不同模块的数据指标的表单项可以进行自定义微调。

项目支撑：模块化的优势是灵活，高效，但也会貌似有些分散，那么我们用一个"项目大脑"把所有模块进行统一控制和调配。"项目大脑"不能是一个人，其需要的是技术、业务和有战略思维的专项小组，集合整体的智慧去完成系统需求或智能客服平台的建设。

2. 客服中心的岗位分工划分为不同的使用模块

包括热线业务模块；在线业务模块；智能客服模块；IT硬件网络模块；培训、质检、回访等不同的职能岗位模块。不同业务岗位使用的需求进行汇总和融合，不同岗位模块的需求在平台建设实施中可以按照紧急程度进行优先排序或并行设计。

具体需求上可以有：培训的私有云服务器的系统化搭建，实现碎片化、灵活性的学习文字、音频或视讯类知识；质检的智能语音、文字质检，提高质检覆盖率，智能判断从业人员在服务中产生的风险，进行及时规避；智能知识库的知识推送和客服辅助，减少客服从业人员繁杂的知识内容记忆，业务的内容输出可以做到一致性，客服辅助可以提供统一的客服规范，在可控的情况下允许客服个性化服务。

3. 客服中心的工作场景进行不同业务模块的划分

在业务知识体系下，将不同的业务和交互场景进行统一标准的模块拆分。通常可以按照产品维度对业务进行拆分，具体地说，可以对用户不同产品下的业务需求场景进行模拟化管理，如购买意向、售后咨询、业务办理进行场景的模块化整理。

不同业务模块可以提供匹配的技术模块的系统支撑；简单场景下简化客服的操作和业务判断，优化不同业务和场景的工作流程和步骤节点的页面呈现。例如，营销的业务场景，可以通过平台对接用户画像的大数据分析，进行精准的定位营销。通过针对性的营销提高销售的成功率和用户产品需求的协同服务。售后业务场景设计，通过用户的使用维度数据和产品的系统信息进行数分析，预判用户的业务需求，在客服平台配置用户需求信息的推送功能，通过来话弹窗，快速定位和受理并解决用户的问题。

在线自助客服的场景，用户可以通过网页、社交软件、手机客户端的多渠道咨询业务，自助办理业务。企业也可以通过模块化的场景设计对接技术手段进行营销，售后方面主动提供业务预办理或依托图像识别的智能技术直接在线完成业务办理。需要对提出的系统需求进行整体的规划和对未来的预判分析。

在项目的实施保障方面，风险预判越充分，在实施过程中遇到的阻力就会越小。由项目指挥小组统一分工，多模块协同工作，各模块分别校验工作成果，如有问题可以及时纠正单独的模块。

二、实施步骤

首先，要对系统需求的目标进行评估，实现效率优先、风险预判、价值评估。客服平台的规划和建设实施，需要客户中心从业的领军者有远期规划，将提高客户的使用感放在第一位。这其中的客户不仅包含终端用户，也包括客户服务中心的内部客户，同时需要注意的是效率优先不等于盲目上线。对系统需求的建设实施进行风险预判，严格管控项目实施环节和成果验证。平台的运行稳定性和低故障率是智能化客服平台能够成功的保证。对需求进行价值评估，有效的成本控制，保证系统需求的同时进行成本化管理，从而可以知道系统需求的建设和采购是否有价值。

其次，要进行业务知识准备，达到标准化、场景化和智能化。一个好用的系统或平台离不开完备的业务知识体系和内容建设。"打铁还需自身硬"，系统有限制的时候，以内容为王，一样可以服务好用户。运用知识管理的方法，使客服知识体系条理清晰，让客服人员用得顺手，客户容易理解。结合客服行业的共性，可以从四个维度模块（见图6-4）进行标准化、场景化和智能化的知识建设，在实践中告诉我们，模块化的平台建设方式需要有完备的业务知识体系做支撑，当然也可以在平台建设的项目中同期优先进行。

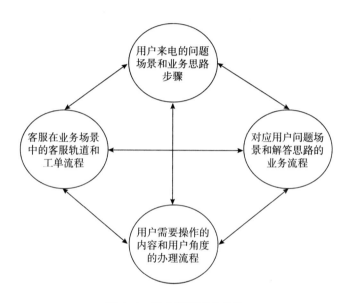

图6-4　客户管理四个维度

最后，应该了解企业的产品，进行行业交流，选择适合的平台模块设计。在系统需求的建设实施中，不仅需要了解不同客服产品的特点和优势，还要多和行业伙伴进行经验交流，对已经使用新系统或新功能产品的行业进行调研，结合自己的业务需求进行智能客服平台的设计规划，根据自己企业的岗位模块、业务模块、技术模块进行系统建设和产品选择。

智能时代，不是机器代替多少人；相反，在智能化的发展过程中，智能客服平台产品还需要依靠人的劳动，由人去赋予服务场景中更多主动性及服务性内容。依托于主动性、智能化的服务，智能客服能为企业创造足够大的业务发展潜力。智能客服平台的核心是尽可能多地优化人力结构配置，节约成本；使用户的问题得到高效率解决，同时还可以在特定场景的服务中产生精准的营销机会。无论企业自己开发做更好的服务工具，还是选择成为一款新的智能客服产品，都需要对应用场景进行设计，对技术潜力进行深挖，更需要系统产品贴近客服的操作和使用需求。模块化智能客服平台最终是让客户服务中心的从业人员的工作方式更加简单、高效，在智能、自动化平台实现更好的易用性。

案例 6-1[①]

智能云客服公司分析——小能科技

小能科技：于 2007 年成立，主攻零售家电、电商、汽车，用 SaaS 为大客户提供深度服务。

（一）覆盖领域及代表客户

电商：当当、寺库、魅力惠、蜜芽宝贝、酒仙网、万表网、跨境淘、上品折扣、360 商城、跨境网等。

汽车：东风日产、北京现代等。

消费电子：OPPO、魅族、酷派等。

家电：海尔、方太、老板、海信、奥克斯、小天鹅、欧普、科沃斯等。

零售：优衣库、立邦、君乐宝、顾家家居等。

（二）主要业务

在线客服平台：支持多渠道接入方式，快速响应用户需求，一键沟通，让企业与用户连接更加紧密。

工单系统：打通内部协同系统，让问题处理更加高效，客服可以根据企业用户需求，将工单一键转给相关部门。

客服机器人：可以提供无人值守 24 小时客服咨询服务，有效解答 85%以上的用户重复性咨询。

---

① 资料来源：https://www.weiyangx.com/269156.html。

呼叫中心：接受多种渠道呼入统一路由，排队等候，职能分配搭配座席人员，缩短用户等待时间。

移动客服：有效解决 PC 端客服咨询对于时间、地点的限制，同时随时随地 24 小时在线，不漏掉每一个潜在客户。

（三）优势及亮点

聚集了大客户深度服务，客单价高、毛利润高。积累了 104 项定制化功能，专注为大客户提供深度服务，因而，客单价高达 8 万元，毛利率 90% 多，同时复购率也保持在 80% 以上。

从互联网到传统行业，从线上客服延伸到线下场景。最早从电商等互联网领域切入客服市场，而后拓展到家电、汽车、零售等行业，并从线上延伸到线下智能终端服务，场景相对深入。

全行业客服 C 端数据打通，服务空间大，积累大量 C 端数据，实现了全渠道、全行业打通，这些数据可以用于企业服务更多环节。

复习思考题：

1. 简答题

（1）请简述智能客服系统的技术架构。

（2）请简述智能客户服务系统的功能。

（3）请简述智能客服系统功能的服务流程。

（4）请简述客户管理的四个维度。

2. 论述题

（1）请举例说出 5 个使用智能客户服务的场景。

（2）请选取当前使用率较高的两种智能客服类产品，结合用户体验要素（可从战略层、范围层、结构层、框架层、表现层入手），针对用户体验进行分析并提出优化建议。

第 七 章

新零售供应链金融

第一节 新零售供应链金融概述

供应链金融（Supply Chain Finance, SCF）是指将供应链中的核心企业以及和其相关的各企业视为整体，基于真实的交易环境和依托于核心企业，利用自偿性贸易的融资方法，通过应收账款或货权质押等方法对物权或资金流进行管控，为供应链中的各企业提供综合性金融产品或服务。供应链金融业务开展的基础是能够正常运作的供应链。由于供应链中的部分中小企业对于信贷的可获得性较弱，经常遭遇到"融资难"等问题。如图 7-1 所示，供应链金融的产生主要是解决中小企业的融资问题，从而推动整个供应链的可持续发展。

综上分析，供应链金融中的主要参与主体包含核心企业、电商平台和银行等，已有学者从不同主体进行了不同的定义。从核心企业这一主体出发，Gelsomino（2016）通过研究发现，供应链金融是核心企业通过充分利用其在生态圈中各种信息的优势，并对成本管理、成本分析和各种融资方式进行结合，以此达到资金的可得性和最优化的目的。从平台服务这一主体出发，供应链金融是依靠供应链自身实现融资以及进行交易结算，并最终达到对供应链成本优化的目标。其中，由技术平台实时提供的信息是成功融资的关键所在。从银行这一主体出发可以有多方面的阐述，一方面从开拓银行业务的角度看，供应链金融指的是银行将核心企业的高信用作为

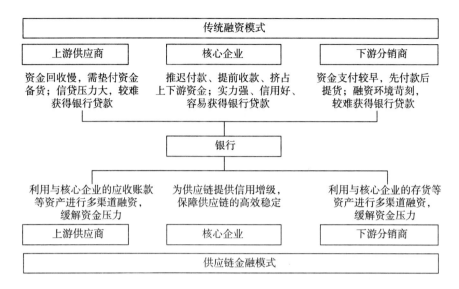

图 7-1　传统融资模式与供应链金融模式的对比

保证，从而实现在核心企业上下游的中小企业提供融资服务的模式；另一方面从供应链融资的能力出发，供应链金融就是通过整合供应链中所涉及的物流、信息流和资金流，从而让供应链中的中小企业较为容易获得全新的融资手段。

第二节　新零售供应链金融模式

一、基于大数据的新零售供应链金融

大数据与传统数据库相比，在对数据的获取、存储、管理及分析等多方面能力均具有大幅度的提升，大数据具有数据规模大、易快速进行流转、数据类型多样化和低价值密度等多个特点。在供应链金融中，大数据技术主要作用于整合资源信息、解决信息不对称问题、指引金融服务商业等方面。大数据利用大数据技术力图在供应链金融信用风险监控中有新的探索。

1. 匹配用户需求，设计个性化金融服务

大数据技术可通过数据挖掘匹配多种数据源，结合行业发展动态，精准把握中小企业需求，将企业寻找信息转换成信息主动寻找企业，为中小企业设计各种个性化供应链金融服务。

2. 完善交易征信，降低信息不对称

传统模式下征信及自动贷后基于的交易数据主要依托于静态、平面一点的财报数据，这一数据的参考性不高，存在人为加工等风险。大数据应用模式下征信及自动贷后基于的交易数据主要依托的是动态、可持续的财务数据源，其将对相关主体的财务数据、生产数据等多维的立体数据梳理分析，并交叉验证订单、结算、库存等明细交易。

3. 实现量化授信，精准把控风险

依托传统模式下征信数据所作出的授信决策存在单一、不准确、更新频次慢等问题。依托大数据技术后，对企业的授信可通过模型结合动态数据源脱敏处理、行业数据、外源数据，得出行情分析、价格波动分析，实现实时监控的分级预警、量化授信，精准把控风险。

4. 建立授信主体数据库，完善数据交互

传统模式下的供应链金融仅依靠核心企业客户订单数据，缺乏各环节的配合和完整的交互数据。大数据应用模式通过交易网关数据模式建立授信主体全方位数据库，从云端获取中小企业交叉数据，智能匹配中小企业进销存 ERP 系统，彻底摆脱核心企业硬性担保、占比份额等问题，系统地防范控制金融风险，实际缓解中小企业融资难题。

5. 提炼多维数据源，辅助参考决策

大数据技术可提炼授信主体高管个人数据信息，辅助参考值做出决策。通过日常生活的交易数据（如消费金额、消费分布信息）、社交数据（如微博、微信）来分析高管人员的特性、习惯，交叉验证授信主体的实际财务状况，预警授信主体实际控制人还款意愿。

6. 判断预期交易量，精准渠道分配

在对授信主体建立完善的全方位立体数据库后，结合行业数据源，通过相应分析模型可预测出相应的供应链上各数据相互影响关系。各联动变动规律，把一定时期内的消费和流通作为常量，将最大限度地预测终端消费量的变动对供应链各数据源的影响，判断预期交易量，判断渠道、市场的分配量，实现流通和消费的打通，最终提升供应链管理的效率。

7. 优化风控技术，实现高效自动化

大数据技术从机器人终端采集企业数据到数据清洗、数据整理分析全部通过计算机完成。大数据技术应用模式下的风控预警依托的是实时更新的交易数据、实时追踪的风险测算结果。一旦触发风险预警，有足够的时间采取措施转移风险，如要求授信主体提供第三方担保、承诺差额支付等强制增信措施，或金融机构及时进行资产保全等。

大数据对企业的重要性已经得到了理论界和实践界的广泛认同，然而，大数据如何应用于商业决策仍是一个亟待解决的问题。任何大数据的分析都是为了解决关键商业问题，实现商业目标。在大数据应用中，需要综合运用定量和定性的方法解决相关问题，并预见可能发生的结果，大规模数据分析和相应知识的确定和分析密不可分。

由于供应链金融是通过各种金融性行为，包括融资、立足于多利益相关方建构的网络，来优化商业流程和经营行为，促进产业与金融的融合，产生产业与金融的倍增效益。因此，通过充分利用大数据的优势可以更好地了解主要利益主体，尤其是对企业的经营能力、信用水平和潜在风险等进行详细的考察。经营能力是了解和掌握服务对象在市场和行业中的地位，以及表现出来的竞争力。供应链金融的服务对象往往不具备资金、资产和信誉。然而需要"有技术"和"有订单"，技术代表了该企业的核心竞争力，订单则代表了企业市场拓展的能力。总体来讲，判定企业的经营状况可以从"硬能力"和"软能力"两方面来分析，"硬能力"在理论上成为一个组织和企业的显性能力，即可以记录，无须讨论的事实性的能力知识；而"软能力"也可称为隐形能力，即无法明确化，需要面对面交流

沟通才能传递的技能（Wyatt，2001）。具体讲，运用能力网格表征如图 7-2 所示。除了经营能力外，大数据分析的另一个重要目标是分析判断供应链中服务对象的潜在能力。也就是说，不仅要分析一个组织已经表现出来的能力，还要关注其未来具备的能力。这就需要从动态的角度，分析判断企业"硬能力"和"软能力"的培育能力和发展趋势。培育能力指的是企业采用何种手段或者路径去获得或拓展软、硬两种能力，而发展趋势则是判断企业在连续时间段内在两种能力上的发展程度。

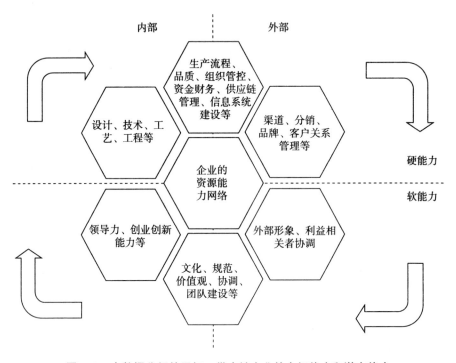

图 7-2　大数据分析的目标：供应链企业的市场能力和潜在能力

大数据分析的第三个主要目标是分析判断供应链参与主体，特别是融资对象的潜在风险。企业风险即潜在造成企业运营目标与期望存在偏差的负面事件发生的概率。企业在制定发展目标以及在实现目标的过程中都会经历各种风险，需要通过大数据分析了解企业可能存在的各种负面影响因素。具体看，需要分析了解的风险主要有五大类：一是运营风险，是指企业发展过程中会因为复杂和多变的外部环境以及企业对环境适应的限制，从而使其运营没有朝着预期的目标进行以及由于未实现目标而产生的损失；二是资产风险，是指企业在运营时会面对各种不确定因素，既有外部不可控因素，又有内部人为因素及其关联条件引发的与目标偏离，而使公司信誉、资金、收益等遭受损失的可能性；三是竞争风险，是指企业由于外部的因素或者能力不足或者失误，使企业在竞争和经营过程中，实际达到的目标与期望达到的目标相悖的概率；四是商誉风险，是指组织目前在所有利益者各方心目中的地位以及在当前环境下的运营能力和形象受到损毁；五是战略风险，这类风险是影响整个企业的发展方向、企业文化、信息和生存能力或企业效益的各类不确定因素。上述五类风险都是新零售供应链金融有效率和有效益运行发展的威胁。因此，需要借助大数据分析，了解相关主体可能存在的这五类潜在风险。

收集分析什么样的数据关系到能否真实地把握分析对象的状况，判断合理的供应链行为，并且指导和规划行动。从原则上讲，新零售供应链金融中收集分析的数据也需要体现准确性、一致性、及时性和完整性。准确性指的是手机分析的数据能够切实地用于分析刻画融资对象的状况，帮助焦点企业掌握融资对象的真实能力；一致性是指数据应当具备稳定的表现形式，不会出现不同对象、不同时间、不同地域同一信息具有不同的表现形态；及时性是指能够获得最新的数据，最及时地分析反映融资对象目前的状态；完整性要求能尽可能地获得各种多样性的数据，通过对这些多来源、多形态的数据进行整合分析，能够完整地刻画融资对象的全貌。为了实现上述目标，在新零售供应链金融活动中，需要关注和获取的数据主要有以下几种类型。

一是时间和空间的数据。时间数据又可被称为时间序列数据，即指在不同时间点对某一事物或现象进行观察所获得的数据，以此反映同一现象或事物在不同时间点或时间段的数据序列，这类数据反映了某一事物或现象等随时间的变化情况，诸如，融资对象连续若干时间段的信用变化、供应链所在行业的市场变化、交易商品的价值变动等。空间数据表明空间实体的形状大小或者经营主体的位置和分布特征，是一种用点、线、面以及实体等基本空间数据结构来表示人与人、人与物、物与物相互依存的数据，例如，质押商品的空间位置和分布、供应链参与者的网格位置和状态等。

二是主体和客体的数据。主体指的是供应链活动中的参与者，掌握这些行为者的数据对于把握他们的能力和相互关系至关重要，这类数据涵盖了他们的资源、能力、信用等各类信息。客体是指行为主体的经营目的物，诸如商品、生产工具等客观存在的事物，这些目的物的信息间接反映了行为主体的能力、行业状态或风险大小。值得注意的是，不同的业务场景或者管理要求，相对应的主体和客体数据具有差异性，例如在库存管理、运输管理或者客户与供应商关系管理中，对应的主体和客体数据都有其特定的数据形态（见表7-1）。

表7-1　不同业务情境下的主体和客体数据

数据类型		库存管理	运输管理	客户与供应商关系管理
客体数据	经营活动	如何将销售领域的数据与消费者数据结合，提高预测精度，或针对特定购物者需求准备存货	如何利用现有的销售领域数据指引运输和转运安排；如何将销售数据与消费者数据综合运用于集并转运	如何从海量资源中获取特定销售数据以及增强供应链可视度以及信任和伙伴关系管理
	位置和时间	如何将感应数据用于店铺位置管理和部门商品销售规划管理	如何将物流中心的感应数据应用于期望的运输要求管理	如何将购物者的位置和时间数据运用于联合陈列和销售规划管理与活动
	消费者	如何将购物者脸部识别、情绪识别以及眼球识别数据运用于商品品类管理和货架管理	网上购买和配送偏好数据如何运用于运输方式选择和承运商选择决策	如何将客户情感数据，诸如Likes.com和Tweets.com关于产品评价的数据运用于联合预测

三是要素和情感的数据。要素是供应链运营中所需要的各种社会资源，是维系供应链运行及市场主体生产经营过程中所具备的基本因素。传统的要素包括土地、劳动和资金，而在新零售供应链中，新的要素包括信息、平台和知识。信息是供应链参与者信息系统的建构。管理和运营的基

础和能力；平台是指一种虚拟或真实的交易或服务场所，依托于这种场所，所有的供应链参与者相互作用，促进商流、物流和资金流的协同与整合；知识是概念之间的连接，是一种综合化的、体系化的经验、数据和信息，它包括供应链参与者所具有的各种显性知识和隐性知识。除了要素数据之外，情感数据也是新零售商供应链金融需要关注的数据类型。情感是态度的组成部分，是态度在生理层面表现出的一种复杂却平稳的生理评价和体验。这种情感数据对于新零售供应链金融来说，往往不仅能够让焦点企业了解供应链某一参与主体当时的体验，而且还能间接知晓其行为特征和环境状态。例如对驾驶员情绪数据的分析，能够让焦点企业判断承运商运输服务的质量（诸如运输安全）和成本（交通处罚、燃油使用等）。

四是单点数据指的是某个特定的供应链参与主体发生的各类数据，包括交易数据、物流数据和资金流数据。网络数据指的是某个特定的参与方所嵌入的网络或者集群数据。网络和集群对于企业会产生促进或者制约的作用，产业集群通过配套产业的协同、专业化的劳动力市场、知识外溢等因素对企业的竞争力和创新产生重要的作用。因此，充分了解供应链参与者所在产业网络和集群的政策、结构、业务状态以及竞争力等，对于判断行业和企业竞争力具有重要的作用。例如，在中国不同的地域形成了各具特色的产业集群，这就需要了解该产业集群聚焦的行业或产品、产业集群的规模、国内国外市场的状态企业之间的配套和互动、产业集群的技术能力和密集度、特定企业在集群中的位置和能力、特定企业与其他企业之间的联系方式等。

与获得什么样的数据相关联，互联网供应链金融大数据分析中还有一个重要的问题是从哪些地方获得数据。这需要考虑各种数据来源的直接和间接渠道（见图7-3）。直接渠道是依托焦点企业与相关利益者所建构的智慧供应链或者网络链，或者公开的社会化网络和平台，借助相互之间直接发生的业务往来以及市场化行为获得相应的数据来源。这类直接渠道包括供应链运营系统、金融信贷机构和一部分关联服务组织。间接渠道是依托其他组织或自有的网络平台，通过焦点企业的努力，借助一定的手段和途径所能获取的数据来源。这类间接渠道包括政府管理部门、经营与生活服务部门以及其他一些关联服务组织。

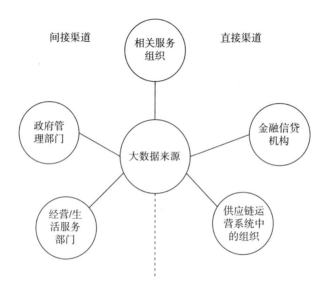

图 7-3 新零售供应链金融大数据来源

由于新零售供应链金融大数据分析的目标是全面辨识融资对象的经营能力、潜在能力和潜在风险。因此，在分析的时间点上就需要既考虑历史数据，又考虑实时数据甚至将要发生的数据。历史数据是过去已经发生的数据，这些数据反映了企业曾经拥有的能力状况，对他们的挖掘和分析能够帮助焦点企业判断特定对象已有的基础，以及风险承受能力。然而，值得注意的是，仅仅有历史数据是不够的，这是因为历史状态不一定能代表目前和将来的状态，加之产业和市场的变化可能使企业拥有的资源和能力得到增强或丧失。因此，新零售供应链金融中更注重对实时及将要发生的数据进行分析。实时大数据分析是指分析大体量的数据，利用大数据技术对其进行快速且高效率的分析，实现对实时数据分析的效果，从而及时反映数据的价值，把握目前和即将发生的供应链经营状态。显然，要实现实时数据分析就需要做到数据实时采集，数据实时计算和数据实时查询服务。要真正实现数据实时采集首先需要保证采集到完整的数据，并在情境中提供实时数据，实时性对响应时间要求甚高，延迟时间需要用秒级单位衡量。实时计算和查询就是需要对所捕捉到的实时数据进行分析，尽量获得对用户有利的信息，并将此消息发送到业务部门以供查询了解，并作出相应的决策。电商平台实时计算流数据分析可表现为如图 7-4 所示的结果。

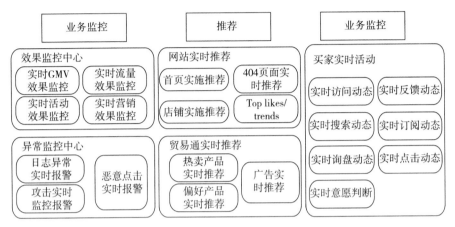

图 7-4　实时计算流数据分析举例

数据获取的途径是大数据分析运用过程中很重要的一个方面，要获取相应的数据，焦点企业需要考虑和布置多样化的途径和手段。具体来讲，大数据获得途径主要有：通过业务的底层化运营沉淀积累数据；通过第三方获得相应的数据；通过公共渠道获得特定数据；通过物联网以及云计算模式来获得数据。

二、基于信用的新零售供应链金融

当前我国的供应链金融业务开展是以银行为主体，主要基于供应链中核心企业的信用替代而维持运行的，在中小企业的融资现象中表现得更为明显。即当中小企业需要从银行获得融资时，则需要首先和银行认可的一家大企业具有业务来往，以此得到"某种资格的认定"或者借用大企业的信用，从而获得银行认可的资信。其实质是中小型企业通过与大企业进行合作并利用大企业的信誉来稳固和银行的信贷关系并获得间接的信用担保，并最终得到银行的融资。

虽然在其发展过程中，基于供应链管理建立了"1+N""N+1+N"等业务关系模式，然而，这种融资组织管理方式的效果是使更多的金融资源向那些核心集团性企业归集，一般会无形中放大核心企业的信用，从而增加对供应链中涉及的企业的授信来创新和发展该业务形态，由此往往会扩大信贷风险的聚集扩散效应。

我国的供应链金融创新主要有以下两种模式，一是依靠传统商业银行业务创新的结构性贸易融资业务模式，二是依靠供应链管理中银行与第三方物流企业（3PL）合作的供应链融资模式。这两种创新模式能够解决供应链金融业务发展中的众多问题，但目前也显现出发展创新动力不足的态势。当前环境存在的两种融资模式中，银行通过充分了解企业抵押物（或质押物）、企业净值、销售情况和承销商等多方信息来控制风险，但是在实践中银行要获得所有的详细信息需要耗费大量的人力、物力，并且其操作远远超出了银行的日常业务和专业范围。

新零售供应链金融模式下，供应链参与主体形式多样，所跨越的行业和地区较大，对供应链管理的难度不断增加。为了衡量企业的信用，应该充分利用物联网、大数据等信息技术，通过企业 ERP 和 EDI 等系统的有效利用，建立银企管理平台，对供应链上的产、供、销企业和信息、仓储、物流、资金等活动进行实时的监控与管理。构建好信用管理技术平台，就能够加强供应链管理的信用环境建设，为供应链金融业务创新提供有力的信用管理支持。通过建立中介信用机构，建立供应链产业的新型中小企业投资机构和信用担保服务机构，以此来不断完善社会征信服务体系。

案例 7-1[①]

"京小贷" 供应链金融模式

京东金融于 2014 年 10 月面向开放平台商家推出"京小贷"创新金融

---

① 资料来源：https：//www.sohu.com/a/233965687_100091163；https：//www.jianshu.com/p/a13e0f692f71。

服务。"京小贷"是京东金融专门为京东开放平台商家推出的创新产品，提供无须抵押的信用贷款。它根据商家在京东的经营情况进行信用评级，提供授信额度，并有多个数据模型控制贷款流程及贷后监控，具有贷款便捷、全线上操作、有竞争力的贷款利率、个性化还款方案等特点，最长借款周期1年，最高额度200万元，有效解决商家流动资金紧张的问题。目前，"京小贷"实现了对京东体系内供应商和商家的全覆盖，累计为超过5万个店铺开通了贷款资格。具体服务模式如图7-5所示。

图7-5 "京小贷"供应链金融服务运营模式

"京小贷"模式存在三方面的创新：一是极速放贷方面，在数据环境下依托客户历史交易记录、资信等进行风控模型评估授信，最高授信200万元，期限不超过一年，无须客户提供抵押担保。1分钟内完成可融资额度下的放贷服务。二是产品联盟方面，"京准通"服务在商家进行京准通投放过程中增加"小贷"支付通道，实现"小贷"代充功能，并通过免息优惠等方式加大对客户广告投放的补贴支持。"京东钱包"服务为优质POP店铺提供C端面展示，有效提高产品订单量。三是客户激励方面，通过积分体系实现客户行为奖励机制，如图7-6所示。

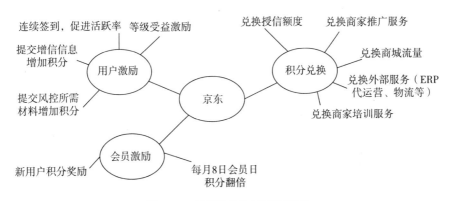

图7-6 京东积分体系运营模式

三、基于价值生态的新零售供应链金融

供应链管理活动是由采购、分销等传统的作业管理活动发展而来，随着环境和管理手段的变化，供应量管理已经发展为一种综合性的流程管理活动，即通过建设信息共享平台并在企业之间进行充分的信息共享，以此对产业链中所有相关企业进行协调，这也是建设信息化平台的终极目标。特别是近年来提到的产业生态的概念极大扩展了供应链的范畴。产业或商业生态借助于生物科学的概念，在充满新技术可能性的世界中具有差异化但是相互依存的物种共生在创造性和可持续性的环境中，概化和形成价值创造。显然，产业生态使供应链管理的方式和形态发生了巨大的变化，这种立足于产业生态上的供应链运营（Ecosystem Operation）主要表现在各个不同方面，具有差异化的组织和机构通过互动、创造和分享知识，在实现供应链效率的同时，创造了能给所有参与者带来价值的有机网络。因此，这种运营模式超越了原来企业管理中所谈到的不同合作者之间的资产互补，更加强调共同进化、共创知识、共享价值。这些上述变化推动了供应链金融的发展，主要有以下两方面的原因：其一，产业价值生态网络为新零售供应链金融的发展奠定了完备的条件；其二，新零售供应链金融本身也成了产业价值生态进一步发展的重要手段。所以，打造产业共同进化的价值生态成为新零售供应链金融的重要方面。

共同进化的价值生态网是通过将所有相关利益者有机地组织起来，共同创造价值，在实现各自利益价值的基础上，同时产生产业价值。共同进化对新零售供应链金融的发展壮大具有关键作用，其主要原因是，新零售供应链金融的主要目的是依托产业生态来推动对金融元素的应用。从而令产业的现金流得以加速，而成本得以降低，最终构建竞争力强大的产业生态。因此，通过建构上述价值生态网络，能够推动新零售供应链金融的顺利开展。与此同时，较好的金融创新有助于推动网络的进一步发展，形成严谨的产业生态，因而，新零售供应链金融也是建构价值生态网的重要途径和手段。具体讲，基于价值生态网的新零售供应链金融主要有三种形

态：将原有产业供应链中的"1"进行价值解构，将分散的碎片聚合成虚拟的"1"以及将两端的碎片整合到"1"个生态平台。

（1）解构"1"的价值。在产业供应链中，存在一些规模较大或者处于强势地位的焦点企业，也就是所谓的"1"，在原有的供应链金融1.0中（M+1+N），由于银行或金融机构主要单纯依托"1"的信用或规模实力，直接向其上游和下游企业展开金融服务，对于焦点企业而言并没有真正对其自身的供应链体系或者竞争力产生影响，因而，作为传统的商业银行或其他金融机构较难与"1"形成真正的合作共生的生态网络。相反，如果能深入分析每一个焦点企业，以及与其协同交易的合作组织或企业的价值诉求，通过解构供应链活动或行为，有效对接上下游分散的组织和企业，就能与焦点企业"1"真正形成共同合作的生态，互动创造价值，产生共同进化的目的（见图7-7）。从供应链管理的视角看，价值解构可以从组织间和组织内两个方面实现。

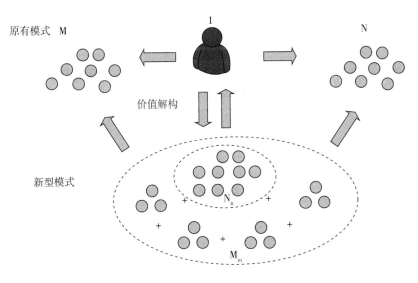

图7-7 解构"1"的价值，构建价值生态

组织内价值解构指的是通过有效的财务和金融手段，帮助焦点企业平衡毛利和利润。对于所有企业而言，提高公司利润和现金创造能力至关重要，而客户结构及对应应收、应付资金占用的费用，甚至采购环节占用资金成本和其他变动费用都可影响到这一目标的实现。显然这要把上下游资金占用融入利润核算当中，更加准确地反映公司真实动态利润。

组织间价值解构是指在保障焦点企业"1"价值的同时，帮助优化和实现其上游供应商或者下游客户，特别是关键和战略合作伙伴的利润和现金流，使"1"的供应链体系更加稳定和持续发展。尽管在实际的供应链体系中，"1"的规模和实力偏大，但是从供应链可持续上的角度，他也需要稳定战略供应商和客户，帮助上下游降低资金成本，加速现金流。此时，如果能平衡焦点企业"1"以及上下游供应商和下游客户的资金和财务状况，那么对于稳固产业供应链体系，建构良好的价值生态具有很好的作用。

案例 7-2①

医药流通中的供应链金融

随着中国城镇化人口和老龄化人口的增加，医药刚性需求增长越发强劲。在市场需求和国家鼓励医药流通企业规模化发展的双重刺激下，医药流通企业也出现了由小到大、由分散到整合、由单体到平台的发展特点。然而，中国卫生医疗体制改革和经济新常态下的政策与市场等因素的不确定性，给医药流通企业的生存和发展带来了更多挑战。医药流通行业伴随中国经济与社会的发展大潮，一起进入了"VUCA"时代。长期以来，中国医药流通领域的挑战从未减弱。由于中国医药行业的特点，企业中本该快速平稳流动的经营性现金变成了"一潭死水"，下游医疗占用大量的资金。与此同时，供应商和医药流通企业又需要持续筹集更多的资金来支撑业务发展。从商务部直报流通企业数据看，2015 年上半年营业额比 2014 年上半年增长 12.8%，同期利润增长 11.5%，而利润率和毛利润率却分别下降了 0.2% 和 0.6%。显然，这种状况既不利于医药行业的稳定持续发

---

① 资料来源：http://www.360doc.com/content/17/0214/08/31887026_628848280.shtml。

展，也不利于产业中的相关利益主体的正常业务运营。正是这一状况，使新零售供应链金融成为优化医药流通中现金流、促进产业共同发展的重要战略手段之一。

青岛大学附属医院+联诺信息+中信银行三方合作的新零售供应链金融。青岛大学附属医院（以下简称"青医"）是一所集医疗、教学、科研、预防、保健、康复，业务技术指导为一体的山东直属大型综合性三甲等医院。北京联诺信息服务有限公司成立于2014年，是一家专注为企业及金融机构提供基于供应链整合的金融服务解决方案的公司。中信银行是全国性商业银行之一，总部位于北京，主要股东是中国中信股份有限公司。2016年三家机构协同合作，共同推动了基于互联网的集成信息系统，为青医的药品和耗材供应商提供基于应收应付的供应链金融服务。

在医药采购与供应领域，医疗机构往往需要采购大量药品和耗材，用于日常医疗服务。根据目前中国药品流通市场的商业惯例，上游供应商往往会产生大量应收账款，这样的状态不仅给上游供应商造成了巨大的资金压力，毛利率和现金流下降，而且对于下游医疗机构而言，也产生了巨大的挑战，一方面供需关系恶化，人为造成了紧张的交易关系；另一方面也损害了自身经营利益，不利于控制自身的药品和耗材的采购成本和价格。以往为了应对这种资金压力，上游供应商会与商业银行合作进行应收账款保理业务。然而这种基于供应链金融1.0的业务形态，由于信息不对称、不完整，加之信用缺乏造成的道德风险（如虚假票据和业务），很容易产生坏账风险。针对这种困境，北京联诺信息联合中信银行为青医实施了基于互联网的供应链金融业务，帮助青医优化了药品和耗材供应链，稳定了上下游，实现了供需双方的协同价值。

其具体的业务模式如图7-8所示。第一，由联诺信息建构整合化的互联网信息平台，实现联诺平台与青医的财务信息系统，以及与中信银行的审批系统对接，同时向上游供应商开放接口；第二，由青医与上游供应商签订药品或耗材供应合同，并完成供应过程；第三，上游供应商通过联诺系统向中信银行申请贴现融资；第四，该申请传输给青医后，系统自动核实供货状况，青医系统自动将应付信息传递至联诺；第五，联诺将确认信息进一步传送至中信银行；第六，中信银行能根据核实的信息向药品或耗材供应商以基准利率贴现融资；第七，到期时青医将货款打至中信银行的指定账户。显然，这一供应链金融模式又花了药品和耗材的供应链价值。具体讲，对于上游供应商而言，以较低的利率（银行基准利率）获得了融资，及时有效地解决了长期资金占用问题，加速了现金流。对青医（"1"）而言，缓解了供需紧张关系，在保障自身利益的同时，也实现了上游供应商的利益，并且由于能及时有效地解决上游应收问题，可以进一步享受优惠的供货价值。作为新零售供应链金融的服务提供方——联诺，由于解构了"1"的价值链，增强了下游医疗机构的采购供应体系竞争力，融入"1"的供应链价值体系中。而作为商业银行则更好地扩展了业务空间，改变了简单的资金借贷关系。

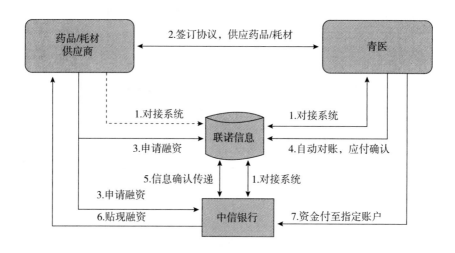

图7-8　青医+联诺+中信的新零售供应链金融

（2）将分散的碎片聚合成虚拟的"1"。在产业供应链中存在大量的中小或小微企业，这些企业往往因为信息不对称、资产不足、资源有限等因素，发展遇到了巨大挑战。特别是如何对接供应链、如何处理与金融机构的关系、如何应对政府管理机构、如何对接海外市场、如何让自己的产品深度分销等，都是他们遇到的问题。要解决这一问题，就需要强化中小或小微企业在价值生态网络中的地位、资讯和能力。要实现这一目标，就需要借助互联网、物联网等新兴信息技术建构虚拟产业集群，从而使原来分散碎片化的中小或小微企业及合成虚拟的"1"，显著提高了业务的连接度和规模，从而增强企业在网络中的实力和信用（见图7-9）。

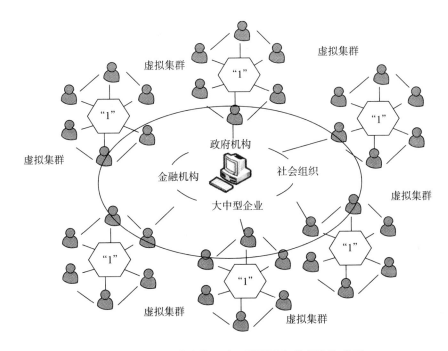

图7-9　将分散的碎片通过互联网聚合成虚拟的"1"

吴文华等认为，虚拟产业集群也可以被称为电子商务社区，是指其主要目的和内容是通过合作进行创新和形成共同发展，通过对互联网等信息技术的应用，使具有相互关联的企业或组织机构能够通过各种契约来形成能够长久相互依赖并且共同承担经营风险的合作体。虚拟产业集群的特点在于：第一，借助互联网基础设施降低了产业供应链运营中的交易成本，互联网技术突破了地理空间的限制，使网络外部性更加明显，降低了原有的交易成本。第二，虚拟产业集群产生了五种类型的参与者，包括接收和贡献虚拟集群价值的客户；支持用户与供应商界面的清净提供者，情景提供者促进了集群价值的实现并确定虚拟产业集群的规则，设计、产生和传递虚拟集群产品或服务的内容提供商，提供交易资金管理、安全与隐私管理、信息管理、物流服务管理的商务服务提供者；提供互联网基础服务的基础设施服务商。第三，客户中心化，在虚拟产业集群中，生产者和消费者的界限模糊化，大家共同为价值创造而努力。第四，参与到虚拟产业集群的所有企业都事先了解该集群的规则并需要完全遵循，一起全力维护整个网络生态。因此，当多个中小型企业通过互联网组成虚拟产业集群后，除了分享地理产业集群带来诸如形成专业化的知识等方面的优势之外，形成有效的合作，降低交易成本，形成专业劳动力市场产生知识外溢等，而且还能通过互联网形成有效的网络治理，信息传递的效率更高，信用得到增强。在这种情况下，新零售供应链金融就容易开展，风险管控也相对清晰。

（3）将两端的碎片整合到"1"个生态平台。在很多产业领域（如农业），供应端和需求端都存在着大量的中小微企业甚至分散的个体，这样分散的产业主体使供应链很难建构，一方面供应端无法像上面说的那样组织起来；另一方面由于市场端的客户处于分散、零散的状态，很难整合其需求，也无法使其进入产业生产过程中与其他网络供应链参与者一起互动，协同生产。在这种状态下，供应链金融难以开展，因为无法依托债项结构或供应链体系开展金融性服务。这就需要一种全新的方式——虚拟电子供应链（Virtual e-Chain，VeC）来建构供应链价值生态网络，真正将两端的"碎片"（中小微或个体）整合起来，产生运营协同化，并推动两端共同发展，产生供应链金融的价值（见图7-10）。

Manthou认为，虚拟电子供应链就是基于互联网技术，使众多中小型企业能够以最低的成本加入该网络平台。通过与其他参与企业合作预测、开发、组织生产并组织产品的配送服务，最终满足市场上分散的客户需求。

虚拟电子供应链网络的特殊之处在于其模块化的网络结构，与传统供应链体系的整体化结构不同，是通过各个区块组建起来的体系，区块之间通过分布式协同运行可以充分实现四流合一以此发挥供应链的优势，并且在灵活性和弹性等方面有优势，可以随时对外部环境发生的变化进行响应。所以，此种价值生态网络对中小型企业形成合作关系更加有利，构架

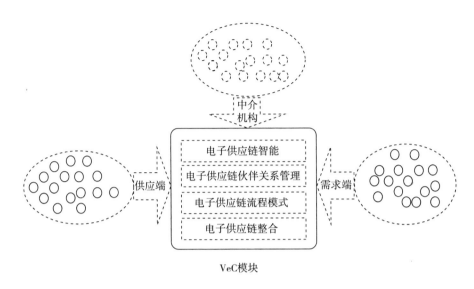

中介
机构

电子供应链智能

电子供应链伙伴关系管理

电子供应链流程模式

电子供应链整合

供应端　　　　　　　　　　　　　　需求端

VeC模块

图 7-10　将两端碎片整合到"1"个生态

出柔性较高的价值合作体系。由于通过互联网技术组成了一个虚拟化的有机组织体系，对于中小企业提升其在网络中的地位具有一定的促进作用，从而促使其提升信用，进而使互联网供应链金融得以顺利开展。

虚拟电子供应链整合模块主要是促进数据信息和交易流在分散的应用中实现各个层面的整合，这需要综合商业目标、网络成分、界面、主要应用、中间平台和标准。整合平台要求明晰的规则和定义，以确定数据如何流动，应该是什么样的数据以及谁能获得数据。因此，需要对模块进行整合从而确定供应链网络的运营标准，从而实现供应链网络中的所有参与者能够同步交易。虚拟电子供应链中往往存在多种参与主体，各自的角色和应当承担的活动和责任如表 7-2 所示。

表 7-2　虚拟电子供应链网络流程模式

主体	角色	活动和责任
供应链网络参与者	供应商 中介 客户	供应相应的产品 促进交易和信息的传递 产生响应的需求

续表

主体	角色	活动和责任
战略性合作伙伴	制造商 第三方物流 分销商 仓储服务商	提供：特定产品或服务的细节、服务的内容和服务合约 接触：条款、谈判
市场调节者	代理、查询代理、广告服务、拍卖服务、翻译、谈判代表	匹配所提要求与实际供给、传递服务给客户、管理信息、协议和处理
非战略伙伴	投标、结算、付款管理者、间接产品供应商	标书编制、计费程序管理和安全支付处理，供应或补充性采购交易
网络运营伙伴	通信和网络服务提供商（ISP）	提供：计算和网络硬件、安全的网络连接、协助规模化和不断升级的信息系统、集成
应用服务提供商	软件应用外包商	从集中管理的系统中向客户提供应用软件的部署、管理、租赁等服务
供应链网络组织者	生命周期管理者：启动、组织、实施、评估、维护和解散网络	合作关系（契约、关系管理）

案例 7-3[①]

阿里巴巴农村淘宝与蚂蚁金服

阿里巴巴旗下农村淘宝目的在于对生活和生产进行双向管理，并通过和阿里系的菜鸟物流网络、蚂蚁金服等金融平台和天猫等合作，此外还与农村代购员等联合，共同打造了"1"个能聚合和服务供应链两端分散组织的产业价值生态平台。对于将农产品从农村销售到城镇的过程中，农村淘宝的负责人通过技术对农产品生产的全过程皆可把控。对于将农产品从城镇销售到农村的过程中，阿里通过其电商平台进行销售，随后通过其菜鸟物流联盟将快消品或农资产品实现送货上门的一条龙服务。具体如图7-11所示。

---

① 资料来源：http://www.sohu.com/a/77398114_390321。

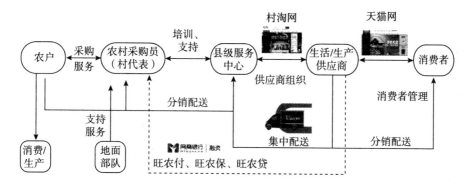

图 7-11　阿里巴巴农村淘宝与蚂蚁金服农村金融服务体系

具体来说，对于建设村淘网的基础设施建设，其主要是营造产业供应链的运营场景。农村淘宝的主要目的是通过与农村当地的村代表合作，帮助不具备网购知识的农民进行网购活动，包括一切生活资料的采购。一般由村民找当地农村代购员（村代表），在其帮助下下单采购，或者村民在村淘网选好后直接发链接给村代表下单，货到付款，退货也在这里处理，从而解决农民买卖难问题。在这一体系中，农村代购员是组织化分散用户的重要枢纽，承担着激活当地生态，帮助实现采购、收购、用户管理的重要职责。

在电子商务层面，阿里依靠村淘网和天猫网实现和农户与城镇消费者的对接。村淘网主所针对的主要问题是解决快消品和生产资料的下行。与淘宝网不同之处在于，其主要是面向网络覆盖有限且网购知识较为匮乏的农村消费者。因此，村淘网上所经营的产品种类具有一定的针对性，因其消费对象绝大多数是农户，所以并不会覆盖到所有的产品类型。

此外，结合农村消费市场的特点，产品的定价应该具有足够的吸引力。天猫网主要对接农副产品上行的电子商务平台，即在天猫网推介农副产品，形成消费订单，从而对接农村的农副产品生产。

至于金融服务方面，蚂蚁金服将支撑整个供应链运营体系，为农业产业、农村地区、农民群体（以下简称"三农"）的用户提供涵盖支付、贷款等多种金融业务的普惠的金融服务，据数据统计，在2015年，蚂蚁金服通过支付、保险、信贷等三大业务为"三农"用户提供服务的数量依次高达 1.4 亿元、1.2 亿元、2000 万元。[①] 至 2016 年初，蚂蚁金服正式成立专注于农民的金融事业部，致力于对蚂蚁金服的各类普惠金融服务进行整合，还将与村淘、菜鸟物流等业务板块联合，从而更好地服务于"三农"用户提供服务与支持。目前，蚂蚁金服正通过旺农付、旺农保、旺农贷等平台型解决方案，提供面向"三农"的普惠金融服务。

第三节　新零售供应链金融系统

一、新零售供应链金融系统架构

新零售背景下，供应链金融是通过互联网、物联网等技术手段，在平台建设上搭建了跨条线、跨部门、跨区域的，与政府、企业、行业协会等广告结盟，物联网和互联网相融合的产业生态圈和金融生态平台。同时考虑到商流、物流、信息流、知识流、沟通流以及资金流、计划、执行和控制金融资源在组织间的流动，为产业供应链中的中小企业解决"融资难、融资贵、融资乱"的问题，共同创造价值。最终实现通过金融资源优化产业供应链，同时又通过产业供应链运营实现金融增值的过程。

在供应链金融 3.0 阶段，供应链金融逐渐从原来单一主体为核心，要素为基础的金融行为向多主体互动、流程和行为为基础的金融服务演化，形成了"新零售供应链金融"创新。这一形态的供应链金融显然与此前的供应链金融发生了较大的变化，这种变化表现在供应链金融结构、流程和要素三维的变化上，也反映为供应链金融的实现目标、供应链管理的业务和系统要求的差异。Lambert（2000）提出，任何供应链运营都可以从三个维度，即供应链的结构、供应链的流程和供应链的要素来刻画。事实上，供应链金融同样可以从这三个维度来表征，Blackman 等（2013）在 Lambert 模型的基础上提出了一个扩展的供应链金融三维模型，即供应

---

① 数据来源：http://www.360doc.com/content/16/0612/13/34201874_ 567108657. shtml。

金融活动可以分解为供应链金融网络结构、供应链金融流程管理以及供应链金融中的要素和信息流。

1. 供应链金融的网络结构

从供应链金融的网络结构上看，三个阶段的供应链金融呈现完全不同的结构状态。在第一阶段（供应链金融 1.0 阶段），商业银行是供应链金融的主体，产业供应链的参与各方与银行之间是一种资金的借贷关系。传统借贷是银行与借款人之间的点对点关系，而供应链金融 1.0 则是银行与供应链参与各方的点对线的关系，如图 7-12 所示。但是银行作为金融服务的主体却并没有真正地参与到供应链运营的全过程，只是依托供应链中的某个主体信用，延伸金融服务。在第二阶段（供应链金融 2.0 阶段），既然服务主体以及其在供应链中的位置已经发生了变化。供应链金融服务的提供者逐渐从单一的商业银行转向供应链中各个参与者。也就是说，供应链中的生产企业、流通企业、第三方或第四方物流、其他金融机构（如保理、信托、担保等）都可能成为供应链金融服务的提供方。因此，在从事供应链金融业务的过程中，出现了生态主体的分工，即供应链直接参与方（特定的供应链参与者或称为焦点企业）成为供应链金融交易服务提供商（供应链运营信息的聚合）和综合风险管理者（供应链金融业务的设计和提供），而传统的商业银行则逐渐从融资服务的主体转向流动性提供者（提供资金方）。在供应链 2.0 阶段，由于焦点企业不仅与上下游企业、物流服务提供商、商业银行产生关联，而且整个交易过程、物流过程和资金流过程是由焦点企业设计和组织，供应链其他各参与主体与焦点企业之间形成了序列依存关系。因此，其在网络中具有很好的信息资源，处于优势的结构洞，如图 7-13 所示。在第三阶段（新零售供应链），作为金融服务主体的焦点企业，其功能和位置发生了更大的变化，如图 7-14 所示。此时焦点企业不仅仅是供应链运营的组织者，更成为智慧供应链平台的建构者。在供应链金融 2.0 阶段，焦点企业发挥着供应链业务协调者和流程管理者的作用，而在新零售供应链金融阶段，除了上述功能外，焦点企业更是网络链的平台建设者、管理者和规则制定者，因此，焦点企业与其他组织和企业之间的关系不仅是序列依存，更是池依存和相互依存。此外，网络中的参与主体范围极大扩展，不仅供应链各环节都形成了复杂的群落（如不再是单一的上游或下游，而是上游或下游本身就形成了相互作用、相互影响的网络），而且供应链的参与方从直接利益相关方延伸到了各种间接利益相关方（如一些政府管理部门、行业协会等）。所以，焦点企业的结构洞极其丰富。

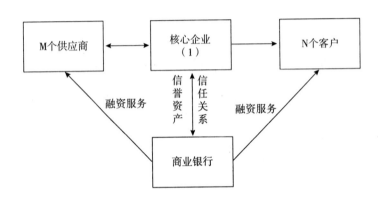

图7-12 供应链金融1.0阶段的网络结构

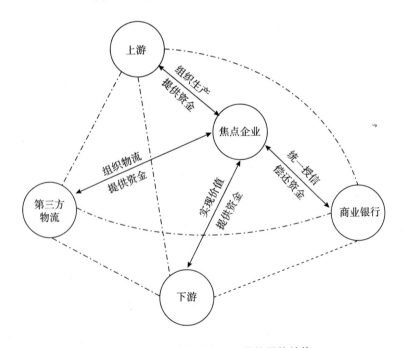

图7-13 供应链金融2.0阶段的网络结构

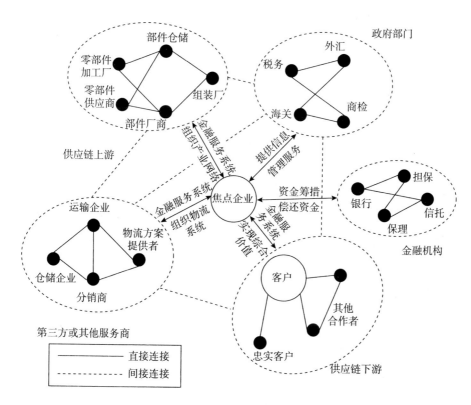

图7-14　新零售供应链金融的网络结构

2. 供应链金融的流程管理

从供应链金融的流程管理看，作为供应链金融服务商的银行只关注资金流在供应链中的状况，包括资金使用的目的、使用的过程和效果，以及资金的偿还。至于供应链中的其他流程，诸如供应链能力管理、需求管理、客户关系管理、采购与供应商管理、服务传递管理等则很少涉足，即便银行想要了解和管理这些流程，也因为没有产业供应链运营的切入点，较难实现。也正因为如此，资金流动管理难以渗透到业务运营的过程中。在供应链金融2.0阶段，流程管理开始复杂化，为了全面掌握供应链参与者，特别是资金需求方的状况和能力，作为供应链金融服务提供商的焦点企业需要全方位地管理供应链的各个流程，包括参与企业的能力、供应链计划、供应链采购、供应链生产、供应链分销、供应链退货以及各种保障流程和措施。因此，其管理的流程呈现出多维的特点。不仅如此，各个流程之间的互动也非常频繁。也就是说，通过各个流程之间的互动和衔接，能保障供应链运行顺利，从而使融资行为收益确定、风险可控。到了新零售商供应链金融阶段，犹豫期网络结构呈现出平台化、高度关联化的特征，因而管理流程呈现出既高度复杂又互动化的特征。具体讲，这一阶段的流程管理需要管理好横向价值链流程、纵向价值链流程以及斜向价值链流程。横向价值链是所有在一组相互平行的纵向价值供应链上处于同等地位的企业间的内在有机联系，横向价值链如果能够有机集聚，聚会形成良好的同产业内部分工，形成有序集群。纵向价值链可以将企业、供应商和顾客都分别视作一个整体，它们之间通过上述的各种联系构成一种链条关系，这种链条关系可以向上延伸到达最终产品的最终用户。纵向价值链强化了上下游之间的协同与互动。斜向价值链跨越了单一行业，不仅同行业内部、上下游之间形成有机结合，而且与其他行业之间形成有机整合，真正实现了生物圈。斜向价值链是商流、物流、信息流和资金流在多行业之间的完全整合。

3. 供应链金融的要素和信息流

在供应链金融要素和信息流方面，供应链金融 1.0 更强调有形要素。也就是说，为了能够控制和降低供应链金融运营中的风险，其业务非常注重基于"物"的要素，基本单元包括应收账款、库存商品和预付账款。供应链金融 1.0 大多数都是基于如上三个要素而开展的金融业务，如基于应收账款类而开展的保理融资、保理池融资、反向保理、票据池授信等，基于库存类开展的静态抵质押、动态抵质押、仓单质押等业务，以及基于预付类开展的先票与款后货、保税仓等业务。所有这些业务的管理核心都是保证"物"的真实性、保全性和价值性。而在无形的信息流方面，供应链金融 1.0 的把握程度较低，只是通过信息化手段及时掌握"物"的状况以及资金运用和偿还的情况。到供应链金融 2.0 阶段，非常强调流动中的"物"，而不是绝对的"物"的状态，即通过把握供应链中的交易结构和运营，来更好地判断资金需求和可能的风险，为供应链融资决策提供支撑。因此，在无形的信息流把握上要求较高，需要及时、准确地掌握商流和物流产生的信息。进入新零售供应链金融阶段，不仅要求整个网络有清晰的交易结构和交易关系，而且在信息流的维度上实现了高度的融合。这表现为：一方面信息的来源呈现了高度的复杂性，即信息不仅来自人与人的互联（如交易），也来自人与物的互联以及物与物的互联；另一方面信息的形态极大地复杂化。在这一阶段，金融业务风险控制的信息不仅是供应链金融运营这种结构化的信息，而且也包括沟通、交流等非结构性的信息，通过这种复杂综合性的信息来刻画供应链网络的状态和活动。

二、新零售供应链金融实施框架

新零售供应链金融的实现需要考虑客户的价值系统，实现了客户价值才可以更好地将金融和智慧供应链进行结合。"价值"一方面是新零售供应链金融需要达成的终极目标，另一方面也是指其具体的实现路径。从目标上看，新零售供应链金融是需要顺着"价值层级"一直向上拓展，并最终使整个生态中所有的利益相关者都能够实现其发展价值。"价值层级"是指企业供应链金融所获得的利益以及客户可以收获的价值如图7-15所示的三个层面。第一层代表提供供应链金融服务的主体既可以供应性价比高的产品或服务，同时还能通过一系列金融性行为，为客户提供可以满足其正常生产经营所需的资金，此时需求主体收获的是资金使用价值。第二层是供应商能降低供应链的所有权成本，即有助于客户在供应链运营的全过程分阶段降低该系统交易成本。此外，还可以令客户加速现金流量周期，对资金进行合理的使用和配置，此时收获到的是客户的情感价值，即实现了战略合作伙伴关系的达成，构成了一个能够稳定发展的供应链体系。第三层则是最高层次，服务商在降低整个供应链所有权成本之外，还有助于降低客户企业的各种机会成本，在开拓市场和引进订单的同时，为客户创造新的价值，而需求主体获得的是发展价值，也就是实现了仅依靠其自身难以达到的状态和收益，此为新零售供应链的宗旨之所在。从新零售供应链金融的实现途径看，要想促进金融活动的创新和发展，需要从以下六方面做出努力和变革。

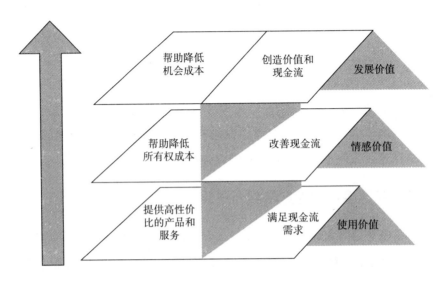

图 7-15　供应链价值实现的三层级

一是通过提供多样化的服务来对新零售供应链金融进行创新。即挖掘能够实现流利线上线下融合的多样化的供应链服务能力。并以此来促进新零售供应链金融的创新。

二是渗透到供应链金融运营的底层服务并以此来实现客户归属，从而带动金融活动的创新，以通过底层服务产生服务的价值和渠道来为开展供应链金融活动奠定夯实的基础。

三是不懈地尝试各种创新创业活动从而将供应链的价值回路不断地扩展，在为供应链中的各主体提供增值服务的同时也需要逐步展开供应链金融活动。

四是利用大数据等信息技术手段对供应链运营场景还原，从而为新零售供应链金融活动的开展提供保障。换言之，通过供应链运营和其他一切渠道来获取各种类型的生产和生活数据，实现对供应链运营活动开展的有效推动，进而达到供应链金融的创新。

五是构建共同进化的产业生态，从而为形成坚实新零售供应链金融产业进行铺垫。即将智慧型供应链中以三大产业供应链中的参与主体进行整合和聚合，形成同步成长、共同创造的产业互动场域。

六是构建成产业、金融和创客社区生态等多类型的生态，实现各种生态的互动、融合发展的新零售供应链。

以上六方面具有相互影响，它们共同组成了新零售供应链金融创新的基础和发展路径，促进了各个生态产业和金融活动的密切相关性。也就是说，供应链金融活动的创新主要依托智慧供应链的运行而展开，在不断创造产业价值的过程中，也实现了对供应链金融活动中的风险可控管理，在实现产业价值创新的同时获得了金融不可限量的价值。

第四节 新零售供应链金融风险管理

一、新零售供应链金融风险类型

应收账款、保税仓和融通仓三种融资的运作模式在质押物类型上的不同点决定了它们的风险点也有所不同。以下对三种模式各自的风险内涵进行介绍。

1. 应收账款融资模式的风险

在应收账款融资模式中，应收账款存在于双方交易中，因此银行不应只对融资的中小企业进行评估，还应该对交易对手即核心企业的还款能力、交易真实性和整条供应链的运作能力等多方面进行评估，并需要重点关注以下几个风险点。

（1）应收账款风险。在应收账款业务中，由于商业银行应收账款抵押的产品包括保理、发票融资以及基于结算工具产生的融资，因此，银行对应收账款融资的审查要点应是检查应收账款的真实性。中小企业向银行提供应收账款票据后，银行应向核心企业核实交易的真实性、相关发票等证明，保证真实性。在应收账款融资业务中，应收账款票据主要有商业汇票、支票、银行本票和银行汇票等，因此，银行应对融资企业出示的票据审核其真实有效性。

（2）融资企业资信风险。在应收账款融资业务中，银行应考察企业在行业内的总体经营状态以及持续经营能力。其中，银行应对融资企业所处的行业环境、企业经营能力、资金实力、产品信息、还贷能力以及之前与别的企业的交易情况等进行综合资信评估，防范融资企业的资信风险。

（3）下游核心企业资信水平。由于在应收账款融资模式中，核心企业所处地位一般是供应链下游，且是债务企业，因此，银行还应对下游核心企业所处的行业、客户群结构以及核心企业支付能力等情况进行评估，以保证核心企业能按时、按额向银行还款。

2. 保税仓模式风险

（1）融资企业资信风险。在保税仓业务中，考虑到需要融资的企业所涉及业务是否真实、企业资信水平等条件与对交易风险等直接挂钩，所以在此模式下银行需要对融资企业进行全面的考察和评价。此外，银行还需要防范在分批提取货物时出现提好补坏情况而导致的坏货风险或以次充好现象导致的质量风险。

（2）物流企业资信风险。在开展保税仓融资业务时，由仓储监管方对质押物品价值进行评估、监管和展开拍卖等活动，他们为融资企业进行信用担保，所以银行同时需要对物流企业的资信进行审核。在实践中，往往存在物流企业和融资企业串通为银行提供虚假信息，从而获得银行的贷款，这种情况的初衷会令金融机构的贷款风险有所增加。所以，银行应该对作为担保的物流企业进行严格的审核和评估以降低潜在风险。

（3）核心企业资信风险。因为保税仓业务中要求作为核心企业的供应商需要向买方承诺允许回购，此时作为买方的融资企业需要利用预付账款从银行处申请贷款，这时银行便会利用仓单允许买方进行分批付款并且分批提货的融资活动。因此，提供贷款的银行需要对核心企业的资信水平和可回购能力进行严格的审核和评估，评估过程中需要对回购能力、签订回购协议等重点关注，利用物权作为抵押担保。

（4）商品监管风险。在保税仓业务中，仓储监管方务必对供应商货物的真实性及其质量进行严格把关。对所质押的货物监督管理时，考虑到出现和银行信息不对称的情形，这种对质押物监管不力的情况，终将造成监管风险致使银行遭受巨大资金损失。

3. 融通仓融资模式的风险

（1）融资企业资信风险。银行需要对中小企业的各项静态指标进行评估，也要对业务能力和业务量进行考察，了解其生产和销售情况，以及企业自身运营情况，是否具有稳定存货等，最大限度地避免因信息不对称引发的道德风险和逆向选择的情况。所以银行也要防范融资企业与物流监管企业串通来套取银行的信贷资金。

（2）物流企业资信风险。在融通仓业务中，由于有第三方物流公司负责对质押物的评估与监管，因此，在融通仓业务中，物流企业货物监管是否有效显得尤为重要。但是在实际操作中，物流企业有可能因某些利益与融资企业串谋，骗取银行向其提供贷款服务，引发了信用风险的产生。

（3）质押物风险。在融通仓业务中，融资企业需要将质押物存放到银行指定的仓储监管仓库。由于作为质押物的存货要求货权清晰、价格稳定、流动性强以及易于保存，因此，质押货物便成为一个危险来源。此外，质押货物是否处于监管方的有效占有之下也需要银行进行审核，以此控制风险。

二、新零售供应链金融风险识别

1. 应收账款模式风险识别

应收账款模式主要的潜在风险有以下几方面：

（1）质量风险。质量风险的产生主要有以下两方面：一是应收账款是否适合出资，二是债务企业的资信等级。申请这项业务的应收账款需满足以下条件：基于贸易合同的商品交易需要依靠真实的商贸环境，其中所涉及的主要交易主体及其之间进行的交易行为需要合法，所表达的意思需要符合事实，基础合同的成立及其生效不需要依靠其他的附带条件而生效，合同中所规定的货物不会受其他权利的约束。在办理此项业务的过程中，银行为了降低风险不能单纯地相信应收账款在征信机构登记的记录，而是应该对该业务中的应收账款进行实际性的审查以及采取相应的风险控制措施。其中，融资企业和债务企业是银行首先需要考察的重点对象，融资企业的还款源于债务企业的欠款，所以对债务企业的资信水平及其对贷款的偿还能力的调查是银行开展此类业务审查的重中之重。通常情况下，需首要选择资金实力雄厚、效益高、资信好的债权企业来开展该融资项目。然而，考虑到申请这类融资业务的对象主要是中小企业，其资信状况与债务企业存在较大的差距。因此，银行对其资格进行审查时需要以债务企业的水平为参考并对其评价进行适当的调整。

（2）转移账款风险。在实施该业务时不仅需要债务企业出示付款承诺书与应收账款单据证明等文件外，银行还应加以施行一些辅助措施从而对资金流进行保证。例如，一旦签订了相关的融资合同，那么银行则获得了在企业经营过程中的任何时间随时查阅应收账款相关账目的权限，和融资企业所提供的应收账款单据这一文件相对应，需要确认并保证债务企业的一切还款都真实流入融资企业在银行开立的此项应收账款专户，而不是被挪用。

（3）欺诈风险。此处讨论的欺诈风险主要针对的是出质应收账款申请时所存在的欺诈风险。这一行为主要涵盖了三个方面的内容：一是债权是否合法产生的风险。如果基础合同不符合相关规定，那么债权转让就无法得到相应的法律保护。二是债权是否真实产生的风险。签订融资合同的时候，存在出质人伪造或出质人和质权人串通联合伪造应收账款合同的情形。三是是否唯一产生的风险。假设出质人不止一次地质押应收账款，这将对质押安全产生影响从而扩大了该业务的风险系数。欺诈风险是应收账款融资业务中可能存在的主要风险之一，所以银行应加强此风险的管理从而最大限度地降低损失。

（4）应收账款坏账风险。应收账款融资业务存在损失的一个主要原因就是由于坏账引起的，在收回应收账款之前，它是否能够按时按量地进行回收仍然是具有很大的不确定性。

一旦融资企业在所事先确定的贷款期限内发生重大变化引起经济损失，那么此时就可能导致应收账款最终成为坏账。所以，在签订融资合同时，需要对应收账款的清偿顺序或者是可以采用的应急措施进行相应的规定，从而减少损失，对备用的还款来源进行规定便是可采取的措施之一。

2. 融通仓模式风险识别

从导致融通仓业务风险发生的诱因结合现有的相关研究可以发现，此类业务风险主要有以下五个方面。

（1）质押风险。质押风险指的是用于质押的货物本身就有可能引发风险，关于质押物的风险可以从以下三个方面进行分析。

1）对质押货物进行选择的风险。于银行而言实现质押货物的变现是终极目标。而质押物的变现能力又会受到市场的供需和金融汇率等因素的影响，所以银行在选择质押货物的时候应该提前进行一系列的考量和分析，质押货物本身是有要求的，并不是一切物质都可以作为质押货物，货物质量的高低与潜在风险具有直接关系。所以相对而言，选择有市场需求、存放较为容易同时市场投机较小的商品来作为质押货物是相对比较安全的。

2）市场价格波动风险。质押品或者担保品一般情况下都是商品，而只要是商品就需要在市场上进行流动，故市场价格波动就会对其产生影响。当市场价格较高时，商品就具有更高的变现价格；反之，当市场价处于较低水平时，其所具有的价值就较低。由于质押品的市场价格不是一成不变的，所以不可避免就会出现风险。因此，在进行融通仓业务的过程中，我们必须将市场价格波动对质押商品价值产生影响这一实际情况纳入考虑范围内，从而制定灵活的措施来控制风险。

3）质押货物资格风险。即贷款企业所经营的商品是否有资格成为质押品，融资企业是否真正拥有商品的所有权，严格审查质押物可以在一定程度上避免企业"钻空子"，防止企业利用非法货物的抵押来申请贷款。

（2）监管风险。产生监管风险的主要原因是由于银行和第三方物流企业之间会存在信息不对称的情形。因为存在信息不对称，就会导致这两个主体的沟通不畅从而对各自的决策结果产生不好的影响，一旦决策失误就有可能引发监管风险。在进行融通仓业务的过程中，主要由物流企业承担对质押货物的监管职责，所以物流企业的管理能力、物流流程等将直接与监管风险挂钩。监管风险主要包含以下四个方面：

1）制度风险。监管制度越完善则意味着监管风险越小。所以，物流企业有必要通过建立一套较为完善的监管制度以充分保证对质押货物动态完全掌控，从而保证质押物的安全。

2）人为风险。因为人作为管理的主体，所以需要对物流企业的员工进行相关的职业培训，以提高管理人员的素质以及规范员工在管理过程中的行为，从而避免由于人为因素引起的风险。

3）设施完善风险。物流企业有必要对质押物的监管建立相应的配套设施，从而确保银行能够实时掌握质押货物各种相关数据，如出入库和残损等情况，在完全把握这些信息后有助于各主体作出正确的决策以降低风险。此外，防火、防盗等安全设施对物流企业也至关重要，所以必须首先完善这些设施。

4）出入库流程风险。出入库式仓储管理是一个举足轻重的环节，由于质押货物与融资企业和银行等金融机构的信贷关系直接相关，所以在仓储管理中物流企业需要确保质押货物的出入库流程必须规范，所以需要针对质押货物单独设置出入库标准和流程，从人员、操作、凭证单等不同的方面进行严格规范，以防止发生错误，从而为各主体带来风险和损失。

（3）信用风险。在开展融通仓业务时会涉及多个主体，如果各个主体之间没有信用保障，则势必引发信用风险。信用风险主要从以下四个方面体现。

1）物流企业信托责任风险。物流企业在开展融通仓业务过程中是连接银行和融资企业的中间机构。于银行而言，物流企业扮演着信托责任人的角色，所以很自然地在融通仓业务中，银行的某些工作就将转移到物流企业头上。然而很难把握的一点是，物流企业自身是否具备这些工作的能力；此外，由于各个主体之间存在信息不对称的情况，可能导致物流企业信托责任的缺失，如果物流企业没有向银行提供真实全面的数据，则会造成银行盲目信赖从而陷入信贷风险的情况。

2）风险指标运用风险。多年来，银行按照我国对信贷制度提出的要求以及信贷市场的实际操作制定了一系列用于评估风险的量化指标，它们在银行和融资企业的交易环境中普遍地使用。融通仓模式不同于一般交易，由于物流企业的参与会导致现有指标在运用过程中无法准确地衡量风险甚至是失效。

3）信息数据处理风险。在整个信贷交易过程中银行需要处理基础数据、中间数据和分析结果三方面的内容。即使银行在分析此类数据方面很专业，但是仍然存在一些不足。由于物流企业将直接参与融通仓业务，所以部分相关数据是银行从物流企业那里获得的融资企业的相关信息。然而，由于物流企业对数据处理能力不够专业，所以很难断定物流企业所收集的数据是否真实和准确，则对此类数据的分析势必存在一定的风险。

4）信贷环境约束风险。目前，中国对于信贷环境的管理还不是很完善，对于不守信的融资企业尚且没有采取有力的惩罚措施，对信贷市场而言这就是一种潜在的风险。融通仓业务作为一种全新的金融业务，如果没有相应的信用保障制度，一旦任何一方主体不守信用将影响整个融通仓业务的推进。所以出于对风险考虑的角度，银行需要更加谨慎。

（4）技术风险。在进行该业务的过程中，由于没有相应的技术支持而带来的风险就是技术风险。例如，在对价值进行评估这一过程中，由于系统不完善以及评估技术的不足等情况的出现会导致对价值评估不够准确和真实的结果，物流企业为了将业务扩大，存在与融资企业联合欺骗银行提供贷款的现象，即可能用问题商品作为质押物而产生不必要的风险。

（5）法律风险。由于融通仓业务中的合同条款或质押物流动所有权等问题而产生的法律问题带来的风险即为法律风险。融通仓业务涉及多个主体的参与，用于抵押的货物在不同的时间节点属于不同的主体，即货物的所有权在不断发生变化。此时就可能导致纠纷的产生，然而考虑到目前中国的相关法律不够完善，没有对融通仓业务中质押物所有权等问题进行明确的法律规定。一切都靠自觉，这样就会导致法律纠纷的出现。

3. 保税仓模式风险识别

在供应链金融中，当市场对商品的需求量较大时，则保持的库存量就会较低。所以，企业资金的用途主要是向生产厂商的产品支付预付款。保税仓业务范围涵盖了厂商的生产排期、发货、运输、到货通知、违约等一系列的项目内容，所以在预付款融资中的一个重要条件就是融资企业和生产商之间的谈判地位。从融资企业的角度考虑，授信时间跨度比较长，是产品从预订到生产以及最终的运输等多个环节所需的时间总和，收到货物之后它们又可以作为库存融资。因此，与存货融资这一模式相比较，保税仓业务具有的缓解融资企业资金压力的效果更为显著。此外，银行为融资企业提供资金资助，满足大批量进货的要求，从而获得价格优惠。此外，通过提前和供货商签订合同可以有效防止商品涨价。从银行的角度考虑，能够通过对资金运用情况进行整合，从而将业务链条进行延伸，拓展其他核心企业的业务来源。

预付账款融资这一模式中也会产生金融风险，因此，在进行该业务时银行需要拥有商品以及在商品采购时发生的资金流动都需要持有控制权，通过对物流和资金流等掌握可以预防并控制风险。此处对风险的分析包括以下几个方面：

（1）商品价格波动风险和生产能力风险。在市场上进行交易的商品势必会受供需和市场环境等因素的影响，如此一来商品在市场上就会出现价格波动。因此，在采用预付款融资时就需要充分考虑因价格波动带来的风险，具体风险的大小将受商品数量与价格波动幅度的双重影响。

其中生产能力风险指的是由于供货商无法在规定的交货时间内按质按量交货所引发的风险。这类风险主要有两种形式：一是一般性的生产能力风险，这种风险属于是暂时并且可以补救的风险。例如，当供货商事先预知按照正常生产活动无法在规定的时间完成相应的交货数量时，可以采取从市场购买相同产品的措施，或者是加大人力、物力和资金等要素的投入以加速生产从而尽快交货，所以这种风险具有可消除性。二是生产能力衰竭性风险，一般情况下出现了该类风险后则无法消除，比如生产商的生产设备严重老化、生产加工技术的淘汰以及现有的生产能力无法满足在短时间如期交货等。导致生产能力风险产生的因素主要可以分为两类：一类是会产生一般性生产能力风险的暂时性因素，比如原材料价格上涨、厂商资金紧张等引起的缺货等都属于暂时性因素。另一类是引起生产能力衰竭性风险的根本性因素，比如机器设备的损坏、短时间内无法修好等。

（2）参与主体信用风险。

1）中小企业信用风险。银行对中小企业提供授信主要是基于融资企业与核心企业之间的贸易关系为基础，一旦贸易合同有异常则会导致通过融资获得的款项将应用到与生产活动无关的领域中，由此导致货款将无法及时收回并偿还银行等金融机构的贷款，这样会给银行等金融机构带来损失。中小企业通过预付款模式寻求融资时，为了避免风险的产生，银行会要求预先支付一定比例的保证金，剩余融资额度则将用仓单作为担保，但是，当中小企业出现经营不善导致经济亏损时，银行也会出现坏账的情况。

2）核心企业的信用风险。融资企业经由此模式获得贷款之后，需要首先向核心企业支付预付款，收到预付款之后的核心企业将进行发货。如果核心企业无法履行合约，那么供应链的资金流就会出现断裂的情况，这将直接影响其偿还银行的贷款。通常情况下，核心企业的信誉度都较好，所以收到预付款之后通常都可以按时发货，之后由第三方企业介入对其进行评估并且由融资企业提取货物，这种模式下存在的信用风险相对较低。

3）第三方物流企业的信用风险。在保税仓融资模式中，由于物流企业承担了银行信托人的角色，所以承担了部分商业银行的职责。其中主要包括对货物进行监管，但是在承担信托责任方面仍然存在两个方面的缺失：第一个缺失是由于信息不对称而产生的银行信贷风险，物流企业为谋取利益而向银行提供虚假的数据，这一点却是银行不知道的，如果仅凭物流企业提供的数据进行授信则必将引发信贷风险；第二个缺失是物流企业自身无法全权承担对货物监管，因为公司缺乏相应的管理体系或者是员工的操作不当给银行和融资企业带来经济损失风险。

（3）质押物所有权延迟和落空风险。在预付款贸易融资业务中涉及多个参与主体，因为不同的主体之间存在沟通不畅和操作不当，或者在银行等金融机构向供应商支付预付款后，供应商由于种种原因无法按时按量发货以及第三方物流企业存在监管不力等一系列问题，都势必延迟银行获得质押物所有权，最终会引起银行授信无法如期归还。

（4）银行内部控制不力风险和道德风险。由于预付款融资业务中涉及多个不同的参与主体，这就意味着银行需要处理较为庞大的信息，将授信的程序流程化。由于银行需要参与各主体之间签订合同，如此繁杂的信息和工作内容都将使银行内部控制力度有限或者是操作不恰当等情况出现，因此，银行内部人员为谋私利而引起的道德风险也随之产生。

三、新零售供应链金融风险防范与控制

中小企业在发展过程中，存在供应链金融风险，限制了企业的发展进程。因此，为保障供应链金融的顺利发展需要强化对风险的管理，具体的风险控制策略可以从以下方面体现。

1. 为防止信用风险需要鼓励进行电商平台的信息共享

一是建立基于电商平台的信息共享机制，将供应链中所涉及企业信用层面的数据整合成一个数据库。为了建立防范和控制风险的"核心屏障"需要从不同的角度对数据库中的信息进行掌握并打造多维交叉验证机制，基于"核心屏障"技术要求供应链企业承担高昂的违约成本，此外有助于银行提高对融资企业的信用评估的准确性。二是借助互联网对信息能够高效处理的优势，有助于对电商这一市场进行有效的监管。如果完善了对电商市场进行监管的机制，再通过信息共享平台的辅助，就能够实现多维度、实时监控和更新基于电商平台发展的中小企业质押物的市值变化、借款企业经营动态等有关数据，有助于实现商业银行以较低的成本完成对借款企业的审核，并且实施难度也可以大大降低。由此，在一定程度上将新零售供应链金融模式的运作效能提升了。

2. 为防范供应链金融的操作风险而需加大对电商技术的革新

一是基于物联网技术的可实现实时对事物进行追踪这一特性，为保证

整个交易过程真实可信，并且是有效交易，需要对依托电商平台而存在的中小微企业的质押物施以严格的监管（弓永章等，2017）。将物联网中的射频扫码技术进行推广并投入使用，可以有效提高对电子商务贸易中单证、质押物等真实性的认证效率。可以通过引入专用识别码来实现对单证、质押物进行编码、加密、再解析这一过程，这样一来能够有效降低企业质押物等进行的管控成本，从而监管效率有效提升。二是引进区块链技术，考虑到区块链具有的分布式记账、去中介化、信息公开确认、点对点交易等各种优点，能够有效避免因信息不对称、不透明等因素而带来的操作风险，从而实现信息流在整个新零售供应链金融的全部环节和节点进行贯穿，实现了基于现代技术手段来强化控制整个供应链的金融风险（赵增奎，2017）。不仅如此，区块链技术还能够保证整个新零售供应链金融网络中所涉及的任一主体之间的信息无法被擅自篡改，真正实现了将企业之间交易数据的透明化，从而做到了有效避免重复质押或者是以虚假信息向银行骗取贷款等各种金融风险。

3. 为将市场风险进行分散需要不断完善新零售供应链金融生态体系

一是对严格监管贷款资金的用途，对于市场环境的变化，需要实时跟踪、识别和评估由此引发的风险，努力做到防患于未然，即在识别风险之前想出应对之策，银行等金融机构需要及时对供应链中所囊括的所有企业采取有针对性的授信策略以及相应的风险防范和控制措施，尽早地将市场风险进行分散。二是加强对市场风险的监管和控制的力度，从而将损失规模降低到最小。一旦发生了风险，需要合理运用已有的各种风控手段和应急备案，通过保险、风险缓释和转移等不同的金融措施来最大限度地降低因发生市场风险给商业银行、电商平台等主体带来的经济损失。

4. 为缩小新零售供应链金融风险发生概率需要实现电商运作全程监管

一是有必要对电商注册企业进行细致的认证，通过建立对风险管理和控制作为"第一道屏障"，从而来保证注册企业的合规与合法性，并具有较好的道德信誉度。二是将基于电商平台的生态圈进行优化，构建电商从业机构和参与其中的企业均需要遵守的平台秩序，营造出一个诚信规范的新零售供应链金融运营环境。三是在积累电商数据的进程中，不断对评估大数据的模型进行优化，实现对数据的实时和动态分析，最终将评估结果的精准性大幅提高。将需要融资的企业进行信用评价并对不同信用层次的划分进行细化，从而能够更有针对性地为企业提供融资解决方案。四是将还款、中期考核、风险预警和违约惩戒机制等进行构建并加以不断地完善。充分利用大数据等相关技术来实现对实时监管借款企业的过程，一旦供应链中的任何一个企业发生了违约行为应该立刻采用通过互联网进行公告的行动，将企业的失信违约成本大幅度提升，通过此种举措有效达到企业的"零违约"行为。

案例 7-4①

海尔集团的互联网供应链金融

海尔集团是全球领先的整套家电解决方案提供商和虚实融合通路商。企业 1984 年创立于青岛，创立以来，从一家资不抵债、濒临倒闭的集团小厂发展成为全球最大的家电制造商之一。2015 年，海尔集团全球营业额实现 1887 亿元，近 10 年复合增长率 6%；实现利润预计为 180 亿元，同比增长 20%，近 10 年复合增长率 30%，利润符合增长率是收入复合增长率的 5 倍。海尔的发展得益于近些年推行的人单合一体系，按照海尔的解释，"人"指员工，"单"是指用户，"人单合一"就是员工给用户创造价值的同时实现自我价值，即"双赢"。从启动到探索，海尔"人单合一"模式已演进了十余年。

"人单合一"是张瑞敏 2005 年 9 月提出的，提出后企业进行了一系列的变革。2006 年，海尔明确提出打造卓越运营的商业模式，启动 1000 天的再造计划，即建立从"目标到目标、从用户到用户"的端对端卓越流

---

① 资料来源：http://www.360doc.com/content/17/0214/08/31887026_628848280.shtml。

程。自主经营体建设开始具备了"端对端"和"同一目标"的特征，并不断优化。在组织上，开放搭建"1+1+N"团队；在流程上，上线 GVS 信息化系统。组织再造，将每位员工再造为自主经营的经营体。在上述要求下全员签订 PBC（个人事业承诺），建立"人单合一"的日清体系，在战略上取消 DC 库，推进"零库存"下的即需即供。提出四个创新：①机制创新。建立让企业整体充满活力，让每个员工在创造市场价值的同时体现个人价值的自主经营机制。②网络创新。打造满足虚拟柜台、虚拟超市的供应链，也就是虚实网的结合。③商业模式创新。创建"零库存"下的即需即供。④战略转型。战略定位为领先时代、永续发展，成为有第一竞争力的美好住居生活解决方案提供商。

2005 年，海尔进一步提出了做透样板、复制样板，明确自主经营体的三要素：端到端；同一目标；倒逼体系，确定好"目标、路径、团队"。将海尔的流程再造归结为两个转型，即为了适应环境的"转变"——从传统经济到互联网时代的转变，企业必须跟着"转型"——从制造业向服务业转型；员工必须要"转化"——从原来被动听令于上级的指令转化到主动为用户服务、创造用户价值。为了实现上述目标，企业要求管理者，①必须事先有一个目标体系，这个目标体系和薪酬体系是一一对应的，也就是说预算、预案、预酬；②倒逼自我、挑战自我；③转变过去的"正三角"，真正变成为一线员工提供资源者。

2010 年，海尔提出了节点闭环的动态网状组织；2012 年，模式创新的重点突破任务就是让每个人成为创新的主体，让每个人成为自己的 CEO，由三类三级自主经营体组成的"倒三角"组织架构进一步推进，二级变为"资源超市"，明确"资源超市"的单是为一级事前计算盈亏。之后，经营体进一步扁平为节点闭环的动态网状组织，逐步探索平台型团队，按单聚散。海尔战略损益表进行了四次升级，以两维点阵推进经营体升级优化。同时在机制上进一步深化，取消"职务酬"，改为"人单酬"，第一次提出了自主经营体升级的目标是成为拥有"三权"的小微。

2014 年，海尔集团战略推进的主题"三化"，企业的互联网思维对应

"企业的平台化"，互联网对企业的改革就是平台化；企业的互联网宗旨对应"用户的个性化"；而员工的价值体现在"员工的创客化"。通过平台化的搭建，海尔为"人人创客"时代打造了个性化的用户体验生态圈。

（一）海尔下游供应链与日日顺

平台化战略的推进意味着海尔在经营中需要向两个方向发展：一是海尔电器作为公司的渠道和运营中心，提供社会化的综合渠道服务中心；二是青岛海尔作为制造中心，打造智慧家庭创新平台。而为了实现上述两点，就需要渠道扁平化减少客户服务程中不必要的中间环节，在提高分销效率的同时，能够使供应链更加敏捷地应对市场的变化。去除中间层后的海尔销售线条下原有的末端经销商直接与工厂生产环节对接，根据对自身销售情况的判断制订销售计划直接向海尔工厂订货。

在这个销售模式下，海尔的生产效率得到了提高，但下游经销商的资金问题成为该模式推进的掣肘。根据海尔与经销商的交易习惯，经销商在采购时须按总货款的一定比例向海尔打预付款，经销商在支付这笔预付款后，海尔才会组织生产，到期后经销商打款赎货。

这在传统的经销模式下，问题并不显著，这是因为在多级经销状态下，位于上层的经销商往往因为较大的经营规模和较充分的自有资金能够应对海尔的要求。而"去中介化"之后，海尔下游销售体系已将生产供货与供应链末端的中小微经销商直接对接，这些对于无论在销售规模还是资产状况方面均实力较弱的中小微经销商而言，面临的资金压力非常巨大，加之这些企业没有充足的资产或抵押物作为担保，很难从银行获得资金或者融资成本高昂。

针对以上问题，2014年4月25日，海尔与中信银行、平安银行签订战略合作协议，实现以海尔日日顺为基础联合第三方金融机构对下游经销商进行供应链融资支持，将产业与金融基于互联网整合在一起。

日日顺始于2000年9月，是海尔集团旗下的在香港联合交易所有限公司主板上市的公司。主要从事海尔及非海尔品牌的其他家电产品的渠道综合服务业务，也从事研发、制造及销售以海尔为品牌的洗衣机和热水器。日日顺品牌是海尔电器集团的渠道综合服务业务品牌，定位为互联网时代用户体验引领的开放性平台。日日顺品牌核心业务是"四网融合"的平台型业务，即虚网、营销网、物流网和服务网。"虚网"指互联网，通过网络社区与用户互动，形成用户黏度。"实网"指营销网、物流网、服务网，依托线下"实网"的优势，日日顺物流目前已成为中国最大的全国性物流网络之一，尤其在三四级市场具备较强的优势。

日日顺 B2B 电子商务平台作为日日顺对外信息展示和承接业务上下游交易管理的核心平台，实现客户订单、财务等交易、交互由线下到线上转变，其核心定位为：日日顺官方信息发布渠道平台：包括企业新闻、财务报告、业务公告、行业资讯等信息；商品的展示和信息查询平台：向用户提商品展示和信息的核心渠道，包括商品名称、型号、描述、图片、营销信息、保修信息等；日日顺经销商订单处理的核心渠道：经销商自助下单和订单跟踪管理的渠道，同时相关的返利、合同、报表等一系列功能也将通过 B2B。电子商务平台实现。

（二）海尔互联网供应链金融解决方案

得益于移动互联网和大数据技术的发展，作为交互用户体验引领下的开放平台，日日顺可以将其拥有的客户群体和规模庞大的经销商数据与中信银行或平安银行平台连接，成为银行授信的重要依据。海尔与银行的合作，整合了银行的资金、业务以及技术的专业优势和海尔集团分销渠道网络、交易数据和物流业务等要素的雄厚积淀。通过日日顺的交易记录，将产业与金融通过互联网的方式集合在一起，开拓了针对经销商的"货押模式"和"信用模式"两种互联网供应链金融业务。

这两种互联网供应链金融产品的差异在于"货押模式"针对经销商为了应对节日（如五一、十一、春节等）消费高峰，或者抢购紧俏产品与品种，或者每月底、每季底为了完成当月或季度计划间获得批量采购折让而进行的大额采购实施的金融解决方案。"信用模式"则是针对经销商当月实际销售而产生的小额采购实施的金融解决方案。

"货押模式"的具体操作流程是（见图7-16）：首先经销商通过日日顺B2B官网向海尔智慧工厂下达采购订单，之后经销商需先将30%的预付款付至银行；经销商随后向海尔供应链金融申请货押融资，海尔供应链金融将信息传递至银行，并提出建议额度；银行审核后付款至经销商监管账户，海尔供应链金融将资金（70%敞口）定向付至海尔财务公司，财务公司通知智慧工厂排产生产；工厂生产出产成品后，发货至日日顺物流仓库，货物进入质押状态；随后当经销商实际需要产品时，向海尔供应链金融申请赎货，然而将剩余货款归还至银行；海尔供应链金融在获取全额资金支付信息后，通知日日顺仓库，货物解除质押；日日顺物流配送到经销商，通知经销商提货。

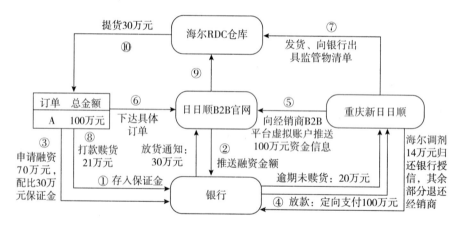

图7-16 海尔货押模式

"信用模式"是海尔供应链金融和商业银行基于经销商的业务信用而提供的金融解决方案，其具体业务流程是（见图7-17）：首先，经销商需要向海尔提供当月的预订单（当月的意向订单）；之后根据预订单海尔智慧工厂进行产品生产；海尔供应链金融和银行根据经销商的信用状况提供全额资金，并定向支付至海尔财务公司；财务公司准许工厂发货，工厂则通过日日顺物流配送至经销商处；经销商收到货物后支付款项至商业银行。

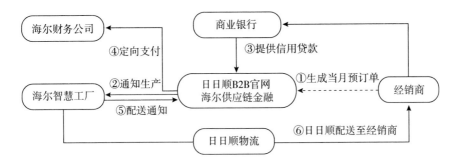

图7-17　海尔信用模式

海尔供应链金融平台上线后，海尔日日顺 B2B 平台上的经销商不用抵押、不用担保、不用跑银行办手续，通过平台上的"在线融资"窗口，实现了资金即时到账，不仅方便快捷，效率高，还能享受到大企业一样的优惠利率，大大减少了利息支出。目前海尔互联网供应链金融的"货押模式"利率为年化5.7%左右，而"信用模式"则为年化8%左右，海尔互联网供应链金融则通过商业银行代收获取1%的服务费。

不仅如此，海尔供应链金融和中信银行劲松路支行协同创新，充分利用银行票据管理的优势，还提供了银行承兑汇票模式，从而使经销商能零成本获得资金。例如，在"货押模式"下，经销商在支付30%的首付后，可以向海尔供应链金融和中信银行申请开票，在支付开票费后，银行在线开具承兑汇票，并付至海尔财务公司，之后经销商打款从日日顺物流赎货。所有过程中信银行不收取任何融资费，只是需要经销商承担5‰的开票费和代海尔供应链金融收取的1%服务费，而与此同时经销商还能享受30%首付款的存款利息。该金融产品推出后，得到了经销商的高度认同和赞许。四川西充县的一位经销商开始了解该产品时表示不信，亲自用电脑在平台上试着发出了1元钱的开票申请，而中信银行劲松路支行开具了目前中国最小金额的银行承兑汇票，成为海尔供应链金融一个标志性的样本。

（三）风险管理：基于大数据的全生命周期动态监控

将供应链金融互联网化，海尔和各利益相关方均可免去时间和空间的限制，及时掌握业务动态，将整个供应链运营掌握在手中。针对供应链金融的前台和后台，基于互联网的在线供应链金融发挥了及时、透明、对称的信息优势，促进供应链金融的发展。

但由于贷款申请全部在网上完成，银行无法像传统融资服务那样根据具体情况考量中小型经销商面对的风险，同时因为该类经销商资金链受整体市场和所处环境营销较大。若发生到期强行提货或是由于经营不善不能到期打款提货的情况，银行的信贷的违约风险和损失就产生了。针对这种情况，海尔和商业银行进行了相应的风控措施的设计。

首先，海尔供应链金融需要与商业银行有着良好的合作关系和系统对接，海尔会将所有经销商近3年的销售数据传递给商业银行，从而便于商业银行分析判断经销商的经营状况和能力，确立相应的信用额度。

其次，对于"货押模式"，其定位的客户往往是销售周期明显的家电经销商，如空调。因为有货物质押作为客户的违约损失担保，该类融资服务模式对经销商的经营年限和年销售规模要求相对较低。第一，在经销商申请贷款时需要按照30%的比例缴纳首付款，或是拥有部分自有资金，这样在一定程度上可以降低客户的道德风险。第二，作为监管方的日日顺物流、海尔财务公司、日日顺B2B平台以及供应链金融需要签署四方协议，明确每个利益相关者的责任和权利，控制经销商的交易信息，降低信贷风险。第三，如果经销商逾期未赎货，由日日顺负责将货物调剂销售并优先归还银行授信。

最后，针对风险暴露更大的"信用模式"，合格客户的年销售额需在1000万元以上，且由于申请借款的都是规模较大、信用较好的优质经销商，因此银行和日日顺更加重视经销商的资质，只有拥有作为海尔经销商大于三年的销售记录才能通过额度审批。另外，通过与平台数据的实时交互，银行得以监控经销商真实全面的交易信息和数据。且随着企业交易的重复进行，这些信息、数据得以不断累积和完善，从而建立起一套动态可监控、全生命周期的商业数据体系。而这便是银行为中小微经销商提供商业信用融资服务的基础。此外，"信用模式"每笔融资金额一般都在5万元左右，通过小额动态循环，海尔供应链金融和商业银行能够借助于大数原理控制相应的风险。

对于该模式下各参与方而言，银行通过对一家海尔统一授信，并且建立完善的风险控制机制来管理海尔的经销商，既能减少对不同经销商分别设计供应链金融产品的成本，又可通过针对标杆复制的手段在短时间内以几何级数的方式增加客户数量。

在海尔去渠道化的进程中，其供应链体系中的层级经销商被简化，海尔直接与下游的中小经销商进行订单对接，大量中小规模的经销商通过传统融资模式"融资难、融资贵"的问题凸显。银行抓住这个契机与产业紧密结合，使供应链上的企业可以借助银行实现信用延伸和风险变量的转移。

复习思考题：

1. 简答题

（1）概述新零售供应链金融。

（2）生产能力风险具有哪几种形式？并简要阐述它们的区别。

（3）应收账款融资模式下主要存在的风险有哪几种类型？

（4）新零售供应链金融主要的风控手段有哪些？

2. 论述题

（1）新零售供应链金融主要有哪几种模式？并简要阐述它们的不同之处。

（2）论述大数据在供应链金融风险管理中的应用。

第 八 章

生鲜品新零售供应链

第一节 生鲜品新零售概述

一、生鲜品新零售行业分析

生鲜主要包括果蔬（水果蔬菜）、肉类、水产品这三类未深加工的初级产品以及面包、熟食这两类加工制品，它们统称为"生鲜五品"。

鲜食一般包括日配乳制品、冷冻和冷藏食品、散装杂粮、蜜饯糖果等，它们与生鲜的保存条件基本相同，保质期较短，通常会与生鲜统一管理和售卖。

与其他商品相比，生鲜食品具有保鲜和加工两大特性，保鲜即用保鲜设备进行保鲜实现保值；加工即用加工设备加工食品实现增值。

1. 生鲜品行业现状及特点

生鲜品行业具有高需求、高价格、高利润的特点。生鲜产品属于高频刚需品类，日常生活消费刚需，易消耗，支出稳定，可预测。但是因为消费困难，用户潜力巨大，加上因为生鲜产品被大型商超垄断，且多为半成品和成品，导致价格高昂。高价格必然伴随着高利润，同时因为生鲜产品的高频率与高需求，使生鲜类的利润更高。

生鲜新零售是指基于智能技术实现的线上线下一体化融合的生鲜新零售服务。截至2017年，国内的生鲜零售行业已经尝试过多种模式，包括传统商超、综合平台、垂直电商、O2O等，"80后""90后"成为家庭消费的主力人群，更注重购买体验与产品品质。有别于年长用户去早市、夜市购买生鲜产品的习惯，"80后""90后"的工作节奏更快，消费能力更强，对生鲜消费的品质要求也更高，对生鲜的品种、质量、规格、购物形式、服务的要求也都在改变。目前国内企业主要涉及的业态有：办公室便利货架与货柜、自助贩售机、社区生鲜便利店、生鲜超市、生鲜配送平台等。

生鲜配送企业：较老牌的生鲜配送电商每日优鲜和易果生鲜，O2O生鲜配送企业京东到家等，以便利货架与货柜入局办公室无人零售是从线上拓展线下的典型。

餐饮+超市企业：腾讯投资的永辉旗下超级物种、阿里旗下的盒马鲜生和京东旗下7FRESH则是依托线下场景诞生的餐饮+超市，以线下流量为中心，同时提供配送服务覆盖周边线上用户，属于线下线上联动模式。

便利店企业：除去办公室场景、基于商圈的超市场景，社区场景还有生鲜便利店以及写字楼周边的新型便利店，是以线下为核心辐射线上周边的典型。

相较于常温下可长期贮存的包装类零售，生鲜产品的保鲜门槛更高。半成品净菜作为生鲜领域准入门槛最高的一环，尚是格局将定的生鲜电商领域内的蓝海。同时，生鲜业务的开展，离不开点位流量的计算、货架SKU的选择、上新频率的确定、供应链能力的完善等，而这些大多需要反复试验和测算，来保证货源、仓储、物流、配送、补货全周期的畅通。

2. 生鲜品新零售的特点

未来的生鲜新零售将集中在这三个维度给消费者带来更佳体验：

更近：从"中心仓"到"前置仓"，从"便利店"到"办公室货架"，离消费者更近，刺激且方便消费。

更好：这里强调的不是价格更便宜，而是性价比更高。在大数据驱动下进行人货场重构，在生鲜板块不断挖掘消费者的需求升级，将原先餐桌上不常见的生鲜品类推上餐桌，推广更多符合消费升级的商品。

更快：速度提升的背后是技术推动着从"计划性购物"到"即时性购物"，从"次日达"到"当日达"和"1小时达"的模式创新。

但同时，生鲜新零售的发展仍存在商品质量和配送速度难以保证等痛点，有企业通过前置仓与店模式来解决。从盈利角度来说，前置仓模式并不适合所有电商企业效仿，毕竟该模式对企业在服务区域内的订单密度、仓储物流能力以及供应链能力都是很大的考验，如果不能达到一定规模很难实现盈利。

二、生鲜品新零售的发展

新零售浪潮中，生鲜以其高毛利、高复购率、高用户黏性，多为即时性需求的特征，成为新零售企业吸引消费者的关键品类。新零售模式选择生鲜品为出发点，既可吸引消费者到店拣选，又有线上下单即刻配送到家的刚需。

生鲜新零售领域的企业跨业态形态众多，很难明确区分具体界限。据鲸准数据库收录，截至 2017 年 12 月 3 日，我国共有 752 家生鲜相关企业成立，其中生鲜配送业态的数量最多，共有 678 家，其中有 350 家获得融资，占 51.6%；生鲜食品和生鲜食材次之，成立数分别为 35 家和 29 家。根据鲸准数据库，2015 年成立的生鲜相关企业数最多，为 266 家。2017 年生鲜企业成立数仅 9 家，为 9 年来最少，但是早几年成立的生鲜企业正谋求新发展方向，尤其是与新零售的结合。投融资方面，根据鲸准数据库，752 家企业中有 362 家企业获得过融资，获投率达 48.1%。这些获投公司中目前处于 B 轮（包含 B+）及之前的有 319 家，占成立企业总数的42.4%，说明行业整体偏中早期，但目前各方资本对于该领域都较为看好。综合当前市场发展趋势和投融资状况，预计 2018 年生鲜新零售市场或将有4 万亿元潜在市场规模。

第二节　生鲜品新零售模式

生鲜新零售是指基于智能技术实现的线上线下一体化融合的生鲜新零售服务。截至 2017 年，国内的生鲜零售行业已经尝试过多种模式，包括传统商超、综合平台、垂直电商、O2O 等，"80 后""90 后"成为家庭消费的主力人群，更注重购买体验与产品品质。有别于年长用户去早市、夜市购买生鲜产品的习惯，"80 后""90 后"的工作节奏更快，消费能力更强，对生鲜消费的品质要求也更高，对生鲜的品种、质量、规格、购物形式、服务的要求也都在发生改变。

因为生鲜企业的新零售布局涉及办公室便利货架与货柜、自助贩售机、社区生鲜便利店、生鲜超市、生鲜配送平台等多业态，甚至很多企业本身成立之初就具有多种业态，且很多企业属于基于线下攻线上，或从线上开拓到线下，以期打通线上线下，很难去明确生鲜新零售企业的具体界限，所以以各生鲜企业的本身形态来进行划分。目前，生鲜新零售的典型模式大致可以分为两类，一类是传统的网购模式，包括平台型电商和垂直型电商；另一类是线上线下紧密融合，"超市+餐饮"等创新模式涌现。

一、传统网购模式

传统的网购模式可以分为两类，一类是平台型电商模式，另一类是垂直型电商模式。平台型电商的商流、信息流聚集平台，资金流、物流归于供应商；垂直型电商的商流、物流、资金流、信息流全部聚集平台，如图 8-1、图 8-2 所示。这种传统 B2C 网购模式覆盖范围约为 10 公里以上，前置仓覆盖范围 3~5 公里，配送时长为 1~2 天，部分可以 2 小时送达。

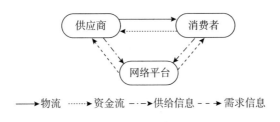

→ 物流　┈┈► 资金流 - - ► 供给信息 - - ► 需求信息

图 8-1　平台型电商模式

平台型电商模式是指吸引生鲜农产品生产组织、销售组织以及加工企业入驻平台，为供需双方提供线上交易撮合，如天猫生鲜、京东生鲜等。平台型电商开设生鲜频道，传统网购的点对点模式，通常采用"第三方商

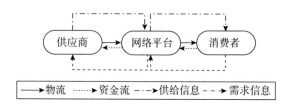

图 8-2 垂直型电商模式

家入驻+平台自营"的方式，其品类很全，SKU 能够达到万数量级。其优势在于流量比较丰富，平台已经积累了大量的流量，对于入驻商家而言，平均获客成本相对较小。但其同时也面临着一些挑战，首先，如何将平台的流量转化成购买力，增加日活和用户复购是挑战之一。其次，商家入驻模式下，无法对客户体验进行全程监控。只能对商家进行资质审核，无法对其商品质量、物流体验进行全程监控。最后，受到专业生鲜电商和玩法平台的挑战，如何引导商家持续运营也是未来发展的重难点。

垂直型电商模式是指企业采购或自产生鲜农产品，通过线上渠道销售，如天天果园、易果生鲜等。由于生鲜产品非标、保鲜期短、易损腐等特点，从采购到配送任何一个环节出现问题都会影响用户体验，垂直生鲜电商一般会从源头开始介入产业链的各个环节。其优势在于能够全程把控供应链，获得价格优势，全程把控保证商品品质和用户体验，但同时也面临着一些挑战。首先是这种模式过重，从原产地控货开始，到原产地加工仓—城市分仓—落地配等全产业链介入，成本过高。其次是获客成本较高，一个新的垂直生鲜电商目前的平均获客成本高达 100 元。最后是模式过重叠加高获客成本导致对资金链的强度依赖，一旦资金链断裂就容易遇到危机。

案例 8-1

平台型电商模式——天猫生鲜[①]

天猫超市从 2012 年正式推出，目前精选约 40000 个优质商品，覆盖食

———————————

① 资料来源：http：//dy. 163. com/v2/article/detail/CS483S0O05118DFD. html。

品、生鲜、个护家清等十余个品类。天猫联动盒马、苏宁、银泰、易果生鲜以及众多品牌合作伙伴，在北京启动"三公里理想生活区"计划。此外，天猫生鲜、易果和阿里巴巴云零售事业部共同打造了一款用技术和数据重构大闸蟹销售场景的"大闸蟹自动贩卖机"，内部应用了天猫和易果共同打造的智能控温技术，调控温度和湿度，来满足大闸蟹的生存条件。大闸蟹作为天猫生鲜水产品最重要的品类，已成熟运营八年。

案例 8-2

垂直型电商模式——易果生鲜①

易果同样作为生鲜线上新零售的代表，拥有 500 万家庭用户和 1000 多家企业客户，同时经营一家专门从事冷冻产品快递的公司——安鲜达（见图 8-3）。硬件方面，为激活不会使用 App 下单的老人群体的消费增量，易果生鲜发布生鲜购买硬件"易果点点"，形态与亚马逊 2015 年 4 月推出的一键购物按钮 Dash Button 类似。同时还想扩展家庭买菜、公司餐饮采购等购买频率较高、需求较稳定的场景，来缓解消费者购买时重复搜索和筛选的问题。

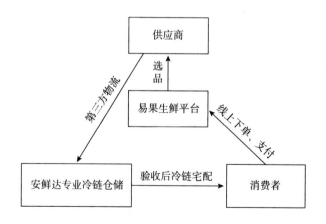

图 8-3 易果生鲜模式

---

① 资料来源：http://www.360doc.com/content/18/0125/16/11566744_725030286.shtml。

天猫商城是易果最大的投资方，易果生鲜的安鲜达团队正承担着天猫超市一小时达服务的运营。与盒马鲜生的三公里配送半径服务以及天猫传统的旗舰店模式形成差异化业务的组合拳，从而做到对整个城市全方位的覆盖。

作为以O2O业务切入生鲜配送，以生鲜超市为主打方向的企业，达达和京东到家合并后集合同城速递信息平台和生鲜商超O2O平台为一，先后获得了红杉、DST、京东、沃尔玛等基金和战略合作伙伴的投资，累计融资金额近7亿美元。

其同城速递信息平台"达达"的"1小时达"服务目前已经覆盖全国370多个城市，日单量峰值超过800万单。此外，其生鲜商超O2O平台"京东到家"，包含超市便利、新鲜果蔬、零食小吃、鲜花烘焙、医药健康等业务，覆盖北京、上海、广州等22个城市，注册用户超过3000万。

二、线上线下融合模式

线上线下融合的模式可以分为两类，一类是O2O模式，另一类是"超市+餐饮"模式。线上线下融合模式的商流、物流、资金流、信息流均聚集平台，如图8-4所示。线下模式即传统商城的销售模式，依托新零售的物流渠道优化，现有商城也可以享受技术溢出的好处。但是消费者需要的是比较优势，随着新零售的推进，O2O的优势越来越明显，单纯的线下模式也需要做出自己的调整。传统的商超都属于线下模式，单纯的线下模式并不属于新零售的范畴，新零售必然离不开线上功能。其覆盖范围为3~5公里，配送时长在1~2小时内，多品类覆盖，SKU在千数量级。

O2O模式也可以划分为三种类型：一是与线下便利店、超市合作，将生鲜商品寄存在超市便利店售卖；二是在社区建立自己的站点，从前置仓向外发货；三是对社区超市便利店的平台整合，如每日优鲜和京东到家等。其优势在于分布在用户周边，1~2小时送达，满足即时性需求；通过便利店做日销，可以降低商品损耗。但其同时也面临一些挑战。首先，便利店合作模式下，无法保证足够的冷链仓，单纯依靠便利店冰柜也容易造

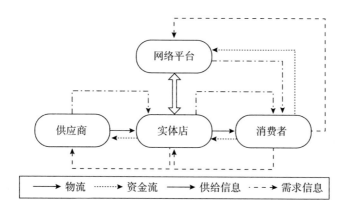

图8-4 线上线下融合型电商模式

成商品的损耗；其次，对整个链路的有效配置和合理掌控能力是最大挑战，配置失衡会带来较高的损耗，例如做促销活动时，区域订单会造成仓库无法满足周围需求；不做促销，会造成仓库中生鲜货品的积压，造成损腐。

"超市+餐饮"是一种新兴零售商业模式，主打产品生鲜和即时餐饮，线上线下业务高度融合优势互补，线下用户强体验为线上服务背书，进行引流。"超市+餐饮"是一种前店后仓模式，门店既做仓库又做店铺，售卖供家庭消费的一站式小包装商品，如超级物种、盒马鲜生等。其优势在于"超市+餐饮"，现场加工制作可以有效降低损腐。同时，线下门店前店后仓，承担前置仓功能，保证配送时效的同时降低成本。"生鲜+餐饮"的模式筑起线下壁垒，餐饮体验既能增加用户在店内停留的时间，同时也方便临期生鲜产品的处理，降低损耗。但其同时也面临一些挑战，首先，重资产。在区域建立冷链配送，自营配送，配送成本较高。门店覆盖的人群以及线上扩充的用户人群是否能够支持店铺的流转是关键问题。其次，活鲜对平台毛利的拉低。这种模式中活鲜的数量更多，而活鲜的损耗率较高，面临拉低整个门店毛利的风险。

案例 8-3

O2O 模式——每日优鲜①

每日优鲜采取"城市分选中心+社区前置仓"的冷链物流体系，在全国 20 个城市设立近 1000 个前置仓，相较于中心仓模式，采用去冷媒化运输，配送员负责前置仓周边 3 公里区域内配送上门及货品上架，"2 小时达"解决最后 3 公里的配送问题，最终使配送速度更快，品质更佳，成本更低（见图 8-5）。

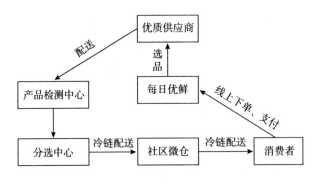

图 8-5　每日优鲜 O2O 模式

每日优鲜采用全品类精选 B2C 模式，约 1000 个 SKU，覆盖水果蔬菜、肉蛋、零食、乳品等 11 个品类，基本涵括消费者对生鲜食品的需求。这样的精选模式可以减少用户的选择成本；并便于通过提高标准化管理程度降低损耗。

根据每日优鲜 2017 年 11 月上半月的销售数据，全部 11 个品类中销量前 5 的大多都是典型的易消耗且较为刚需的生鲜商品。2017 年 11 月，每日优鲜宣布推出优享会员服务，为会员提供 300 款专享商品，同时享受返现 5%，会员专享价最高优惠 50%、1 小时达以及专享客服等权益。

---

① 资料来源：https：//www. sohu. com/a/221691217_100111423。

案例 8-4

O2O 模式——京东到家[①]

作为京东无界零售的代表，京东到家和京东无界零售实验室共同研发智能货柜——京东到家 Go。并作为京东到家全场景消费战略的重要一环，未来将与线下门店、京东到家平台业态一起走向融合。

除去已与达达合并的生鲜商超 O2O 京东到家，更具京东本土生鲜基因的京东生鲜主打冷链食材。此外，京东旗下生鲜超市京东 7Fresh，是京东在其无界零售布局指导下的生鲜落地项目，瞄准在消费升级道路上的新中产阶级，采用线上线下融合的创新模式。集"超市"与"餐饮"于一体，围绕"吃"的需求，打造品质消费场景。

案例 8-5

"超市+餐饮"模式——盒马鲜生[②]

作为打通线上线下模式的新零售代表，盒马鲜生将餐饮和超市的结合，以更具体验感的逛吃模式区别于传统商超。同时通过打通线上线下的数据，以 3 公里内 30 分钟的配送效率，节省了冷链物流成本的同时，还给消费者带来较好的品质体验（见图 8-6）。作为线上线下全渠道零售的代表，盒马鲜生 App 和门店打通数据，满足消费者差异化场景的差异需求，比如在家或者在路上时的生鲜购买需求。同时具有线上 App 的快速便捷和线下门店体验享受，并两者结合将给消费者带来丰富的全渠道生鲜体验。

此外，线上与线下无界融合有助于流量相互转化，增强用户黏性，最终做到留存。增加渠道相当于增加流量入口，且可以根据不同的时间和季

---

① 资料来源：https：//www. 360kuai. com/pc/957c1402485af8480? cota = 4&tj _ url = so _ rec&sign = 360 _57c3bbd1&refer_ scene = so_ 1。

② 资料来源：http：//www. sohu. com/a/233739564_363549。

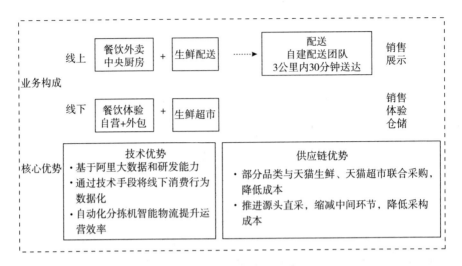

图 8-6　盒马鲜生的"超市+餐饮"模式

节节点、促销商品随时切换、安排适合的线上线下活动。比如，线上更适合通过社群、社区优惠券来促销定向折扣商品，线下可通过烘焙 DIY、主厨课堂等吸引人群流量。

除去全渠道，最重要的是线上线下的数字化运营管理提升能效，即从会员、商品、交易到供应链，实现商品追踪和源头溯源，从而实现了日日鲜。并推出日日鲜蔬菜、猪肉、羊肉、鸡鸭鱼肉、鸡蛋等商品后，推出自有品牌日日鲜鲜奶。

案例 8-6

"超市+餐饮"模式——超级物种（永辉超市）[①]

除盒马鲜生外，永辉超市也是生鲜新零售的典型代表。超级物种是永辉云创在 2017 年 1 月推出的生鲜超市，作为新零售的代表，超级物种依托于已建店 17 年，供应链体系强大的永辉超市，特点是"高端超市+生鲜餐饮+O2O"混合业态。超级物种作为一家连锁餐饮零售商，主要面向中高端消费

---

① 资料来源：http://tech.hexun.com/2017-12-09/191922700.html。

人群，通过超市与餐饮结合的经营模式，开设鲑鱼工坊、波龙工坊、盒牛工坊、麦子工坊、咏悦汇等物种品牌门店，用户可以选择多种支付方式，以及外送等服务，门店模式的可复制性强，客群向线上转化并固化倾向明显。

截至12月中旬，超级物种已经在福州、深圳、北京、上海等城市开设21家门店。目前选址主要是有人流量基础的购物中心等城市商圈，以餐饮这一高频业务去高频带低频。与盒马鲜生推出定位"高频低价"的日日鲜系列类似。超级物种也上线"生鲜优品"新板块，以主打蔬果肉禽蛋等生鲜品类。相较于鲑鱼工坊、波龙工坊提供的海鲜品类，消费频率更高，瞄准消费者的"一日三餐"，是永辉试水生鲜标品化的尝试之一，也是超级物种增强消费者黏性，降低获客成本的举措。

超级物种的生鲜品类背后大都有相对应的供应链体系。以菜品为例，大体上分为有机蔬菜、半成品净菜和小包装菜三种类型。永辉自有果蔬品牌彩食鲜，可为零售终端提供预加工生鲜产品。同时，这样的自营标品生鲜还有助于降低生鲜品类损耗，为线上销售和配送提供便利。此外，2017年6月，全国首家24小时营业门店——永辉生活在福州开业。永辉生活门店原名永辉会员体验店，是由永辉云创通过全球供应链和永辉生鲜的优势结合智慧科技打造的更贴近商圈与社区的新零售商业模式——社区生鲜店（见图8-7）。

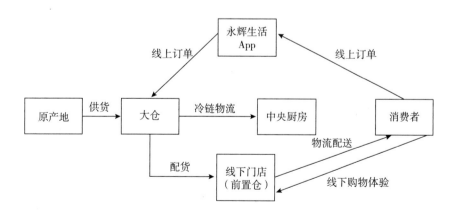

图8-7 超级物种模式

目前，永辉生活 App 已接入超级物种、永辉 BRAVO 精标店、永辉生活等多种业态。在 GPS 识别消费者定位后，提供到店自提和精准配送两种方式。为了提升配送质量，除去自建社区合伙人团队为门店提供配送服务外，还接入饿了么等第三方平台，减轻高峰时段的配送压力，同时也为门店提供更多客流。

第三节　生鲜品新零售的供应链分析

生鲜品新零售供应链包含了采购、冷链、仓储各个环节，任何一个环节都会影响消费者的最终体验。供应链能力是生鲜企业降低成本、提高效率、保障商品优质稳定的关键。生鲜保质期短、易损耗的特征使冷链物流在生鲜的运输和配送中尤为重要，物流成本在生鲜电商的成本结构中占比巨大。随着行业的发展，众多生鲜电商平台开始加码生鲜供应链建设，深入产业链。

生鲜品新零售供应链与传统供应链相比已经有所改变，传统的供应链有货源组织、物流环节、配送环节、零售环节四个阶段，如图 8-8 所示。而生鲜品新零售，较之以往发生了重大变革，生鲜品供应链已经变成了货源组织、零售交易、物流配送三个阶段，如图 8-9 所示，下面围绕这三个阶段对生鲜品新零售供应链进行逐步分析。

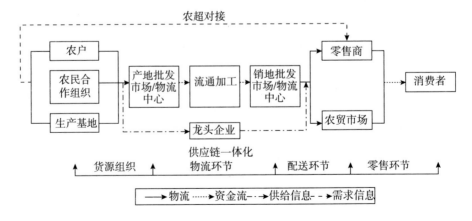

图 8-8　传统生鲜农品供应链

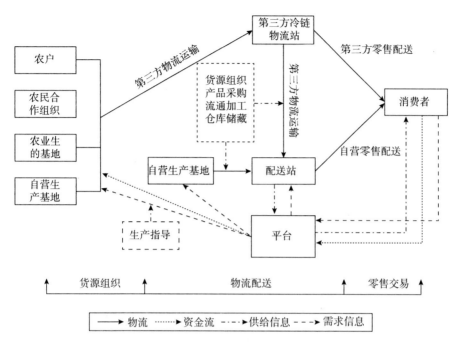

图 8-9 生鲜品新零售供应链

一、货源组织

我们从四个方面对生鲜品新零售的货源组织进行了全面的分析，分别是生鲜品品类、生鲜品来源、生鲜品加工及生鲜品仓储。

（1）关于商品品类，受即时消费及挑拣购物的传统习惯所致，现阶段消费者在生鲜电商的购物属于典型的"发现式购物"。也正因如此，先期发展的生鲜电商均将所售产品定位在高档水果、海鲜、有机蔬菜等。从长远来看，生鲜品市场消费总要经历"发现式购物—搜索式购物—仓储式购物"的发展脉络，生鲜品供应也要经历"高档稀缺—稀缺低价—低价普通"的发展历程。特别是中国电子商务基础设施已经改善，消费者网络购物习惯也已经养成，生鲜品新零售消费各个发展阶段的顺次迁移时间将远远低于传统电商市场。因此，市场将很快进入"仓储式购物"。为了迎合这种市场变化，生鲜品零售企业应当扩充生鲜品品类，通过多样化产品满足广大消费者的"一站式购物"需求，追求"大而全"的发展方式。同时，一些垂直型电商企业还应加强自营生产基地建设，强化合作联盟的纵深化发展，降低生鲜成本，通过低价高质的品牌产品满足区域消费者的专业化需求，追求"小而美"的发展方式。无论是从单品营销（噱头式营销引导"发现式购物"）走向品类营销（基于范围经济发展"一站式"仓储式购物），还是从最初的"荔枝大战"转为优化整条生鲜产品线。发展导向的实质均是将常规生鲜品作为重点发展品类（或集聚非常规生鲜需求形成长尾市场）。

（2）关于商品来源，由于受地理、气候的影响较大，生鲜产品生产具有明显的地域性、季节性、周期性，直接导致了生鲜供给的时空非均衡性。这与具备时空无偏及刚性特征的生鲜需求产生了不可调和的矛盾，如何确保商品来源稳定成为关键。采取外延式发展道路的天猫生鲜主要依靠制度安排吸引卖家数量不断增长，凭借平台规模经济引导平台卖家无限集聚，以平台卖家规模化确保商品来源稳定性。为此，一些平台为卖家开通固定频道、展示入口、专业导购、专场活动支持等，引导大量生鲜卖家集聚，同时一些企业依靠制度安排加强农业生产基地规模扩张与合作伙伴规模扩大，以供应链逆向整合确保商品来源的稳定性，与国内外知名生鲜供应商开展了合作，并且不断拓展合作伙伴。由于生产过程的规范程度低、复杂程度高、风险程度大，生鲜农产品生产组织的规模经济边界较为有限，生鲜品新零售企业难以依靠自身力量确保商品来源稳定性。为此，一些企业均增设了采购功能。考虑到直接对接农户存在规模不经济以及范围不经济双重困局，一些生鲜品新零售企业均选择直接对接实体批发市场（产地批发市场/销地批发市场），充分利用传统生鲜流通渠道确保供应稳定性。

（3）关于商品加工，由于生长过程对自然条件异常敏感，生鲜农产品很难实现标准化，并不具备工业品的质量无偏特性，很难实现以"标准产品、统一价格"为基础的商业化运作。生鲜品新零售企业在自营农业生产基地加强规范化生产、标准化加工，同时对于采购的生鲜农产品进行深度加工，通过将工业化流程导入生鲜产品生产，在很大程度上确保了产品质量的无偏性。

（4）关于商品仓储。生鲜农产品所具备的易腐性、变质性，对于仓储设施提出了更高要求。天猫卖家的传统冷冻仓储中心仅具备低温存储功能，只能实现少量短期仓储，不得不依赖平台规模客户实现快速分发，依靠贴近货源优势实现快速补货，通过为消费者提供更加符合需求的品类，实现自身的快速发展。一些生鲜品新零售企业建有集冷藏、冷冻库于一体的现代化仓储配送中心，可进行多温区存储，并设有低温加工车间以及对应的分拨中心与配送站点，可以满足大量长期仓储，以此强化仓储规模以尽可能降低成本，延长生命周期以尽可能持续供应，通过为消费者提供更加质优价廉的产品，实现自身的快速发展。

二、零售交易

生鲜品新零售将零售环节分解为零售交易与零售配送，并实现了时空分离，改变了传统的"银货两讫"交易方式。将零售交易前置，使传统的"货源组织—物流环节—配送环节—零售环节"更改为"货源组织—零售交易—物流运输—零售配送"甚至是"零售交易—货源组织—物流运输—零售配送"（预售模式）。还实现了零售交易的线上虚拟操作，即消费者完全可以线上查询、线上下单、线上支付，既降低了消费者购买成本，也为生鲜农产品按需配送提供了可能。

传统生鲜流通体系下，零售交易处于流通链条末端，只能被预测，难以被操纵，相对简单且包含在其他流通环节，这也是供需失衡、滞销损耗等流通困局迟迟无法得到解决的关键原因。但在生鲜品新零售体系下，零售交易实现了环节前置，使信息流成为引导物流、资金流、商流的原动力，提高了流通的目的性、主动性，成为引导流通模式变革的关键一环。

三、物流配送

生鲜品新零售模式直接面向消费者销售生鲜，产成品直接进入物流配送，不再经历加工企业、批发市场、零售市场的中转。面对国内冷链物流发展较为滞后的现状，一些生鲜品的新零售模式采用了不同的物流组织，例如天猫卖家采用的"行商模式"，主要追求平台买家规模，需要与全国地区的消费者进行交易，单次运输数量小、整体运输路线多，存在运输分散化的问题。为此，天猫生鲜组建菜鸟物流，集成不同平台卖家的订单，解决单次运输数量少的问题，满足整体运输路线多的需求，实现社会化配送的规模经济；再如，沱沱工社采用的"坐商模式"，主要追求区域买家规模，目前业务范围主要限于北京、上海，目标市场的消费者基数，用户数量增长较为缓慢，存在客户数量不足的问题。为此，沱沱工社采用建设成本相对较低的自营物流适应运输半径较小、配送区域集中的特点，并且全程冷链配送的高品质生鲜还可以吸引更多忠实客户，解决单次运输数量少的问题，实现自营配送的规模经济。

生鲜品新零售要么是采用"集中采购、分散供应"，要么采用"分散采购、集中供应"的方式，尽可能降低成本，对整个物流环节进行整合。一些企业自建物流（或供应商配货），应对采购过程的短距离集中运输，其规模经济可以保障采购低成本；社会化物流应对供应过程的长距离分散运输，其规模经济可以保障供应低成本。生鲜农产品的易变质以及易损性要求运输过程中必须加强外部防护与内部温控，这提高了物流成本，也对配送时效以及配送半径提出了更为严格的要求。为此，生鲜品新零售企业要求消费者提前下单，汇总整合订单、合理安排物流，实现运输规模经济。同时加强运输路线优化，实现物流运输的快捷化、运输成本的最优化。

传统生鲜品零售以现场直接交易为主，消费者前往实体卖场购买并携带回家，卖家一般不承担零售配送。而生鲜品新零售实现了线上虚拟交易、线下实体交割，需要依靠零售配送解决生鲜产品流通"最后一公里"。生鲜产品易损伤降低了携带便利性，消费者更加偏好接近居住地的交付地点；生鲜产品易变质决定了消费即时性，消费者更加偏好即食即送生鲜。但是，零售配送需要克服需求时空离散导致的规模不经济，配送地点的集聚与配送时间的集中成为生鲜卖家的偏好。因而，卖家期望交付地点与买家期望交付地点以及卖家期望配送时间与买家期望配送时间存在冲突。为此，一些物流与社区便利店开展全面合作，允许消费者在便利店正规运营时间前往自提货物，还设置了社区自提柜，允许消费者随时去楼下自取货物；甚至一些生鲜企业还为消费者暂时无法接收的生鲜提供"二次配送"甚至"三次配送"等精准化直配，或者采取了合作社区店与社区自提柜策略，允许消费者自行前往取货。

综合上述对生鲜品新零售供应链的分析，可以发现如下特点。首先，生鲜品新零售供应链形成了"供应—交易—配送"三阶段模式。其中，供应环节实现了生产、采购、加工、销售的一体化，零售交易转移到线上虚拟市场并实现了环节前置，配送环节集成了物流运输与零售配送。可见，生鲜新零售供应链减少了流通环节，实现了供应链的一体化。其次，生鲜品新零售供应链模式将零售交易前置，突破了传统的不得不依靠预测信息流的局限，真实供需状况的零售交易在生鲜品供应链的位置越靠前，越有利于提高整条供应链效率，使基于实际信息流推动商流、物流、资金流的协同流转成为可能，有效抑制了"牛鞭效应"。最后，生鲜品新零售供应链形成了"大供应、大市场、小配送"格局。时空限制的突破促成了规模化订购与分散化配送并存，改变了传统的"小生产、大市场"格局，形成了全新的"大供应、大市场、小配送"格局。

第 九 章

奢侈品新零售供应链

第一节 奢侈品新零售概述

一、奢侈品新零售的产生

随着技术、环境的变化，传统零售行业经历了百货商场、超级市场、便利店与购物中心、电子商务、移动购物等业态，每一种业态都是与其所处时代的生产力水平相适应的，导致"奢侈品新零售"产生的原因主要包括以下几个方面：

1. 技术

云（云计算、大数据）、网（互联网、物联网）、端（PC 终端、移动终端、智能穿戴、传感器等）构建起"互联网+"下的社会基础设施，为奢侈品新零售准备了必要的条件。奢侈品新零售可以依靠技术手段实现与消费者之间的互动，通过信息技术推动商业向消费者深度参与的方向发展。可以通过移动端和社交媒体获取消费者信息，应用场景定位、虚拟试衣镜、传感器等技术，完善消费者体验。应用"物联网+奢侈品新零售"，进一步扩展零售行业的服务边界，通过云计算、大数据、人工智能等技术，链接品牌商、供应商、分销商及服务商等零售行业生态伙伴，向着自助化、智能化的方向发展。总之，技术的发展为奢侈品新零售的产生提供了基础。

2. 消费者

居民消费购买力日益提高，消费者更加追求个性化消费，消费主权时代到来，对奢侈品与消费的适配度提出了更高的要求。因而，对零售的升级产生了巨大的牵引力。

首先是消费购买力提升。居民收入水平变动直接影响居民消费倾向和消费结构的变化。2015 年，我国人均 GDP 已经达到 8000 美元以上，因此，我国消费结构进入快速升级阶段。大部分消费者在满足原来的基本生活需求后，对于奢侈品的需求只会越来越大。其次是消费主体更加个性化。崛起的年青一代中产阶级已成为中国奢侈品网络消费的大军，平均年龄 30 岁，主要集中在 28~37 岁，他们比欧洲奢侈品消费者平均年龄年轻 10 岁。这些年轻化的消费群体更加注重商品和服务的品质、品牌，更加注重个性化消费，展示自我，消费的"羊群效应"逐渐消失，个性化、多样化消费需求大规模兴起，逐渐成为主流。奢侈品消费也相应出现了新特点，更早且更频繁购买奢侈品、更依赖数字化技术、更多依靠网络获取信息、更了解品牌且更有主见，这些转变会倒逼奢侈品零售业的整体升级。

3. 奢侈品行业

全球实体零售发展放缓，亟须寻找新的增长动力。根据贝恩咨询发布的数据，2015 年中国内地线下奢侈品消费市场出现 2% 的负增长，市场规模从前一年的 1150 亿元降到 1130 亿元。据财富品质研究院统计，在 2015 年，83% 的奢侈品牌在中国有各种形式的关店行为。在过去几年，Prada 在中国关了 16 家门店，Chanel 关了 11 家门店，Burberry 关了 3 家门店。相比之下，商业情报机构的一份报告显示，2015 年中国在线奢侈品销售额增长 20%，其中移动端奢侈品牌搜索为 PC 端的 2 倍，移动选销售同比增加 44%。

奢侈品实体店暂停扩张，进入全面紧缩时代，与逐步缩小的实体店规模相反，线上奢侈品市场蓬勃发展。因此，为了应对奢侈品零售行业所面临的问题，线上和线下企业均在跨界融合，奢侈品行业需要进行"新零售"的探索。

二、奢侈品新零售的内涵

至今关于奢侈品新零售概念还没有一个较为完整的定义，本书基于前文对"新零售"的解读，将"奢侈品新零售"的内涵总结为：通过线上与线下融合的形式，获取全方位数据，从消费者（体验）角度提升奢侈品新零售效率。

首先，"奢侈品新零售"主要表现为线上与线下的融合。从O2O到线上线下协同融合的进程。在2014~2016年的3年时间内，入驻天猫的还只有Burberry、Rimowa和LA MER海蓝之谜等11个奢侈品牌，平均每年4个左右。但该数字在2017年迅速翻倍至8个，不仅全球最大奢侈品集团LVMH旗下五大部门先后入驻，Swatch集团旗下天梭、阿玛尼旗下Armani Jeans以及Marni等品牌也宣布加入天猫的奢侈品矩阵。这些奢侈品企业均已经开始涉足线上线下融合，实行同步销售。

其次，数据是"奢侈品新零售"的基础。"奢侈品新零售"是在数据化的基础上，进行高效率的供需匹配。"奢侈品新零售"的数据化是全方位、全产业链的数据化，不仅要做好顾客的数据化，还要实现上游供应的数据化。正因为如此，数据成为企业一项非常重要的资产。随着奢侈品消费者购物路径的快速演变，中国的数字化生态体系也不断研发新的数字化工具，在营销引流、线上线下转化、提升体验等各方面为企业赋能。面对消费者数字化行为的巨大变化，品牌商需要积极借力数字化手段，顺应奢侈品行业新的游戏规则。针对消费者不同的购物路径，定制数字化战略。将供应数据化，实现溯源与监控，有助于掌控产品质量；将顾客数据化，通过数据分析创新服务，有助于提升顾客体验。以上两个方面的融合，将引爆"奢侈品新零售"的增长。

最后，"奢侈品新零售"的逻辑是从消费者入手的角度提升零售效率。"奢侈品新零售"所处的时代背景是，产品极大丰富，消费者个性极强。传统上基于生产与产品角度的销售逻辑已无法适应当前形势（"卖场"似乎应改名为"买场"了），亟须以消费者为中心的营销创新。"新零售"正是通过分析相关数据来发掘消费者潜在需求，并据此提升消费者体验。

第二节　奢侈品新零售科技

一、美妆新零售科技应用

在科技发展历程中，VR（虚拟现实）、AR（增强现实）等技术正逐渐渗透进人们生活，尤其在美妆行业。AR技术的开发和应用已经取得较大进步，多元化的智能试装模式通过摄像头精准地达到化妆效果，顾客不需要在脸上直接上妆就可以体验各种完美妆容。

基于AR（增强现实）和人脸识别技术的"虚拟试妆"这样的新技术，顾客只需面对镜头挑选心仪的产品和色号，就可以进行实时试妆。线下专柜试口红，三分钟才能试一种颜色；而使用虚拟试妆，一分钟就能尝试超过5支不同色彩。

例如，天猫与雅诗兰黛等品牌推出的试妆魔镜、无人色彩贩卖机，顾客只需打开电商App或二维码扫码关注，选择喜欢的口红款式，即可点击"试妆"功能。不仅可以即刻了解什么颜色适合自己，还可以根据不同的环境和光线，调节口红颜色的深浅度，改变美白度，进而能更准确地感受素颜和不同妆感之间的差异，高精度识别唇部和人脸，让顾客可以在镜头前随意扭动头部，360度无死角地体验各种试妆效果。

虚拟试妆的技术原理是：将手机的前置摄像头转换成一面试妆镜，利用人脸识别技术，通过捕捉人脸上的关键数据点，对嘴唇特征点做了针对性的训练和优化，使唇部定位更准确。并有效地抑制了特征点抖动情况，使试妆效果更加稳定。同时，采用光线动态跟踪和提亮等技术，研发了唇釉、滋润以及哑光的试妆效果，并根据脸部光线和位置的变化而做相应的调整，通过减小模型大小，采用并行处理等方式提高了帧处理的速度，使试妆效果更加自然、逼真。

传统的线下试妆总会因为各种"不合适"原因而降低好评度，而线上智能"虚拟试妆"给顾客带来提前体验的功能。既能提高适合该产品顾客的回购率，也能给那些犹豫的顾客一个尝试的机会。同时，为新一代美妆品牌电商的线上体验创造了价值。

案例 9-1①

Giaran 的定制化技术

2017 年 11 月，日本美妆巨头资生堂集团（Shiseido）美国子公司宣布，收购人工智能创业公司 Giaran 以完善美妆客户的定制化体验。双方暂未公布具体交易条款。Giaran 受计算机视觉、大数据、增强现实等 AI 技术驱动，打造深度学习、数据挖掘和预测建模相关新算法。Gibran 当前拥有的技术包括：Makeup Virtual Try On（虚拟试妆）、Tutorials（教程）、Color Matching（颜色匹配）、Personalised Recommendations（个性化推荐）、Makeup Removal（虚拟卸妆）、Face Tracking（面部追踪）和 Skin Tone Detection（肤色检测）。这些技术均可应用于手机、平板和电脑端，及配备全高清增强技术的智能镜。

案例 9-2②

雅诗兰黛的产品试用技术

2017 年 6 月，Estée Lauder（雅诗兰黛）在其网站和移动网站上推出了基于 AR 技术的产品试用功能。随着房间光线的变化，用户能够看到不同产品的试用效果，该技术还能够弥补照片和视频中缺乏的质感和光泽。通过 AR 功能，用户能够尝试品牌在电商网站上推出的多种眼影和口红。它还整合了 ModiFace 的最新一代面部跟踪技术，通过网络摄像头精确地捕捉实时视频中的眼睛和嘴唇的轮廓，形成了一个逼真的、可广泛使用的应用程序，以改善在线美妆购物体验。

---

① 资料来源：http：//www. sohu. com/a/203266077_329832。
② 资料来源：https：//www. sohu. com/a/222415383_487885。

二、服装新零售科技应用

1. 服装新制造

服装产业正在经历一场以新制造、新零售为标志的伟大变革。

在服装新制造领域，与传统制造不同，是以按需定制为特征。不再是服装做好后让顾客挑选，而是首先需要将顾客的需求数据化，需求数据与销售数据、研发生产等数据互通，实现全流程数字化。

例如，目前博克服装数字化整体解决方案实现了从量体下单到样板设计和生产工艺的全流程数字化，如图9-1所示。其具体流程为：

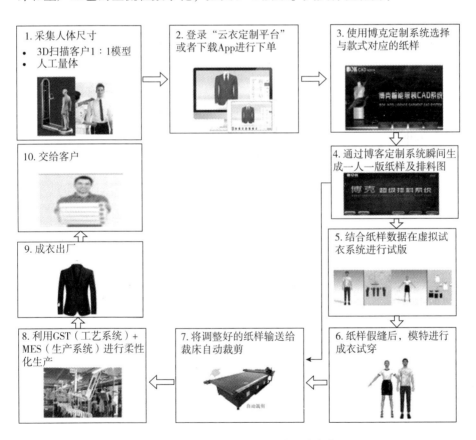

图9-1　博克服装数字化整体解决方案

资料来源：博克科技。

（从）三维人体扫描—（到）云端人体数据测量—服装下单系统—与智能定制 CAD 无缝对接，一键生成服装纸样—全自动排料—自动裁剪设备（裁剪更准确、更智能）智能化缝制（推荐的 MES 生产系统和 GST 工艺系统）—服装交付，进而实现服装新制造。

2. 服装新零售

在服装新零售领域，实现从智能试衣镜逐步走向服装新零售试衣间。

例如，你在寺库线下体验中心试戴了一条爱马仕的丝巾，然后站在试衣镜前，试衣镜将从寺库 App 的 30 多万 SKU 里，找出最能搭配这条丝巾的服装、配饰等商品，并直接将你穿搭后的效果显示在试衣镜上。

消费者很愿意玩这个智能试衣镜，但除了新鲜感和营销价值，各大服装品牌始终未对智能试衣镜形成大规模的采购需求。市场上众多的智能试衣镜供应商在这波热潮后，似乎未能找到规模商业化方向。究其原因，在于卖服装核心的体验，场景是试衣间。因为在试衣间里，拥有用户所有的行为偏好，那么如何将试衣间的行为数字化？

为此，衣脉科技通过智能试衣镜拍照建模、小屏幕 Browser 浏览选择和最终的试衣间试穿、智能仓库配换货，形成了一整套 7 款产品，从而解决服装的数字化问题，如图 9-2 所示。实现了从智能试衣镜走向服装新零售试衣间。

引流大屏　　选款中屏　扫码试穿　　智能试衣间　　智能仓库　　线上连接　　数据看板

图 9-2　服饰新零售解决方案

资料来源：衣脉科技。

案例 9-3

拉尔夫·劳伦集团的智能试衣间

美国最大奢侈品公司拉尔夫·劳伦集团，于 2015 年在其位于曼哈顿纽约第五大道的旗舰店推出智能互动试衣间。拉尔夫·劳伦的智能试衣间中的镜子带有识别技术，可以识别消费者带进试衣间的服装标签上的射频识别技术（RFID）芯片。当顾客挑选好试穿商品来到试衣间后，智能镜子触摸屏就会自动关闭屏保内容，出现用户试穿的交互界面。界面上会提供三种光线场景选择：第五大道日光、东方汉普顿黄昏、Polo 酒吧之夜。以此让顾客改变试衣间的光线体验在不同光线下查看试穿服装的效果。另外，镜子能够通过芯片自动辨识顾客手中的物品，如果消费者对产品满意可以直接购买，若不满意想要试穿其他不同尺寸和颜色的款式，也可以通过试衣镜的触摸屏选择，而销售人员会被提醒将需要的服装送进试衣间。当顾客试穿结束可以点击"我要买单"的按钮，店内的销售人员就会带上 POS 机完成顾客的消费。如果顾客希望延迟购买，也可以留下手机号码，之后便会收到带有购买链接的短信。最惊喜的是，镜子还精通除英语外的五门语言，分别是意大利语、葡萄牙语、西班牙语、中文和日语。这意味着一位来纽约的中国人，可以通过中文直接与镜子沟通，之后镜子会把店员的英语回答翻译成中文回复顾客。智能试衣镜还会采集数据，并对试衣时间、购买转化率等进行记录，并将上述数据反馈给销售团队以做出具体反应（见图9-3）。

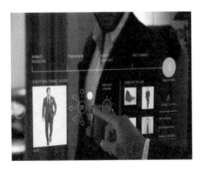

图9-3 拉尔夫·劳伦的智能试衣间

三、珠宝新零售科技应用

1. 珠宝个性化定制系统

传统零售时代，我们若选择珠宝奢侈品，都是寻找社会影响力较高的知名品牌，如 Cartier Tiffany BVLGARI、Van Cleef & Arpels、HARRY WIN-STON 等全球奢华品牌。而"新零售"时代下，珠宝个性化定制服务成为必然趋势。

为此，基于多年探索研究，我们设计了基于人工智能的珠宝个性化定制系统。珠宝个性化定制系统可界定为：面向客户个性化需求，以善于组织设计、生产、销售的第三方网络平台或生产商或零售商为核心企业，依托互联网人工智能众包平台收集客户的个性化需求信息，联合设计师、材料商、生产商、销售商、鉴定师、估价师等主体，通过互动和信息共享，组织虚拟产品订单、智能创意设计、智能采购、可视化加工、在线鉴定与估价、体验营销和售后等一体化运作的珠宝定制创新管理系统。其实，这也可以作为珠宝众包供应链的结构，如图 9-4 所示。

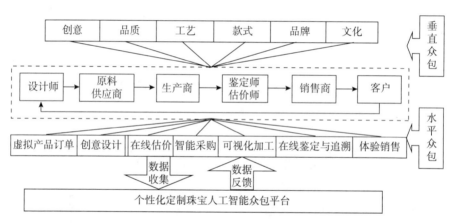

图 9-4　珠宝个性化定制系统（珠宝众包供应链)

2. 珠宝个性化定制系统模块

珠宝个性化定制系统包括十一个模块，如图 9-5 所示。

模块一：客户信息数据库。用于存储客户性别、年龄、职业、个人喜好等客户信息；客户在注册时填写客户信息，通过大数据分析更新客户信息。

模块二：选款模块。根据客户信息或客户输入的珠宝信息，为客户推荐款式并为客户提供可供选择的款式细节；根据客户选择款式细节生成珠宝 3D 方案。

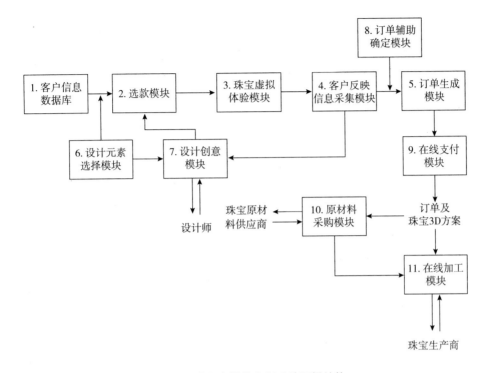

图9-5　珠宝个性化定制系统逻辑结构

模块三：珠宝虚拟体验模块。为客户端的 VR 或 AR 设备提供珠宝 3D 方案，并基于客户的 VR 或 AR 设备产生客户佩戴珠宝 3D 方案的合成效果图。

模块四：客户反映信息采集模块。根据客户的穿戴设备，采集客户通过珠宝虚拟体验模块佩戴珠宝 3D 方案时的生理参数，并基于所采集的生理参数，判断客户对当前所佩戴珠宝 3D 方案的满意程度。

模块五：订单生成模块。用于根据客户最终确定的珠宝 3D 方案生成订单。

模块六：设计元素选择模块。用于客户输入珠宝信息；也就是选款模块根据客户输入的珠宝信息为客户推荐款式，而客户输入的珠宝信息过程是基于设计元素选择模块实现的。

模块七：设计创意模块。用于为客户提供基于设计师设计的珠宝 3D 方案。如果客户在客户反映信息采集模块中并没有满意的珠宝 3D 方案时，设计创意模块提取设计元素选择模块中的设计向量对应的信息，并提供给设计师，设计师根据设计向量对应的信息设计珠宝 3D 方案，并将珠宝 3D

方案添加到选款模块，供客户选择。

模块八：订单辅助确定模块。当客户已经确定珠宝 3D 方案并且还未生成订单时，订单辅助确定模块显示金属价、宝石价、镶嵌费、设计费、起版费、加工费等成本和预制利润，为客户提供金属类型、设计金重、配石规格与数量输入选项，并根据客户输入的数据显示珠宝估价，为客户提供生成订单的参考。

模块九：在线支付模块。用于根据客户提交的订单完成在线支付。

模块十：原材料采购模块。将客户最终确定的珠宝 3D 方案所对应的原材料信息发送给珠宝原材料供应商，并对最终的珠宝原材料供应商信息进行显示，供客户查询。

模块十一：在线加工模块。将客户最终确定的珠宝 3D 方案所对应的加工信息发送给珠宝生产商，并将珠宝生产商信息和依据原材料加工的珠宝信息进行显示，供客户查询。

上述十一个模块是实现珠宝个性化定制的基本模块。为进一步打击假货，提升消费者对正品的诉求，后期，拟在该珠宝个性化定制系统中加入正品溯源模块。基于区块链技术，将商品生产过程、流通过程、营销过程的信息整合写入区块链，使品牌的每条信息都拥有特定的区块链 ID "身份证"，附上各供应链主体的数字签名和时间戳，供消费者查询和校验。

珠宝个性化定制系统能够为客户提供选款细节，能够根据客户选款细节生成珠宝 3D 方案，进而根据客户喜好的款式组合提供私人定制服务。

3. 珠宝体验式营销

为了给客户提供更真实的产品和场景体验服务，我们联合曼恒数字合作研发了珠宝产品体验营销系统如图 9-6 所示，包括 VR 体验店场景模型、全球奢华珠宝品牌部分产品 3D 模型。

在该系统中，客户可通过 HTC vive 设备在体验店场景中漫游，通过手柄按键对场景中的珠宝产品进行交互式操作。根据客户特征及其需求，可任意切换试装场景、客户角色创建、首饰穿戴等。同时，结合眼动仪等生理设备，即时抓取客户生理指标，获取客户体验反馈。

图9-6　珠宝产品体验营销系统

珠宝产品体验营销系统的研发，进一步深化了珠宝个性化定制系统，并且探索了珠宝产品的新零售方式——珠宝体验式营销模式。

案例9-4[①]

"Tiffany"的新零售概念店

美国奢侈品珠宝公司 Tiffany & Co.（以下简称"Tiffany"）于2018年在伦敦开设了全球首家 Style Studio 新零售概念店。该店铺面积为2160平方英尺（约合200平方米），位于伦敦13 ames 大街，紧邻以奢侈品零售闻名的 Covent Garden 商业区（见图9-7）。Tiffany 希望 Style Studio 能让前来消费的顾客放松身心，为他们带来沉浸式体验，将传统的奢侈品的高冷印象抛在脑后。所以，这里的员工虽然被要求穿着黑色服装，但并不需要穿着正装，还能搭配他们喜欢的运动鞋，并且可以按照自己的偏好佩戴和搭配珠宝产品。该店提供的 Tiffany 珠宝系列包括：Tiffany T、HardWear、1837 和 Return to Tiffany 系列，并特别注重礼品、小小皮具和居家产品。除此之外，Style Studio 内还摆放了一台自动售货机，出售 Tiffany 最新的香水、现场雕刻的珠宝和皮革压花产品。顾客可以在自动售货机的屏幕上绘画和涂鸦，然后将他们自己设计的这些元素融入吊坠和其他产品上。店铺的后方有一大片空间，用于举办客户活动、展览和派对。该空间目前在展示 Tiffany 与女演员 Elle Fanning 合作的最新推广活动。此外，Tiffany 与国际艺术基金 Outset 签订了三年合作协议，共同为年轻艺术家提供免租金的

---

① 资料来源：https://m.jiemian.com/article/2329750.html。

工作室，其中一些艺术家的作品将在该空间内展出。

图 9-7　Tiffany & Co. 新零售概念店

第三节　奢侈品新零售供应链运作模式

一、奢侈品新零售供应链结构

在上一轮变革中，奢侈品行业已经迈入了互联网、信息化时代。而在新一轮变革里，奢侈品行业将面临全面数字化，消费者中心化以及信息传递加速等行业升级，这也意味着奢侈品行业新零售时代的到来。

奢侈品行业新零售的升级体现在三个方面：

（1）数字化整个供应链网络，而不仅仅是单一的信息化升级。针对消费者个性化需求，数据流的加速传递和价值深挖，使供应链能够形成真正的闭环。

（2）消费者将成为真正的中心，奢侈品零售将完成从品牌商"零售"转变为消费者"零买"，消费者重新定义品牌商业务、技术和能力的构建。

（3）快速有效的信息传递赋能品牌商更快的内部效率以及更快的反应速度，与市场和消费者紧密相连。

奢侈品行业从过去以企业产品为中心，由企业决定管理模式和信息技术的传统零售链式价值链，正逐渐过渡为以消费者为中心，提供个性化定制产品和服务，以及场景体验模式的新零售环式供应链网络，如图9-8所示。

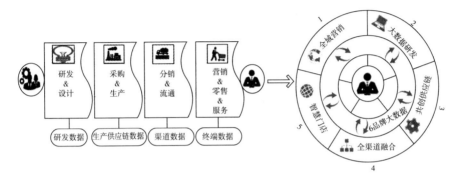

图9-8 传统零售链式价值链向新零售环式供应链网络过渡

奢侈品行业的领先者，正从全域营销、大数据驱动产品设计、共创供应链、全渠道融合、智慧门店（或智慧终端）、奢侈品牌大数据六个方面探索如何融入新零售，如图9-9所示。可以说，新零售环式供应链网络是当前奢侈品行业的供应链结构。

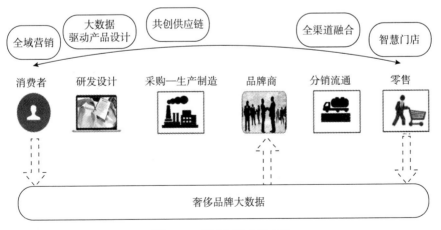

图9-9 新零售环式供应链

二、未来主导——云供应链

在现有基础上，奢侈品行业的供应链将进化为云供应链（Cloud Supply Chain，CSC），供应链结构的终极演化形态将主要由云端、零售端和生产端三部分构成；生产端和零售端实时数据上传至云端，云端下发指令至生产端，生产端按需定产并交付产品，如图9-10所示。

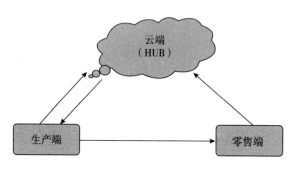

图 9-10 云供应链

云供应链的三个主体有新的内涵：零售端——场景革命；生产端——私人订制；云端——数据控制中心。

（1）零售端：场景革命。在奢侈品行业领域，云供应链的零售端将为奢侈品产品带来无处不在的消费场景。无论是线下购物中心、体验店，还是线上的品牌店、网络直播，以及试妆魔镜、无人色彩贩卖机、智能试衣间、VR设备等，都将成为奢侈品消费的绝佳场景。

（2）生产端：私人订制。在生产端，基于大数据云平台可以对消费者的诉求进行深入挖掘，消费者实时"在线"，包括其性别、年龄、收入、消费偏好等都可以进行采集，商品生产可以完全定制化。如前所述的博克云衣定制平台，建立了大量的数据库，能够真正实现个性化定制，做到一人一款，一人一版。

（3）云端：数据控制中心（Data Control Center，DCC）。在云端，基于上传至云端的海量数据，数据控制中心通过云计算将资源和需求最精准、最高效的匹配，形成定制化生产指令给生产端。对消费者而言，通过主动或被动提供个人方方面面的数据，即可在不同的消费场景下进行体验，并为体验打分，为体验买单。

综上，同其他行业类似，奢侈品行业的未来主导是云供应链。云供应链就是以用户为中心，数据赋能下打造实时在线消费场景和提供定制化体验的高效流通链。

案例 9-5①

天猫 LUXURY PAVILION 奢侈品平台

2018 年 4 月 11 日，天猫 Luxury Pavilion 品牌先见会在上海召开，并携手包括 tod's、Burberry、Ralph Lauren 及真力时等 70 多个全球顶级奢侈品牌，共同开启 2018 奢侈品新零售元年。天猫宣布了未来三年在奢侈品领域的"小目标"：用三年时间，搭建奢侈品牌与"90 后""00 后"新时代消费者的沟通桥梁，服务 1 亿新中产。

2017 年 8 月 1 日，天猫上线奢侈品平台 Luxury Pavilion，诸多国际一线大牌均第一时间入驻。Luxury Pavilion 是天猫的一个虚拟 App 平台，通过天猫首页的频道入口进去，就可以看到 Luxury Pavilion 的内页，呈现出的是与天猫主站不同的 Ui 设计。无论是图片的质量、卡片的折叠方式还是品牌故事的风格，都更符合 Lv、Chanel 等奢侈品品牌官方 App 的调性，也更贴近奢侈品消费者的品位要求。

全球首个为奢侈品专属定制的平台 Luxury Pavilion 将全面升级——为更好地服务中国更多对消费升级有强烈愿望的新中产，Luxury Pavilion 将相继推出包括分期免息、临时提额、预约担保在内的全球首个奢侈品金融消费解决方案、首个基于区块链技术的正品溯源功能，并成立专属的客服团队服务高端用户，以及推出首个奢侈品牌全域营销和运营解决方案，与全球奢侈品牌共同探索新零售的无限可能性。以 Luxury Pavilion 最新上线

---

① 资料来源：范鹏. 新零售：吹响第四次零售革命的号角 [M]. 北京：电子工业出版社，2018.

的 Pavilion Club 为例，将会为高端用户提供优先购买、尊贵邀约和一对一的专属客服等服务。通过联动奢侈品牌提供限量的精品购买、线下体验等服务，帮助品牌实现会员的全渠道打通；同时，天猫更将建立一支高达千人的专属客服团队，为消费者一键召唤专属客服经理，快速解决问题。

另外，借助阿里云区块链技术，全球首个基于奢侈品的正品溯源功能也将登录天猫。天猫会将商品原材料生产过程、流通过程、营销过程的信息整合写入区块链。使品牌的每条信息都拥有特有的区块链 ID"身份证"，附上各主体的数字签名和时间戳，供消费者查询和校验。未来消费者只需要在 Luxury Pavilion 上找到购买订单，点击"一键溯源"或直接扫描产品上的溯源码，就能看到对应的区块链编码，了解产品的产地、入境报关单号和入境报关时间等信息。与此同时，天猫也发布了全球首个奢侈品金融消费方案及针对奢侈品的全域解决方案。天猫与蚂蚁金服花呗一起为高端用户定制"分期免息""临时提额""预授权预订"三大金融服务。帮助品牌更好地吸引和留住更多的潜在客户。

数据显示，Luxury Pavilion 上线半年多，就已经拥有近 10 万年消费额超过百万的高端会员。吸引到 LVMH、雅诗兰黛集团、Swatch 集团、欧莱雅集团、PVH 集团等全球九大奢侈品集团开启亲密合作。同时，包括 Burberry、Baccarat、Bonpoint、Givenchy、Guerlain、Hugo Boss、Hennessy 等 50 个全球顶级奢侈品品牌都已入驻，涵盖重奢到轻奢，横跨服饰、皮具、美妆以及腕表等全品类。除了 Luxury Pavilion 平台外，更多奢侈品牌也在加速以品牌旗舰店、虚拟快闪店的形式与天猫展开合作。仅 2018 年第一季度，就有包括 Marni、阿玛尼、纪梵希、YSL 等十多个奢侈品牌集中入驻。

第　十　章

农业新零售供应链

第一节　农业新零售供应链概述

一、农业供应链的变革

传统的农产品供应链（见图10-1），主要包括四种主流模式，分别是以农产品批发市场为核心的农产品供应链、以农产品加工企业为核心的农产品供应链、以零售企业为核心的农产品供应链以及以农产品物流中心为核心的农产品供应链。在这些模式下，农产品标准不一、价值差异大、缺乏质量保障、损耗过大，影响市场需求。

从农业供应链中的主体来探讨新零售下农业供应链的变革。

农业新零售供应链销售商：新零售下的销售商，面临的竞争压力大，因此创新的动力也大。正如我们前面看到的一些实际案例，都是在零售端不断地进行创新，同时也需要注意以下问题：

（1）上游集成：在农产品需求预测、计划补货方面与上游供应商深度协同，甚至直接掌控农产品供应商。

（2）网络优化：需要评估供应链网络的优化空间（门店、前置仓、区域仓、中央仓的数目、位置和对应关系），权衡服务时效与网络成本。降低农产品的腐蚀率。

（3）库存优化：零售端的零售方式发生变革后，库存控制也是重要的问题。

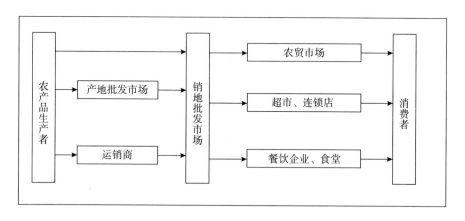

图 10-1　传统农产品供应链

（4）动态调整：不同时节农作物的品种如何快速调整。

农产品新零售供应链农产品加工企业：处于销售商和生产商之间，主要为下游农产品销售商提供供应链服务。具体包括：农产品的再次加工、库存与补货服务、销售方法指导等。需要注意的是，从农业新零售供应链响应程度和成本要求出发，理论上供应链的中间环节都应被打通，因此，农产品加工商要凸显自己的价值。所以，农业新零售供应链必须建立适合的运作模式，来保障其高效的运行。

农产品新零售供应链物流服务商：整合压力较大，技术创新的动力较大。创新技术的应用，毫无疑问将成为物流企业升级的关键。我们已经看到菜鸟、顺丰、京东在机器学习、运筹优化方面的大量资源投入；美团使用机器学习+运筹优化实现送货效率的提升；日日顺、安得使用网络与运输优化工具取得的效益。在技术方面的投入将会成为物流企业重要的支撑。

农业新零售供应链生产商：面临的供应链响应程度和柔韧性挑战较大。实现全数字化运营，以模块化的生产线和产品为载体，为农业新零售供应链在供应端提供更多柔性。需要注意的是：①与零售商和农产品加工商进行深度协同；②减少各种提前期。

结合上述供应链中各主体的变革情况，在"新零售"的背景下，批发市场作为农产品集散中心，仍会一定程度存在，但链条必将缩短，传统的二级三级批发商将消失，服务功能也必须更为完善。"新零售"势不可当，正快速渗入传统行业，在多方技术的融合下，必将产生很多新的模式，通过"大智云物移"的技术驱动，可实现供应链精准服务和整体控制，进而提升流通速率，最终实现农产品供应链的优化发展。

二、农业新零售供应链的升级路径

1. "线上+物流+线下"的升级路径

"线上+物流+线下"的路径，主要是针对保鲜期相对较短的农产品，例如，生鲜、果蔬等。提高农产品流通效率是关键：第一，建立易腐农产品电子商务信息平台，在农产品上市之前公布农产品预期产量、品质水平及销售价格等基本信息，获取农产品需求信息；第二，农产品需求信息与销售信息匹配之后，以预付定金（按成交量划定定金比例）的方式完成农产品交易；第三，委托第三方物流企业，将成交后的农产品运抵需求方指定。实体店（大型超市、卖场等），结清剩余货款；第四，易腐农产品以最短的时间抵达终端市场，满足市场消费需求，同时终端市场对农产品消费需求的变化可以直接通过互联网平台反馈农户，以使农户优化农产品品质、科学调控农产品产量，减少供求信息不对称下的浪费。"线上+物流+线下"模式如图 10-2 所示。此路径的实现，需要依托大数据平台及时有效地发布和更新农产品相关信息，以确保线上发布信息的真实准确，为线下销售业绩的提高奠定基础。

2. "线下+线上+物流"的升级路径

"线下+线上+物流"的升级路径主要适用于保质期相对较长的农产品，例如，粮食、棉花、马铃薯等。此类农产品具有产量大、易保质，对存储、运输条件的要求不高，只要空间大、干燥、通风即可。"线下+线上+物流"模式如图 10-3 所示，首先通过农业专业合作社集合农产品，将分散生产加工的农产品经过统一收购、统一保存、统一包装进行聚合，设定分类标准，划分农产品品质和用途，品质较好的农产品可以直接销往城市，品质相对较差的农产品可以销往以此类农产品为原材料的加工型企

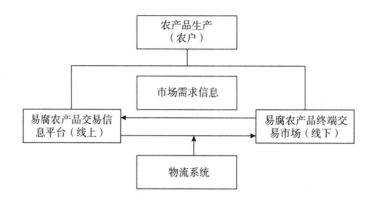

图 10-2　"线上+物流+线下"农业供应链模式

业；其次通过互联网平台，将不同品类的农产品销售信息向市场公布，拓宽农产品销售渠道，并以电子支付的形式完成交易；再次通过互联网订单的完成情况，进行必要的数据信息处理和分析，研究农产品供求市场的变化，科学合理地安排和进行农业生产和加工；最后利用现代物流体系，将农产品运抵指定的销售市场或加工企业。

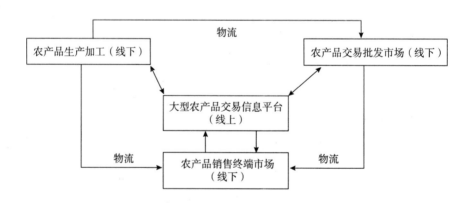

图 10-3　"线下+线上+物流"农业供应链模式

三、农业新零售供应链发展策略

为有效促进农产品供应链在"新零售"背景下的发展，应从市场出发，以需求导向进行个性化的生产，及时在农村地区加大对相关技术的推广与普及力度，优化对供应链的管理，并在原有供应链的基础上进一步建立起完整的"新零售"供应链体系，从而促进供应链整体的转变与优化，促进传统农业进一步发展。

1. 市场先行，促进产品和市场的对接

"新零售"不仅仅是O2O和物流的简单融合，当前的"新零售"更加强调了以人为本的理念。同时融入云计算、大数据等创新技术，它包括全渠道又超越全渠道，打破过去所有的边界，以一种全新的面貌与消费者接触。在生产信息化等因素的影响下，商品、供求、价格、消费者、竞争者等市场信息迅速变化更新，创新技术的发展对农产品的市场开拓提供了有利条件。产品供应链首先要以市场为先，组建反应灵敏、运营高效的营销团队，基于消费者需求的农产品供应链协同整合模式更适合整体市场的运作。要探索构建农产品生产者、销售商、消费者、政府管理机构共享的农产品供应链信息平台，建立农产品供需数据系统，提高农产品种植安排的预判、地区市场销售量的预警和销售价格的监测，扩大农产品的精准投放。

2. 做好源头，提升农产品的质量安全

了解并研究与农产品相适应的地情气候、种植培育技术，进一步加大对农业技术的推广与普及力度，使农户及时掌握新技术、新趋势。积极组织相关的信息与网络技术培训，并鼓励农户参加，必要时可引入相应的奖励机制，有效发挥学习模范的带头与示范作用。加大农产品科技人才的引进和培养，扩大农科普及的支持力度，为当地农产品供应链的发展提供动力与技术支持，实现农业在当代社会的高效、可持续发展。积极编制农产品地方标准、对符合条件的农产品组织开展申请地理标志登记，组织优秀企业开展农产品国际认可认证，提升农产品的质量。

3. 优化管理，促进产业链的高效运转

加大对供应链中间商的管理与优化力度，减少农产品在运输过程中产

生的损耗，有效降低中间商环节产生的成本。精简、规范和优化中间综合农业企业与物流企业，积极构建包括经改建、优化过程后投入使用的大型农业批发市场、代表性综合企业与集农产品原材料收购，农产品加工、仓储、销售和配送于一身的综合型核心物流体系。积极重视相关农业信息平台的有效构建，从而为市场、企业及农户及时提供最新的供给、需求、采购、运输与销售信息，促使处于供应链。不同环节的各方及时对生产及市场各要素的变化做出反应，尽可能减少中间环节造成的成本，从而在有效控制农产品整体市场价格的同时，有效保障农户的利益，促进农产品供应链的健康发展。推动电商平台与电商协会、政府、招商部门，邮政等伙伴建立合作，通过更年轻的商业组织，带动更多产地建立标准、品牌。

新零售的提出为农产品流通现代化升级指明了方向，尽管相关理论体系的研究尚处于初期阶段，但是随着互联网技术的不断进步和营销理念的不断更新，农产品流通现代化升级转型将是必然选择。农产品流通现代化的升级需要依托大数据平台，引入互联网相关技术人才，提升农户使用互联网的积极性，培养现代农业生产者，转变农产品营销观念，建立完善的产、贮、运、销体系，利用线上平台，将农产品生产、加工信息及时更新，确保线上发布的信息真实准确，为农产品流通效率提升和线下销售业绩的提高奠定基础。

第二节　新零售农业技术

新零售农业技术具有传统的农业技术，同时包含基于计算机视觉与深度学习的技术。因为这两项技术是当前人工智能技术的核心，也是在新零售体系下不可或缺的重要组成部分。两者相互融合可以形成计算机图像处理。

一、计算机视觉与深度学习技术

视觉在人类感知中扮演最重要的角色，作为人类最重要的感觉，人类认识外界信息80%来自视觉，把视觉景物进行某种形式的表示和记录，就形成了图像，进而可以进行数字化的处理。而计算机视觉，就是利用各种成像系统代替人类的视觉器官作为输入手段，由计算机来代替大脑完成处理和解释，从而使计算机像人那样，通过视觉观察和理解世界，具有自主适应环境的能力的这样一种目的。

计算机视觉是一门研究如何使机器"看"的科学，进一步地说，就是指用摄影机和电脑代替人眼对目标进行识别、跟踪和测量等机器视觉，并进一步做图形处理，使电脑处理成为更适合人眼观察或传送给仪器检测的图像。作为一个科学学科，计算机视觉研究相关的理论和技术，试图建立能够从图像或者多维数据中获取"信息"的人工智能系统。使用图像处理的方法一般有数字法和光学法两种，其中数字法应用广泛。下面对数字图像处理应用进行介绍。

深度学习的概念源于人工神经网络的研究。含多隐层的多层感知器就是一种深度学习结构。深度学习通过组合低层特征形成更加抽象的高层表示属性类别或特征，以发现数据的分布式特征表示。

深度学习是机器学习中一种基于对数据进行表征学习的方法。观测值（例如，一幅图像）可以使用多种方式来表示，如每个像素强度值的向量，或者更抽象地表示成一系列边、特定形状的区域等。而使用某些特定的表示方法更容易从实例中学习任务（例如，人脸识别或面部表情识别）。深度学习的好处是用非监督式或半监督式的特征学习和分层特征提取高效算法来替代手工获取特征。

深度学习是机器学习研究中的一个新的领域，其动机在于建立、模拟人脑进行分析学习时的神经网络，它模仿人脑的机制来解释数据，例如图像、声音和文本。

二、计算机图像处理的原理

计算机图像处理是利用计算机对图像进行处理，得到预期的效果。图像处理的方法有很多种：几何处理、算术处理、图像增强、图像复原、图像重建、图像识别、图像压缩。

从概念上说，数字图像用 f（x，y）表示一副图像，对 x、y 和 f 进行离散化。图像处理涉及图像的分析和计算机视觉，主要有低级处理、中级处理和高级处理。

低级处理是指输入输出都是图像，比如图像缩放、图像平滑。主要对图像进行各种加工以改善图像的视觉效果，或突出有用信息，并为自动识别打基础，或通过编码以减少对其所需存储空间、传输时间或传输带宽的要求。

中级处理则是将图像转变为数据，比如区域分割、边界检测。主要对图像中感兴趣的目标进行检测（或分割）和测量，以获得它们的客观信息，从而建立对图像中目标的描述，是一个从图像到数值或符号的过程。

高级处理是理解识别的图像，如无人机驾驶、自动机器人。中级图像处理的基础上，进一步研究图像中各目标的性质和它们之间相互的联系，并得出对图像内容含义的理解（对象识别）及对原来客观场景的解释（计算机视觉），从而指导和规划行动。

视觉处理系统的关键步骤：

首先是图像采集（见图 10-4），图像采集部分与图像处理部分对接，图像经过采样、量化以后转换为数据图像并输入、储存到帧存储器的过程，叫作采集。

图像采集之后是图像增强（见图 10-5），图像增强是有目的地强调图像的整体或局部特性，将原来不清晰的图像变得清晰或强调某些感兴趣的特征。扩大图像中不同物体特征之间的差别，抑制不感兴趣的特征，使之改善图像质量、丰富信息量，加强图像判读和识别效果，满足某些特殊分析的需要。

图像复原（见图 10-6）对由于设备原因造成的扫描线漏失、错位等的改正，将降质图像重建成接近于或完全无退化的原始理想图像的过程。

形态学处理（见图 10-7）主要用于从图像中提取对表达和描绘区域形状有意义的图像分量，使后续的识别工作能够抓住目标对象最为本质的形状特征。

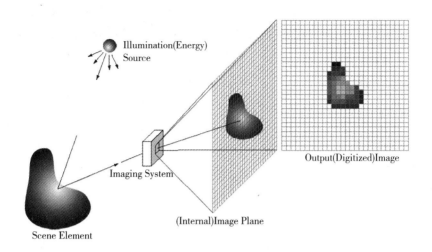

图 10-4　图像采集

图 10-5　图像增强

　　图像分割（见图 10-8）把图像分成若干个特定的、具有独特性质的区域并提出感兴趣目标的技术和过程。

　　分割完成后，下一步就是用数据、符号、形式语言来表示这些具有不同特征的小区，这就是图像描述（见图 10-9）。

图 10-6　图像复原

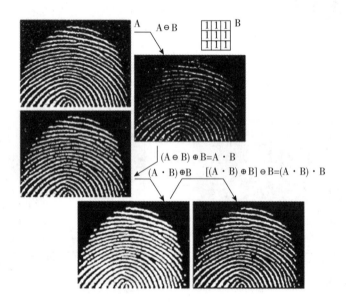

图 10-7　形态学处理

三、新零售供应链农业技术案例分析

1. 基于视觉的全景视频拼接在农业作业中的应用

全景拼接技术是将一组互相间有重叠部分的图像序列，通过特征匹配技术进行空间对准，重新采样后进行融合形成一幅包含所有图像信息的完整新图像的技术。

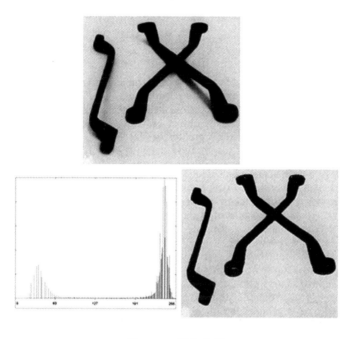

图 10-8　图像分割

我国研究全景视觉技术的历史具有上千年之久。根据史料记载，在良渚文化中，已经采用了类似全方位视觉的技术。当时为了抵抗和防御外敌侵犯，士兵通过观察悬在空中的抛光球面体的折反射图像来观察全景范围内是否有外敌入侵边界，因此，可以认为，这是人类社会有记载的最早的全景监控手段。

根据图 10-10，我们看一下全景拼接的流程和原理。首先是采集图像，进行特征的提取和匹配；其次是进行空间坐标转换，将不同坐标系下的图像转换到同一坐标系下，通过融合，拼成一幅完整的全景图像。日常生活中我们的手机都有全景照相的功能，其原理也是如此。

全景视频拼接在农业方面的应用：

（1）通过全景视频的实时拼接，可以观察到哪些区域有待喷洒，辅助无人机的飞行路径，防止重复喷洒，对于复杂地形，实现精准喷洒。

（2）农田信息监测主要包括病虫监测、灌溉情况监测及农作物生长情

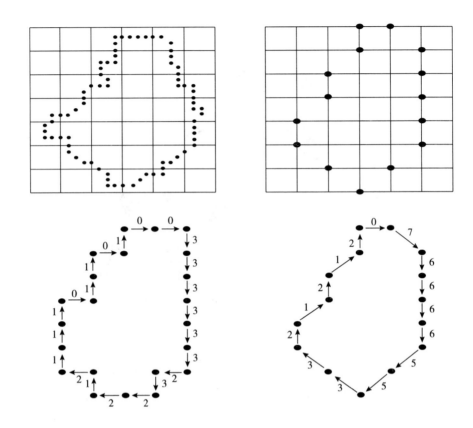

图 10-9　图像描述

况监测等，通过对大面积农田、土地进行航拍，从航拍的图片、摄像资料中充分、全面地了解农作物的生长环境、周期等各项指标。从灌溉到土壤变异，再到肉眼无法发现的病虫害、细菌侵袭，指出出现问题的区域。从而，便于农民更好地进行田间管理。无人机农田信息监测具有范围大、时效强和客观准确的优势，是常规监测手段无法企及的。

（3）农作物在生长过程中难免遭受自然灾害的侵袭，使农民受损。对于拥有小面积农作物的农户来说，受灾区域勘察并非难事，但是当农作物大面积受到自然侵害时，农作物查勘定损工作量极大，其中最难以准确界定的就是损失面积问题。

通过航拍勘查获取数据、对航拍图片进行后期处理与技术分析，可以

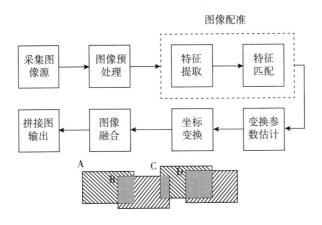

图10-10　全景拼接的流程和原理

更为准确地测定实际受灾面积。大大提高了勘查工作的速度，节约了大量的人力、物力，在提高效率的同时确保了农田赔付勘查的准确性。

2. 基于视觉的目标分割在选种、果蔬采摘中的应用

基于视觉的目标分割在选种、果蔬采摘中的应用，分别介绍两个例子，一个是水稻种子精选，另一个是水果检测与采摘。这是我国学者陈兵旗的研究成果，我们来看看是如何应用的。

在农业种植过程中，种子的类型和质量是影响其产量的一个重要因素。因此，识别类型及播种前的精选，对提高作物产量具有重要意义。种子精选的目的是提高纯净度和发芽率，以达到减少播种量，降低生产成本，提高产量的目的。通过这样一个流程，其核心就是将种子分割出来，进而进行后续的品质判断。

自然环境中，机器人在进行果实采摘作业中，首先需要从复杂的背景中分割出成熟果实，这是实现快速准确地采摘作业的关键步骤。

3. 基于深度学习的识别技术在病害识别、牲畜检测中的应用

2006年，加拿大多伦多大学教授、机器学习领域的泰斗Geoffrey Hinton在《科学》上发表论文提出深度学习主要观点：多隐层的人工神经网络具有优异的特征学习能力，学习得到的特征对数据有更本质的刻画，从而有利于可视化分类；深度神经网络在训练上的难度，可以通过"逐层初始化"（Layer-wise pre-training）来有效克服，逐层初始化可通过无监督学习实现的。其本质是通过构建多隐层的模型和海量训练数据（可为无标签数据），来学习更有用的特征，从而最终提升分类或预测的准确性。"深度模型"是手段，"特征学习"是目的。

当前我国深度学习识别技术流程：

首先对待识别目标进行样本采集，通过标注、作为训练样本，设计模型进行训练，训练完成后将待识别目标输入模型中，输出识别结果。

之后通过计算机的编程以及代码的运行，我们能够进行牲畜、禽类、水产等实现状态检测和识别，从而判断疾病疫情，做出预警。

第三节　新零售智慧农业

一、新零售农业场景

说到新零售，场景这个词总会被提及，那么什么是场景？场景就是服务，场景就是体验，下面主要介绍健康饮食顾问、定制领养、烹饪学堂三个场景。

1. 健康饮食顾问场景

健康饮食顾问是新零售农业的一个重要场景，线下或线上的健康饮食专家，通过消费者提供的信息，根据消费者的体质，为消费者打造健康食谱，让消费者了解到自己如何吃得更健康。

2. 定制领养场景

拿到健康食谱后，消费者可以选择定制领养牲畜、禽类或果蔬，消费者可以全程跟踪农畜的生长情况，最终得到放心的产品。而企业通过前面介绍的新零售农业技术，进行农牧场的管理、监控，牲畜或果蔬的疫情监测与预警，完成企业运作。

3. 烹饪学堂场景

在定制化的农畜产品、果蔬成熟后，烹饪学堂会成为新零售农业的下一个场景。专门的厨师，教授消费者如何将定制的健康绿色农产品，烹饪成美味的佳肴，既好吃，又最大化地保持产品中的营养，使前面的健康食谱效用最大化。

4. 新零售智慧牧场

要实现北京新零售下农业供应链的不同场景服务，需要打造新零售场景下的智慧牧场，通过管理信息系统、可穿戴设备、气象站和网络系统，共同构成了一个新零售智慧牧场的核心要件。

牲畜的可穿戴设备以及气象站，将牲畜和牧场的信息通过网络系统上传至云端，并进行处理，提供给农户和专家、专家通过分析，为农户提供决策支持，让农户判断是否是交易的好时机，同时可以进行疫情管理。利用奶牛进行举例，通过 GPS 对奶牛进行监控，并通过可穿戴设备记录奶牛的运动情况，并以此作为判断其健康状态的一个指标。

通过新技术，结合新零售农业场景，消费者就可以更加方便、安心地购买农产品，并且体验到优质有趣的服务。新零售下的智慧牧场，就是通过技术将人与农业链接在一起，打造个性化的场景，利用多元化的知识，揭示人、技术和农业的动态关系。

二、农业新零售供应链案例

1. 国外农业新零售供应链案例

意大利著名的新零售企业 Eataly 开一家叫作 FICO 的店。此店最大的特点就是把农田和养牛场搬进了商场。FICO 是一座 Agri-Food Park（农场—食物公园），在这里有农田、有商场、有市集、有农产品加工坊、有餐厅还有教室。

美国纽约的 Brooklyn Grange 农场（见图 10-11），就是建在纽约布鲁克林区两个建筑的屋顶，共 1 万平方米。这里种植了 40 多种农作物，还养了鸡和蜜蜂,这些农产品不仅支撑起一个屋顶餐厅,还为周边市民提供生鲜宅配服务。屋顶农场除了种地和餐饮外,还利用间隙的空间举办市集、办瑜伽班和举办婚礼等。

图 10-11 "Brooklyn Grange"屋顶农场

2. 国内农业新零售供应链实例

传统农业属弱质产业,比较效益低、利润空间小,破除农产品销售难题成重中之重。近期专做移动智能稻田的艾米会在深圳宝安建造的落地项目"艾米农场之天空稻田"就是传统农业以新零售方式开辟新路的鲜活例子,并以其创新特色农业项目理论实践,"全场景沉浸式"艾米农场之天空稻田全面开启我国特色农业新零售时代。

艾米农场之天空稻田项目建成自然阔野的全场景沉浸式"天空水稻亲子艺术乐园"体验馆(见图 10-12),将乡村生机盎然的绿色稻田搬进城市高楼商业闹区,并以乡村自然稻田为生态规划建设核心,为周边高端消费家庭建造跨城镇的"田园亲子活动"自然体验区及为城市家庭"自然教育"提供强大农业品牌后盾。布局上,艾米农场之天空稻田将"自然艺术、休闲游乐、生态农业、创意景观"等跨界业态融会再创造,同时将休闲园藤蔓元素、乡村田园种植技术,现代化艺术彩绘等田园特色装饰及热门传统建筑应用于此次移动稻田全景视觉享受体验及特色农业创建改造中，让"全场景沉浸式体验"和"农业新零售"融为一体，让传统田园情怀艺术流淌在现代消费时尚潮流里。为消费者带来"个性化、体验化、智能化"的新时代消费需求体验。同时盘活商业建筑用地，为土地托管方提供建筑或园区人性化专业化改造，在为当地餐饮、园艺门票带来有效客源转化基础上，打造品牌效益化项目，发展特色农业零售新途径、加快创新特色农业转型发展。

图 10-12　"天空水稻亲子艺术乐园"体验馆

一方面，新零售在不少情况下针对的是中高收入人群，这个人群对生鲜食材和食品方面的要求更高，在健康安全的基础之上更看重品质。这也从新零售供应链销售端带动了农业的升级，品质农业和生态农业的市场会更大。另一方面，新零售供应链在零售端的高效也缩短了从田地到餐桌在时间和空间上的距离，因此，新零售供应链具有广阔的发展前景。当前国内有盒马鲜生、掌鱼生鲜等各种形式的农业新零售供应方式。

通过上面实例介绍，我们可以有如下总结：

商业升级：新零售供应链的核心是为消费者提供极致的消费体验，而传统的供应链主要目的是把商品卖出去。这种以消费者为中心的思路体现在多方面：多种线下场景的融合为消费者提供丰富的线下体验；线上线下数据的融通为智能商业分析提供了丰富的数据；无人零售、无须排队的智能支付让消费更加便捷；大数据和人工智能的应用让农产品供应链及配送更加高效。

农业升级：新零售供应链在不少情况下针对的是中高收入人群，这个人群对生鲜食材和食品方面的要求更高，在健康安全的基础之上更看重品质。这也就从销售端带动了农业供应链的升级，品质农业和生态农业的市场会更大。

第十一章

大健康新零售供应链

第一节　大健康新零售供应链概述

我国作为拥有将近 14 亿的人口大国，人民的健康问题始终是政府和社会最为关心的问题。为此，国家在 2016 年制定了《"健康中国 2030"规划纲要》。在健康中国上升为国家战略下，未来五年中国大健康产业的总体量将达到 10 万亿，到 2030 年这个数字将会突破 30 万亿，届时，大健康产业无疑将成为中国经济发展的支柱性产业。

大健康产业是指与维持健康、修复健康、促进健康相关的一系列健康产品生产经营、服务提供和信息传播等产业的统称。具体包括五大领域：一是以医疗服务机构为主体的医疗产业；二是以药品、医疗器械、医疗耗材产销为主体的医药产业；三是以保健食品、健康产品产销为主体的保健品产业；四是以健康检测评估、咨询服务、调理康复和保障促进等为主体的健康管理服务产业；五是以养老市场为主的健康养老产业。

中国大健康产业细分市场占比如图 11-1 所示，在中国当前的市场环境中，医药产业处于第一位，占比为 50.05%，健康养老产业处于第二位，占比为 33.04%，其余产业依次为医疗产业、保健品产业和健康管理服务产业。

在消费升级的大环境下，提升产品和服务的品质是最核心的要素。为此，需要打造大健康全产业链服务系统。大健康全产业链将通过区块链、大数据、人工智能、物联网等手段，推动第一、第二、第三产业的全面融

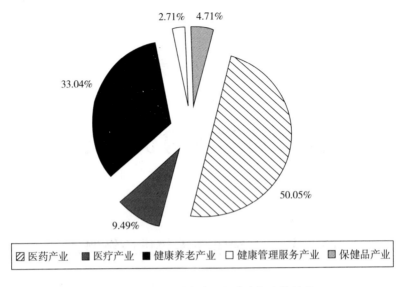

图 11-1　中国大健康产业细分市场占比情况

合发展，助力健康中国建设，实现线上线下互动，布局智慧供应链生态圈。具体包括医药服务、医疗服务、健康管理服务、健康养老等，形成全产业链的大健康生态系统。

在这个生态圈中，以健康云为核心，线下相关产业是载体，线上展示及交易平台是入口。通过这两个平台，逐步整合产业链条上的各个环节，将大健康相关领域生产商、流通商、零售终端、服务商、仓储物流配送商、金融、大数据、安全溯源资源都整合到这个生态圈里，线上线下联动，借助区块链、大数据、云计算、人工智能、物联网技术形成闭环大健康服务新零售供应链系统。打造基于全产业链和用户闭环服务体验的共享平台。大健康服务新零售供应链总体架构如图 11-2 所示。

第二节　大健康新零售供应链运作模式

一、医药新零售供应链运作模式

医药零售一直在商业发展的道路上不停探索，但受限于行业的特殊

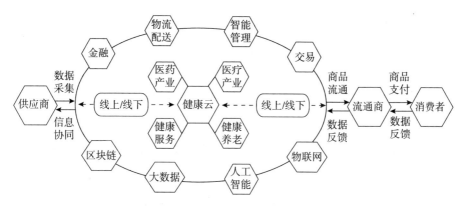

图 11-2 大健康服务新零售供应链总体架构

性，医药零售始终没能实现真正意义上的突破。从网上药店与线下零售药店的对比就可以看出，根据罗兰贝格研究报告，到 2020 年，线下零售药店规模为 5450 亿元，网上药店将达到 750 亿元（见图 11-3）。

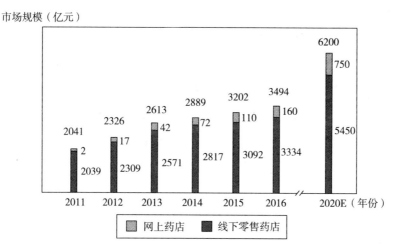

图 11-3 中国药店市场规模发展趋势

注：图中数据以终端零售价计算。

资料来源：罗兰贝格研究报告《零售药店行业发展策略指南》。

传统的医药供应链比较偏重后端的生产、采购、物流、库存、物流网络优化等执行层面，对协同重视程度不足。而对于前端的顾客、渠道、门店的需求则接触甚少，在物流、仓储、配送等日益精细化和发达化的今天，新零售业态对于"药品"的要求，不仅要满足顾客需求，更要影响和引领需求，这就需要引入"需求链"的管理理念和模式来控制整个价值链。

而"医药+新零售"的结合使行业通过推动线上、线下一体化进程，让医药零售的各个渠道，例如，线下药房、线上医药电商实现真正意义上的合力，完成商业维度上的升级，打破行业固有的局限。利用云计算、大数据等技术，整合研发、生产、流通、疾病谱变化及健康需求等大数据信息，加强管理、分析与应用，提高医药供应链运作效率。

医药服务新零售供应链将以规模化、连锁化、专业化、国际化为主要方向，将建立起具有配置全球资源能力的，高效、安全、及时、便利的现代药品流通体系。在此期间，传统药品流通方式将加快向现代药品流通方式转变，药品批发企业向智慧供应链综合服务商转变，药品零售企业向大健康服务商转变，与此同时，完善药品储备和应急供应机制，提高急救药、低价药等药品的保障供应效率。

运营模式具体如下：以完善药品零售网点空间布局为基础，以"线上+线下""服务+商品""消费+体验"促进药品零售领域的创新转型升级。推动药品零售消费信息与医疗机构处方信息、医保结算信息互联互通，实时共享；推进医保定点零售药店信息系统与各相关政府服务平台互联互通；鼓励发展"网订店取""网订店送"等O2O创新模式，自动售药机、健康小屋等智能化终端；支持专业药房等新型零售经营方式；发展"服务+商品"新业态，鼓励药品流通企业与医疗机构、养老机构、康复机构和家政服务机构开展协同创新；发展连锁经营，拓展特色服务。

二、健康新零售供应链运作模式

健康服务业包括医疗护理、康复保健、健身养生等众多领域，是现代服务业的重要内容和薄弱环节。健康服务业的内涵外延，即以维护和促进人民群众身心健康为目标，主要包括医疗服务、健康管理与促进、健康保险以及相关服务，涉及药品、医疗器械、保健用品、保健食品、健身产品等支柱产业。

伴随快节奏生活的加剧，饮食、运动以及生活习惯不良人群的比重越来越大，人们对健康管理的关注度越来越高。健康服务新零售供应链运作模式的核心是精准健康管理。而人工智能技术的发展可以推动精准健康管理的实现。

精准健康管理是基于人体生命信息、体适能信息与生活轨迹信息，借助人工智能数据分析技术平台制定智能健康干预方案，实现个性化的精准健康管理。

基于生命信息数字化、体适能数字化和生活轨迹数字化构筑的数据库及计算系统将覆盖生活方式全景数据及上万条健康类知识图谱，整合个体体征信息、生活方式、动态监测等健康信息并制订智能健康干预方案，是对生命的精准数字化管理。

精准健康管理涉及多个学科、多个领域和多个行业，需要各行业有机结合，才能完成庞大的健康系统服务工程。联合不同医疗机构、厂商等创新产品和服务全面打通，并互联互通，深度合作，数据高效共享和深入整合，通过产业协同和模式创新将各环节有效连接。在此过程中，构建精准健康管理产学研合作平台、健康大数据服务平台、精准健康产业链和供应链互动交流平台、国内外科研合作和技术交流平台，以及构建产业标准体系和联盟协作体系，打造精准健康产业优势资源的创新、研究及合作平台。

通过精准健康管理研究创新，运用人工智能、精准检测、健康档案、生活方式、动态监测、大数据分析解读等，为国人提供精准健康评估、干预、指导、健康心理等多种精准健康管理服务，推动我国精准健康管理产业加快成熟、高速高质高效协同发展，助力国家大健康产业的战略布局。

三、健康养老新零售供应链运作模式

现有的养老供应食品及医药信息数据在存储、传输、展示等环节中都有被篡改的风险。现有的追溯体系严重依赖政府监管措施，无法对监管者的权利进行有效的约束。

未来健康养老服务新零售供应链将以智养链发展为主，智养链就是以区块链驱动的智慧养老应用平台。智养链平台的商业使命是打造一个用区块链整合的养老金融、养老供应链、养老养生健康医疗、AI 智能硬件服务、养老益智游戏等功能的综合区块链智慧养老平台。充分利用区块链去中心化不可篡改等特性，与信息化、智能化技术，如物联网、云计算和移动互联网等技术结合，提供全方位、线上线下、综合性、医养结合的养老服务。

区块链的去中心化和不可篡改性，可以保证养老供应链追溯系统中信息的可靠性，可以避免数据被篡改。而且区块链技术如果和物联网技术结合起来，就可以通过机器实现数据的自动采集。既可以提高效率，又避免了数据的作假和隐瞒。由于区块链技术的开放透明和机器自治，消费者、生产者和政府部门对养老供应链追溯系统中的数据可以完全信任，这就大大降低了交易过程中的不确定性，降低了很多隐性成本。

智养链以区块链技术推动 AI、智能硬件在养老领域的发展，真正将区块链技术应用于线下场景，用区块链技术提升中国的养老服务水平。利用专属方式激励老人提供高度连续的、匿名的、可追溯的、不可逆的、可扩展的医养数据。在区块链智慧养老中，信息服务平台通过对老年人的远程监测，能够获得海量的信息数据，包括对老年人的生活状态、身体机能和心理状态的监测数据。在老人的实时响应中利用智能机器人设备 24 小时实时待命语音交互的特点来满足用户的各类紧急和常规交互需求；利用智能监控设备来保障老年人的安全和用户的健康状态信息智慧养老平台的养老服务功能主要体现在对老年人服务需求的主动响应上、在对日常监测数据深度挖掘处理和实时监控的基础上，分析老年人养老服务需求而主动为老年人提供各项服务。

第三节　大健康新零售供应链结构

一、医药新零售供应链结构

医药服务新零售供应链的核心是建立一个来源可查、去向可追、责任可究、全程可追溯的医药供应链追溯体系。药品零售企业要加快实现向大健康服务商的转变。"B2C+O2O"运营平台将开启未来药店之路。

通过构建供应链管理云平台，政府、医院和供应商之间流程贯通、数据同源、高度协同，共享医疗供应链云平台。采取"云+端"的网络模式，连接上下游供应企业实现采购配送一体化，深入下游医疗机构医用物资全流程追踪，建立"N+1+N+M"医用物资管理模式，即 N 家供应商、一个供应链服务平台、N 家医疗机构、M 个消费者，实现各业务主体信息共享、高度协同，打造"互联网+"生态下医用物资管理新模式。

打造的全链路零售体系中，上游供应商原本单向输出的角色将被改变，未来将会与消费者产生更多的信息互动，而这种信息互动则由"新"零售商帮助实现。零售商的"新"体现在对 C 端消费者的体验服务升级。通过线下获取用户，同一个用户至少服务三个场景。对于消费者来讲，快药满足日常用药，慢病管理帮助用户进行健康管理。线下场景服务便是为了激发线下用户，让线下药房摆脱消费者买完即走的窘境，转向健康服务管理。

将新零售架构进行拆分，分为前台（各种消费场景、消费者和商品）、中台（营销、市场、流通链条、C2B 生产模式等）以及后台（各项基础设施）。

通过库存、采购、销售模块，医药供应链管理系统积累了大量信息流、物流、资金流信息。云平台是医疗机构与供应商之间的高效协同平台，可与医疗机构采购管理系统无缝连接（见图 11-4），将供应链上医药供应商、医药分销商、医院、药房的生产采购信息、销售信息、订单信息、交货及库存状态信息、商品需求信息和商品在途信息等实现高度信息化共享和集成。实现采购过程可视化、资质预警实时化、招投标管理公开公正，进而降低企业采购成本、库存和物流成本，减少各个环节的信息延迟，增加信息的透明性，减少需求信息延迟。通过医药需求信息准确快速传递，提高医药企业对市场和最终顾客需求的响应速度。

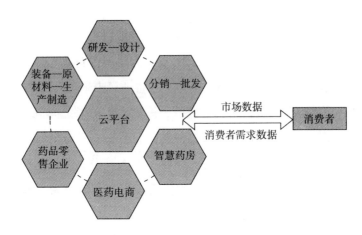

图11-4 医药服务新零售供应链体系架构

二、健康新零售供应链结构

以精准健康管理模式构建健康服务新零售供应链体系结构，该供应链的主体包括医药机构、医疗机构、网上商城和在线医生，以及供应链终端——消费者。各主体借助于云平台整合集中在一起（见图11-5）。各主体在健康服务新零售供应链中发挥着不同的作用。

该供应链首先实现的功能为健康检查功能，该功能为客户提供健康管理，个体的健康问题简明、重点突出、条理清楚、便于计算机数据处理和管理等。在此过程中，除了借助传统的健康检查方式和工具之外，通过现代电子健康技术、人工智能技术以及大数据技术可对消费者进行实时的健康检查和预测，从而更为精确地获知身体的状态信息及未来发展趋势，为保障人身健康提供宝贵的数据支持。

健康跟踪帮助客户自我康复，浏览客户疾病管理信息，客户个人的健

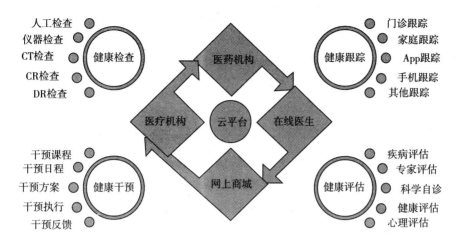

图11-5　健康服务新零售供应链体系架构

康智能提醒，制定智能化的个人疾病管理方案。在健康跟踪过程中，借助于云平台、手机App、智能手机可实现身体健康数据实时上传，消费者除了自身能够了解健康状态，还可以与在线医生实现实时互动。具体跟踪方式包括门诊跟踪、家庭跟踪、App跟踪、手机跟踪等。

健康评估的目的是使消费者提前获知自身的健康状态。为客户提供健康评估，使个体对健康风险有一个综合认识。认清个人身体健康状态，并进行客户分类并筛选优质客户。借助于专家评估或科学自诊方式可使消费者及时获知健康状态。健康状态除了我们平常理解的身体健康之外，还包含心理的健康评估。评估过程主要依赖大数据、数据挖掘等技术和方法。

在人体出现亚健康、疾病等问题时，需要进行健康干预，从而为个体的长久身体健康提供支持。管理过程中，基于个体身体状态数据和已有健康管理数据，利用大数据分析技术、人工智能技术制订个体健康干预方案。健康干预主要包括干预课程、干预日程、干预方案、干预执行和干预反馈五个方面。上述五个方面形成闭环，身体健康信息在不同环节循环流动，通过干预使个体的健康状态呈现螺旋式上升。

三、社区居家养老新零售供应链结构

社区居家养老构建了多元主体参与的网络化社区居家养老创新服务模式。利用电子健康技术、互联网技术、人工智能技术、云平台技术，全方位引入并整合社会养老服务资源，构建一个以政府为主导，政府部门、社会基层组织、市场营利性主体、非营利性公益主体等多元主体参与的社区养老服务网络，充分发挥社区居家养老模式的优势，实现养老服务资源的充分调配与优化，为居家老人提供多元化、专业化的养老服务。

这种模式将整合社会资源，满足老年人在熟悉的环境和不与子女分离的养老诉求。通过养老综合服务平台，将服务提供商、政府、社区居家养老服务中心、老年人、服务人员联合在一起。

通过社区居家养老服务综合服务平台的建立及运用，将老人与社区各要素联结起来，整合可以为老年人提供的居家养老服务，并对各类信息进行整理、甄别、筛选、配对等，对服务提供者设立门槛准入及监管服务执行。借助平台资源的整合，调配社区内可利用的服务资源为有需求老人提供服务，还可通过对居家老人服务需求的识别与分析，对同一服务需求实行动态服务模式，从而降低成本，提高效率。通过大数据技术挖掘养老人员的服务需求，配置更为合适的服务提供商，做到快速响应，避免养老客户流失，资源浪费。因此，通过信息化平台的使用，使服务趋于规范化、透明化，有利于居家养老的社会化程度，强化资源整合、信息共享的优势，建立社会化的智慧养老服务模式。

服务提供商包括医疗服务、金融服务、保险服务、心理服务等企业；政府相关职能部门包括民政部门、区政府、社区委员会、街道办事处等；社区居家养老服务中心包括培训及服务、智能调度、信息管理及客户服务等功能；养老老人细分为政府托底服务老人和社区有需求服务自费老人。老年人借助电子健康设备、移动互联网设备、App 与平台实现互动。在平台上可实现紧急救助、提交服务申请、在线咨询、在线购物等功能（见图 11-6）。

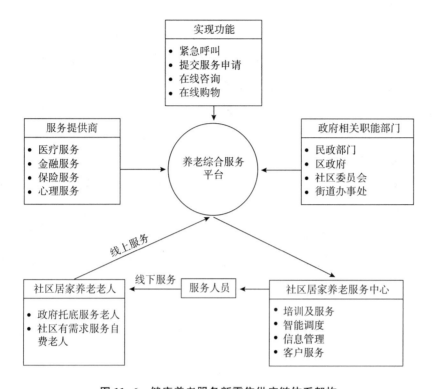

图 11-6 健康养老服务新零售供应链体系架构

案例 11-1[①]

无锡智能手环助力精准养老服务

戴上一块小小的腕表，老年人就能通过"北斗"卫星定位系统，与家人、养老机构、医院、紧急救助机构，以及相关生活服务单位快速取得联系，第一时间得到所需的各类帮助，从而实现远程智能养老。国内第一个基于"北斗"卫星定位服务的远程智能化养老系统在无锡研发成功，这个如同手表模样的智能腕表，具有"北斗"定位紧急呼救、生命体征脉搏监测、养老数据储存等功能。该系统将首先在惠山区试用，成熟后推向全市

---

① 资料来源：http://js. people. com. cn/n/2014/0718/c358232-21708348. html。

及国内市场。

该远程智能养老系统由中国电子科技总公司第49研究所、北京交通大学专家组成的科研团队研发，我市民营企业咖喱盒子餐饮管理股份有限公司提供资金支持。根据了解，该系统包括地理信息服务、终端管理、用户管理、社区服务管理、呼叫中心、医疗专家系统等。后台的呼叫中心可以整合一定区域范围内的养老和社区服务资源，为老人就近提供快速的紧急救助服务、居家养老服务与社区服务。老人的家属则可通过此平台随时了解老人的位置信息、身体状况，并可进行防护圈设置和语音提醒等亲情关爱服务。专家介绍，为了方便老人使用，腕表上设置了一键通话、一键紧急求助、语音提醒等按键。老人需要服务时，只需按下相应的求助键即可接通呼叫中心，接线员会根据老人的需求和所处位置，安排相应的服务商或服务人员上门提供服务。

第十二章

旅游新零售供应链

第一节　旅游新零售

　　自 2016 年马云首次提出"新零售"的概念，2017 年，马云再次提出，只有"线上、线下、物流、数据"必须结合起来，才能打造新型的零售体系。"新零售"成为继"互联网+"之后一个新时代的热词，对于旅游，"新零售"则是"旅游+"的延伸和具象。旅游业经历了三个阶段：在单纯的旅游阶段，早期的旅行社就是典型的代表；"旅游+"阶段，一个加号代表着跨界和无限可能，是"新旅游"的生发期；文化旅游融合阶段，是文化和旅游融合的时代，新业态开始出现，对于这些新业态、新模式而言，企业应该做好差异化定位并竭力构建自己的核心竞争力。旅游新零售是顺应全域旅游和文化旅游融合时代的创新型旅游，践行 O2O 理念，不是简单地将线上线下结合，而是线上线下一体化发展，这是新旅游和新零售发展的基本思路。旅游新零售模式的创新包括产品创新、技术创新、服务创新、资本创新和跨界创新。在旅游的智能服务方面，"旅游要为旅行者附能，最终实现让旅行者为服务付费"，这除了依托线上线下的联合，还需要融入"大数据"和 AI 技术。大数据和 AI 技术的运用，将让旅行者在出行感受上有"科技改变旅行"的畅快，在旅游"新零售"时代，企业面对的是更加多元、零散、个性化的受众市场，依托大数据和 AI 技术支持，为旅行者提供"匹配度"最高的旅行选择。企业可以通过项目制和区域合伙人模式，将国内各地龙头旅游企业集结在一起，资源共享、优势互补、互惠互利，真正实现"共建共享"的事业新格局，必将给中国文旅产业带来更多的活力和创新思维。

关于消费升级新零售的创新，可以从以下几个方面理解：一是产品与服务的创新，产品创新主要是除了常规的跟团游外，出现了很多小众产品和垂直细分市场，增速非常快。二是服务创新，更多的是把线上延伸到了线下，通过旅游顾问提供专业化解决方案完成旅游体验的升级。三是技术创新，基于用户消费行为的变化，通过大数据及前端技术的开发来完成系统化信息通道，实现高科技的便利性体验。

消费升级下的新零售是"线上服务+线下体验+现代化物流"，是以客户为导向，线上线下相结合，有效地依靠大数据和云服务进行定制，去中间库存和缩短供应链，降低成本，从而高效地供给客户。

从投资的角度来讲，旅游是新零售业态的，它本身就是重线下服务的，互联网把信息化普及程度变得越来越透明、越来越便利，使用户决策时间大幅缩短。所以说，互联网带来的第一波投资机会是关于效率和体验的提升。2014年以后，不少在线旅游企业开始往线下下沉，以前是做好信息化、资讯优化就可以完成整个消费环节，但现状是能够完成消费的所有过程都在重新回归线下。转投线下门店，更多的是一种场景，一种跟客人交互与服务的方式，门店可能不是核心，而旅游顾问才是线下真正的核心；在线上红利遇冷的情况下，试图通过这样的延伸巩固自己的定位。目前来看，线上企业转向线下多数是像 BAT、CTIP、途牛、同程等大体量、大资本的企业在做，而对于本土化的中小企业来说，面对这样的对手，应该抓住"武装升级、服务升级"的指标进行差异化竞争，武装升级是战略和产品层面，在产品定位、市场区位等方面避免直接性价格战；服务升级是用户体验层面，在性价比、企业文化、定制化服务方面下功夫。

文旅产业的消费升级在形态上有三个变化：最早的是跟团游 1.0 时代，其次是自由行 2.0 时代，现在是进入碎片化 3.0 的新零售时代。进入 3.0 时代，旅游产品变得更加碎片化，用户可以自行完成所有预订行为（机票、酒店、民宿、交通、门票等）。异地生活方式的碎片化，同时展现出了更多产业间的跨界融合，带动了消费升级，走出旅游本身，从而诞生了一些新业态，并逐渐成为一个个单独的 SKU，形成新的产品售卖。消费升级的背后也反映出了更多消费市场的个性化需求，文旅产业更加注重用户的服务体验。

第二节　旅游新零售供应链模式

针对具体的旅游服务供应链，旅游供应商可以细分为食、住、行、游、购、娱六类。旅游供应商的服务可以通过旅游中介商提供给旅游者，表现为主题公园模式，如海洋公园、迪士尼乐园；也可以由供应商直接提供给旅游者，主要表现为自由行模式。

在主题公园模式下，核心旅行社通过向各供应商购买其产品，然后组合成一个完整的旅游产品供应给游客。通过旅行社，游客和各供应商间接连起来。旅行社作为旅游中介商的主要实体，一方面需要引导和监督旅游者在旅游过程中的行为，另一方面也需要保障旅游产品的可持续性生产和发展。在这种模式中，选择权通常掌握在旅游中介商手里。虽然团购式的合作关系往往会带来较低的价格，但其产品组合通常具有常规化和重复性高的特点，最主要表现在游客出行前的标准化信息收集、旅行过程中的重复体验以及旅行结束后反馈信息的利用不足等。这种以服务为核心的模式也是现有旅游供应链最主要的模式。

随着旅游中介商的社会满意度下降，以及现代信息技术的应用，自由行开始迅速发展。这一旅游供应链模式衍生了许多以导游导购等推送功能为主的电子商务网站，例如携程网、去哪儿网等。游客不再需要通过中介商而是直接与旅游供应商形成交易关系。自由行游客的旅行体验更多地决定于其掌握的信息量，而人力数据处理的有限性将导致更多的费用和时间消耗。

在技术的加持与个性化的影响下，旅游供应链中也诞生了许多业务模式创新，Priceline 的 NYOP（Name Your Own Price）和 Germanwings 的 VOP（Variable Opaque Product）就是较具代表性的非透明销售模式。

第一类是 NYOP，所谓 NYOP 模式一般是由服务集成商（第三方平台）开展的，是在交易之中，由买方进行定价的一种业务模式，这也是 NYOP 与传统卖方定价的最大区别。NYOP 的工作流程（见图 12-1）大致如下：首先，服务提供商针对其服务设定最低可接受价格，平台会对该服务的某些属性作模糊化处理再展示给顾客；其次，顾客在 NYOP 平台上对服务内容作粗略的了解，并针对服务内容给愿意支付的出价，当顾客出价高于服务提供商要求的最低价格时，交易达成，平台将服务的详细信息开放给顾客，而出价与最低可接受价格间的差额将成为平台的收益。由于最终的成交价格是由顾客所确定的，顾客在整个过程中也占据比较主动的位置。

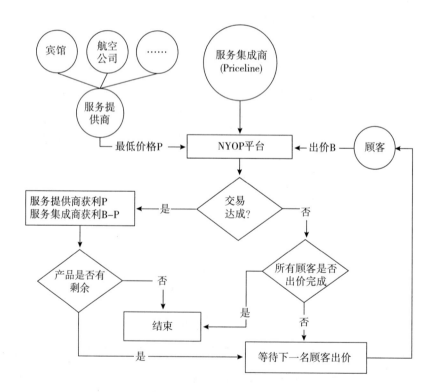

图 12-1　NYOP 基本流程

第二类是 VOP，也叫可变非透明产品，这种方式能够在一定程度上满足顾客对产品的定制化需求。在 Germanwings 模式下，VOP 的具体业务为 Blind Booking，与 NYOP 最大的不同之处在于：在 Blind Booking 模式下，成交价格满足特定规律，但旅游产品本身是不确定的，使用 Blind Booking 业务的主要流程如下：

（1）选定出发地（科隆、杜塞尔多夫、汉诺威、汉堡、斯图加特、柏林），由于其业务主要在欧洲开展，出发地也以欧洲城市为主。

（2）明确目的地的基本主题，除阳光沙滩主题单程需要 49.99 欧元以外，其余主题单程费用均为 33 欧元，每一个主题下面都有若干备选目的地。对于顾客而言，最终的目的地可能是备选目的地中的任何一个。顾客也可以通过支付额外费用的方式降低目的地的不确定性，每排除一个目的地，额外支付 5 欧元，但必须保留 3 个以上的备选目的地。

（3）确定往返时间和顾客的属性（成人、儿童、孕妇）和其他服务项目信息确定（包裹数量、重量等），并输入旅客信息，生成订单。

（4）顾客完成支付，德国之翼将目的地信息发送给顾客，至此完成整个订票业务。由于其订票流程的特殊性，对于 Blind Booking 所订的机票，Germanwings 不提供退款和改签业务。

案例 12-1[①]

Priceline 酒店预订

Priceline 集团是一个连接着消费者和旅行服务供应商的网络中间平台，向全球用户提供在线旅游产品预订和搜索服务，是目前全球最大的在线旅游预订公司，是全世界在线旅游服务行业的领军者。集团通过旗下的 Priceline.com、Booking.com、Agoda.com、Kayak.com 等网站向消费者提供住宿、机票、租车、游轮和旅游度假等产品的预定和搜索服务。集团现已

---

① 资料来源：https://wenku.baidu.com/view/2014067b27284b73f2425046.html。

成为全球在线旅游预订业务的领先者，市场范围覆盖北美、欧洲、亚洲、非洲和中东等地区。截至 2016 年 2 月 17 日，Priceline 集团的市值已经超过 600 亿美元，股价已经突破了 1000 美元，成为标准普尔 500 指数成分股中唯一一个股价达到四位数的公司。

作为一个网络中间商，Priceline 对自己定位明确，他很好地利用了服务提供商和消费者之间这段价值链的空白区域。对于消费者来说，若是一一登录产品供应商的网站进行搜索比价，将会非常费时间、耗精力，Priceline 为消费者提供了已整合好的履行信息，消费者能看到不同供应商的产品，并且对价格一目了然，这为消费者出行计划的制订提供了极大的方便。对于产品供应商来说，自身的产品推广能力有限，如何拓展资源成为他们的难题，Priceline 为产品供应商提供了一个推广自己的平台，给他们带来了巨大的客户量，为供应商的产品营销带来了便利。可以说，Priceline 为产品供应商和消费者之间架起了一座有效沟通的桥梁。

Priceline 的盈利模式有两种：代理佣金模式和零售模式。代理佣金模式是指 Priceline 在消费者和产品供应商之间充当代理商的角色，并从交易中抽取一定比例的金额作为代理佣金。此模式的收入比较稳定，但单笔交易的营收不高。Priceline 旗下属于代理佣金模式的业务有：Booking.com 网站的酒店预订、Priceline.com 网站的机票预订和汽车租赁等。零售模式是指 Priceline 与酒店、机票、租车等旅游产品的供应商协商，从供应商手中用固定的配额以及固定的价格得到其产品，同时 Priceline 拥有对此产品的自主定价权，并以自己制定的价格将产品推向市场，以此获得中间差价，这种模式的单笔营收较高。Priceline 旗下属于零售模式的业务有：Name Your Own Price 模式下的产品预订业务、Agoda.com 网站的酒店预订业务、Rentalcars.com 网站的租车业务等。

Name Your Own Price 模式，被称为客户自主出价模式，是一种逆向拍卖的模式。它是 Priceline 独创的一种零售模式，并且已经注册了专利。这种模式的运作方法是：消费者通过网络向 Priceline.com 网站就某种产品提出自己觉得合理的报价，由 Priceline 负责人从自身系统中寻找能够接受消费者报价的供应商。

以酒店为例，消费者在 Priceline.com 网站的 Name Your Own Price 界面填写想去的城市、入住和离开酒店的日期，选择酒店大致区域和星级，最后将愿意支付的价格提交给系统。系统会在后台选择可以在此时间段以此价格提供客房服务的酒店，并且很快将这笔交易成功与否的信息反馈给消费者。必须是在交易成功后，消费者才有权利知道入住的是哪家酒店。NYOP 模式下的这些客房都是在传统销售渠道上没有被销售掉的商品，此类商品具有时效性，即无人入住的客房超过夜里零点，它的使用价值会被浪费掉。对于供应商而言，出售空置房间的边际成本仅是洗浴用品以及水电费用，却能使边际收益达到最大化，所以酒店多出售一个空置房间相当于多赚一份钱，以较低的价格出售是可以接受的。对于消费者来说，NYOP 模式既节省了他们搜索商品的时间，又使他们获得了价格上的优惠。

作为 Priceline 独创的商业模式，Name Your Own Price 模式的优势主要体现在以下三个方面：

（1）某些旅游产品的使用价值会受到时间因素的影响而降至很低的水平，且其较低的变动成本也使产品提供者能够让出较大的利润空间。对于在线旅游网站来说，这也意味着其能够提供的降价幅度对消费者来说是很具吸引力的。在 NYOP 模式下成交的酒店房间价格是很低的，有些甚至达到传统销售渠道价格的一半以下。这样一来，拥有闲暇时间的价格敏感型消费者会频繁光顾，形成口碑效应。

（2）NYOP 模式很好地保护了商业口碑。NYOP 模式下价格降幅最大的酒店房间，通常是豪华酒店提供的，这主要是因为其房间的定价和变动成本间有很大的差距。实际上，NYOP 模式下销量最好的产品一直是豪华酒店的房间，因为通过这种途径普通人才能用此低价获得平日享受不到的豪华奢侈。豪华酒店其实也乐于用较低的价格处理一些空置房间，但是公开的低价会对自身品牌产生负面的影响，所以豪华酒店并不会大张旗鼓地降价。而 NYOP 模式很好地保护了供应商的品牌，在网站上，消费者不会看到酒店的详细信息，酒店名称和价格信息只在竞拍成功后才被告知消费者，这极好地保护了商家的品牌形象。

（3）NYOP 模式使消费者的购物过程充满了娱乐性和趣味性。消费者只凭经验和可接受程度提出报价，如果竞价成功，消费者既能获得价格上的优惠又能获得心理上的成就感；若竞价失败，消费者毫无损失。没有过竞拍经验的消费者花的钱较多而且拍到的酒店也不是很满意，而资深 Priceline 用户却能做到以最低价格精准购买到自己心仪的酒店，所以购买前预先做好功课对消费者来说十分重要，这使本是简单的购物过程变得趣味横生。这种逆向拍卖性质的交易，增加了购物的挑战性，会把消费者成功交易后的喜悦感成倍放大。

第三节　旅游新零售供应链结构

互联网的高速发展及信息技术的进步，对旅游行业产生了极大的影响。电子商务、信息传播技术的出现不仅改变了旅游企业传统的交易模式，也对旅游供应链上的企业合作方式和权力分布产生了决定性影响。总的来看，这些影响主要体现在两个方面：一是旅游供应链结构的重构（去中介化与再中介化）；二是旅游供应链主体之间的协作关系。在旅游供应链结构方面，"互联网+"和"提直降代"所引发的"去中介化"与"再中介化"对旅游产业链的结构和业务关系造成巨大变化，传统的线下旅游代理商利润空间被压缩，旅游服务供应链的结构也在从早期的"旅游供应商+旅游运营商+旅游代理商+游客"的线性结构，逐渐演化为以旅游运营商和网络系统等服务集成商为平台，连接"食住行游购娱"等服务提供商和游客的"再中介化"网络结构，这种旅游服务供应链的网络结构呈现出明显的"双边市场"的特征（见图 12-2）。关于双边市场，维基百科（Wikipedia）给出这样的定义：双边市场也被称为双边网络（Two-sided Networks），是有两个互相提供网络收益的独立用户群体的经济网络。在协作关系方面，正是基于双边市场的考虑，对于旅游服务运营商（集成商）而言，平台一边面临各种旅游服务或产品的供给，一边面临游客的旅游服务需求，而平台和旅游运营商作为服务集成商，工作的逻辑也不能再是服务提供商或服务需求方的委托代理，而是基于供需双方的信息提供高质量的匹配。

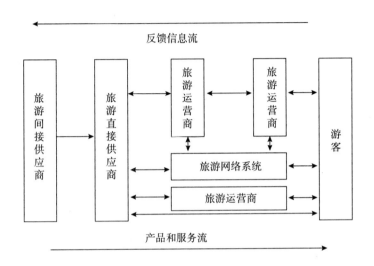

图 12-2　旅游新零售供应链结构

案例 12-2①

旅游圈携手皮皮旅游赋能"旅游新零售"

2018 年 1 月 10 日，匹匹扣旅游圈举办了"爱在美娜多"旅游圈新零售盛典暨旅游圈分销商年会。匹匹扣旅游圈特邀各界新零售代表、行业媒体、优秀分销商、皮皮旅游顾问等 150 位合作伙伴，包机直飞世界第一潜水圣地美娜多，共同探讨旅游新零售趋势，分享旅游圈的新零售实践与成绩，展望未来旅游新零售新前景。

2017 年，旅游圈推出新零售品牌——皮皮旅游，品牌定位是：游客身边的旅游顾问，目前在上海、北京、杭州、南京等城市已陆续开业了皮皮

---

① 资料来源：http://www.sohu.com/a/216836370_720644。

旅游旅游顾问中心，为签约旅游顾问提供各类培训及赋能。2017 年是新零售元年，零售业到了 3.0 阶段，各行各业都在研究和摸索打造新零售样本。旅游行业的新零售发展也随着消费者出行需求的升级正在快速推进。旅游圈在 2017 年初率先提出用 S2b 平台模式赋能终端零售，建设旅游行业的新零售样本——皮皮旅游。旅游圈打造 S2b 平台并在全国纷纷设立"皮皮旅游顾问中心"，投入大量资源不断为小 B 构建 2C 的服务通道和场景，帮助 B 端更好地为 C 端提供服务，为消费者带来一种全新的旅游体验。新零售的核心是提高消费者购买体验，"皮皮旅游"是游客身边的旅游专家，这位"专家"具有线下旅行社的专业服务能力，且在旅游圈赋能下具有丰富的产品、便捷精准地分销预定系统，让消费者享受到既有线上的高效便捷，又有线下的专业省心，这将是旅游行业新零售的重要样本。

对于大部分线下旅游业者来说，大家的基因主要是在线下服务，要构建线上能力尤其是移动端能力，这需要大量地投入资源、资金，让很多人望而却步。旅游圈通过 S2b 平台为线下业者赋能，为其提供丰富优质的供应链服务、提供技术创新、提供各类经营配套，武装业者更好地为消费者服务。

旅游圈作为旅游 2B 领域领军企业，在 2017 年新零售动作频频。CEO 李爱玲频繁出席业内各大重要峰会并演讲，展示旅游圈 S2b 平台的布局动作：旅游圈如平台功能升级、智能营销、证照支持、POS 机、经营配套等，围绕旅行社在门店上、移动端、在拜访客户的时候，围绕整个业务经营场景，提供了有各色各样的解决方案：为总部管理门店、为门店管理旅游顾问、为单个旅游顾问和单个门店有各色各样的解决方案等。旅游圈让旅行社门店的效率变得更高，让消费者进入门店的体验变得更好，也因此吸引了更多的旅行社入驻。

目前，旅游圈已有超过 45% 的订单来源于消费者通过收客宝而来，也就是直客直接通过小 B 端（中小型企业）工具完成在线下单，也可以理解为收客宝为传统旅行社提供了 45% 以上的业务增长可能。做生意就是在追逐流量和用户，小 B 的天然能力在于与消费者的关系，与用户的深度互动，这是他们实现业绩增长的重要来源。随着互联网尤其是移动互联网的普及，用户注意力趋向线上且碎片化，传统线下旅行社即小 B 的服务能力欠缺越发明显，需求也更为综合。而传统的 B2B 平台，提供的服务通常都是破碎的、割裂的，比如，有做信息展示的、有做产品交易的、有做 SaaS 服务的等。它们彼此互不相干，只求解决小 B 具体提出的需求点。

而在旅游圈平台，我们满足的不仅仅是产品信息和交易服务，20 多万条在线产品覆盖全国各主要出境口岸城市，且 85% 以上都可以做到一次确认，同时还有强大、完善的八大交易保障服务为大家的日常采购保驾护航。除了强大的供应链能力之外，匹匹扣旅游圈也在持续打造从小 B 到 C 的智能营销体系：收客宝，为旅行社提供微店、网站、App，提供营销计划、内容和资源，同时以大数据资源提供精准洞察和智能匹配。此外，围绕 B2B、B2C 的服务场景，我们还提供了诸如针对总部管理门店，门店管理旅游顾问，单个旅游顾问和单个门店等各色各样的解决方案。

旅游圈让旅行社共享大 S 平台的大数据、技术与资源，让小 B 全力、自主地去发挥他们最能触达客户的能力，增加与消费者接触点，为消费者提供更精准的服务与丰富的营销互动，去实现生意增长。

参考文献

［1］ Cachon G, Rard P, Lariviere, Martin A. Supply Chain Coordination with Revenue – Sharing Contracts: Strengths and Limitations ［J］. Management Science, 2005, 51 (1): 30–44.

［2］ Campbell J P. Modeling the Performance Prediction Problem in Industrial And Organizational Psychology ［C］. Handbook of Industrial & Organizational Psychology, 1990.

［3］ Gelsomino L M, Mangiaracina R, Perego A, et al. Supply Chain Finance: a Literature Review ［J］. International Journal of Physical Distribution & Logistics Management, 2016, 46 (4): 348–366.

［4］ Jarillo J C. On Strategic Networks ［J］. Strategic Management Journal, 1988, 9 (1): 31–41.

［5］ Lariviere M A, Porteus E L. Selling to the Newsvendor: An Analysis of Price–Only Contracts ［J］. Manufacturing & Service Operations Management, 2001, 3 (4): 293–305.

［6］ Li S, Hua Z. A Note On Channel Performance Under Consignment Contract with Revenue Sharing ［J］. European Journal of Operational Research, 2008, 184 (2): 793–796.

［7］ Manthou V, Vlachopoulou M, Folinas D. Virtual e – Chain (VeC) model for Supply Chain Collaboration ［J］. International Journal of Production Economics, 2004, 87 (3): 241–250.

［8］ Ouchi W G, Price R L. Hierarchies, Clans, and Theory Z: A new

Perspective on Organization Development［J］. Organizational Dynamics，1993，7（2）：25-44.

［9］Sethi S P，Yan H，Zhang H. Quantity Flexibility Contracts：Optimal Decisions with Information Updates［J］. Decision Sciences，2004，35（4）：691-712.

［10］Thonemann U W. Improving Supply-chain Performance by Sharing Advance Demand Information［J］. European Journal of Operational Research，2002，142（1）：81-107.

［11］V L Herzog. Trust Building on Corporate Collaborative-project Teams［J］. Project Management Journal，2001，32（1）：30.

［12］Wu J. Quantity Flexibility Contracts Under Bayesian Updating［J］. Computers & Operations Research，2005，32（5）：1267-1288.

［13］艾伦·哈里森，雷姆科·范赫克. 物流管理与战略：通过供应链竞争（第3版）［M］.任建标，杜娟译. 北京：中国人民大学出版社，2010.

［14］储雪俭，谢天豪，庞瑞琪. 电商供应链金融的特点、风险及防控对策［J］.南方金融，2018（9）：94-98.

［15］杜睿云，蒋侃. 新零售：内涵、发展动因与关键问题［J］.价格理论与实践，2017（2）：139-141.

［16］郭清马. 供应链金融模式及其风险管理研究［J］.金融教学与研究，2010（2）：2-5.

［17］胡永祥. 人工智能技术发展现状及未来［J］.中外企业家，2018（28）：147-148.

［18］黄锐，陈涛，黄剑. 互联网供应链金融模式的构建——基于核心企业视角［J］.韶关学院学报，2016，37（3）：72-77.

［19］黄莹. "新零售"背景下我国互联网巨头对零售业的投资战略［J］.现代经济信息，2019（2）：373-374.

［20］李志刚，周兴社. 物联网软件平台及其智能化发展［J］.物联网

学报，2017，1（1）：40-49.

[21] 林君维. A Fuzzy Strategic Alliance Selection Framework for Supply Chain Partnering under Limited Evaluation Resources［J］. Computers in Industry，2004，55（2）：159-179.

[22] 刘林艳，宋华. 从产品供应链管理走向信息化的价值网络管理：双案例研究［J］. 当代经济管理，2011，33（7）.

[23] 马士华. 供应链管理［M］. 武汉：华中科技大学出版社，2010.

[24] 马彦华，路红艳. 智慧供应链推进供给侧结构性改革——以京东商城为例［J］. 企业经济，2018，37（6）：188-192.

[25] 盘红华. 基于物联网的智慧供应链管理及应用［J］. 中国物流与采购，2012（12）：74-75.

[26] 宋华，陈思洁. 供应链金融的演进与互联网供应链金融：一个理论框架［J］. 中国人民大学学报，2016，30（5）：95-104.

[27] 宋华，卢强. 基于虚拟产业集群的供应链金融模式创新：创捷公司案例分析［J］. 中国工业经济，2017（5）：174-194.

[28] 宋华. 新兴技术与"产业供应链+"——"互联网+"下的智慧供应链创新［J］. 人民论坛·学术前沿，2015（22）：21-34.

[29] 谭北平. 移动互联网对消费者决策有何影响［J］. 商学院，2014（10）：115.

[30] 陶璐璐，范宇麟，周咏梅. 互联网供应链金融在医疗行业中的应用研究——以青岛大学附属医院智慧供应链金融为例［J］. 商业会计，2018，639（15）：77-79.

[31] 王甫，付鹏飞，崔芸. 新零售的关键技术与技术边界［J］. 中国商论，2017（35）：1-2.

[32] 王旭. 基于灰色关联分析的供应链金融信用风险评价［D］. 曲阜师范大学硕士学位论文，2018.

[33] 魏炜，熊宇燊，武晓彤，姜泽宇，王韵涵. 用户对于智能语音客服使用行为意愿研究［J］. 中国商论，2019（5）：24-26.

［34］吴少滨．基于数据共享的供应链金融模式问题研究［D］．上海国家会计学院硕士学位论文，2018．

［35］吴文华，张琰飞．企业集群的演进——从地理集群到虚拟集群［J］．科技管理研究，2006，26（5）：47-50．

［36］新零售时代：物联网技术将驱动供应链升级［J］．中国物流与采购，2017（17）：28-29．

［37］徐新新，郭唤唤．基于模糊综合评价法的智慧供应链绩效研究［J］．智慧工厂，2017（8）：67-69，72．

［38］许淑君，马士华．从委托—代理理论看我国供应链企业间的合作关系［J］．计算机集成制造系统，2000，6（6）．

［39］鄢章华，刘蕾．"新零售"的概念、研究框架与发展趋势［J］．中国流通经济，2017，31（10）：12-19．

［40］杨志华．基于互联网的供应链金融创新模式研究［J］．物流科技，2019，42（1）：159-161．

［41］叶茜勤．互联网背景下的供应链金融模式及风险控制研究［D］．暨南大学硕士学位论文，2018．

［42］张丽，董兴林．海尔日日顺家电物流最后一公里实现路径研究［J］．物流技术，2014（5）：47-49．

［43］张玮．供应链金融风险识别及其信用风险度量［D］．大连海事大学硕士学位论文，2010．

［44］郑晓炜．供应链金融的模式及风险研究［D］．河北经贸大学硕士学位论文，2014．

［45］庄宇，胡启，赵燕．供应链上下游企业间弹性数量契约优化模型［J］．西安工业学院学报，2004，24（4）．

［46］［美］伯纳丁等．人力资源管理：实践的方法［M］．南京：南京大学出版社，2009．

［47］［美］卡普兰，诺顿．平衡计分卡战略实践［M］．北京：中国人民大学出版社，2009．